张文林

孙长江 ◎ 著

雪山横水

——黄镇将军的成长历程

（1909—1932）

安徽师范大学出版社

ANHUI NORMAL UNIVERSITY PRESS

· 芜湖 ·

图书在版编目(CIP)数据

云山横水:黄镇将军的成长历程(1909—1932) / 张文林,孙长江著. — 芜湖:安徽师范大学
出版社,2019.9

ISBN 978-7-5676-4068-9

Ⅰ.①云… Ⅱ.①张… ②孙… Ⅲ.① 黄镇(1909—1989)-生平事迹 Ⅳ.①K827-7

中国版本图书馆CIP数据核字(2019)第072966号

云山横水——黄镇将军的成长历程(1909—1932)

张文林　孙长江◎著

责任编辑:房国贵
装帧设计:丁奕奕
出版发行:安徽师范大学出版社
　　　　　芜湖市九华南路189号安徽师范大学花津校区　　　邮政编码:241002
网　　　址:http://www.ahnupress.com
发 行 部:0553-3883578　5910327　5910310(传真)
印　　　刷:江苏凤凰数码印务有限公司
版　　　次:2019年9月第1版
印　　　次:2019年9月第1次印刷
开　　　本:700 mm×1000 mm　1/16
印　　　张:20　　插　　页:6
字　　　数:300千字
书　　　号:ISBN 978-7-5676-4068-9
定　　　价:68.00元

1938年，时任八路军野战总政治部民运部部长的黄镇在长治留影

山　村

金　秋

书毛泽东诗词《长征》

/ 序

在当代中国乃至世界，能集将军、外交家和艺术家等于一身的人并不多见，而出生于安徽省桐城县东乡（今属安徽省铜陵市枞阳县横埠镇）的黄镇将军就是其中一位。

作为中国共产党优秀党员、久经考验的忠诚的共产主义战士、无产阶级革命家、杰出的外交家、我党我军优秀的政治工作者和文化领导者，黄镇同志为党和人民的事业做出了巨大贡献。在他百年之后，无论是党和国家最高领导人，还是熟悉他的战友、部下以及广大人民群众对他都给予了高度评价。他爱党、爱国、爱家乡、爱亲人、爱师长、爱同学、爱艺术、爱真理。他和千千万万的中国共产党人一起，用自己的满腔热血和毕生精力为中华人民共和国的成立和建设奋斗一生。他是故乡枞阳的骄傲，是安徽和中国的骄傲。

黄镇同志的一生经历丰富，充满英雄色彩。他出生在风雨如晦的清朝末年、辛亥革命的前夜。清政府的软弱无能，西方帝国列强的欺辱，使中华大地千疮百孔、生灵涂炭、民不聊生。在社会底层的农民，生活更是雪上加霜，难以为继。黄镇父亲黄树青因为家贫，年近四十才娶妻生子。黄镇兄弟姐妹中，黄镇排行第二。黄树青、黄竹青兄弟妯娌和睦。和谐的家庭氛围给予幼小的黄镇以良好的影响，亲情友爱给了黄镇以潜移默化的熏陶，让黄镇从小逐渐养成了善良、友爱、礼让、乐于助人的优秀品质。尤其是黄镇父亲黄树青的勇于担当、爱憎分明、疾恶如仇、富有同情心，还有叔父黄竹青的勤劳、朴实，这些都深深铭刻在黄镇幼小的心灵之中。

黄镇童年聪颖好学，入学不久就学会背诵《三字经》《百家姓》，并以优异的成绩考取桐城中学（简称"桐中"）。

黄镇少年时期，其特长得到进一步发挥。他人小志大，十二岁的他从未出过远门，居然和同学结伴走百里崎岖山路，远赴桐城求学。在校期间，他善于学习，惜时如金，成绩拔尖，还积极参加学校组织的各项活动，主动接受爱国进步思想，乐于助人，遇事有主见，同情弱势群体，勇于为他人解决疑难，深得老师的赞赏和同学们的好评。

从桐中毕业后，在校长和美术老师的帮助下，黄镇如愿考入上海美术专科学校，后又转入上海新华艺术大学。在上海求学期间，青年黄镇一边节衣缩食、刻苦求学，一边积极融入那个时代。他支持北伐，同情革命，痛恨蒋介石的倒行逆施和残酷屠杀共产党人的行径。

大学毕业后，黄镇回到家乡。他认为乡村贫穷的根本原因是教育落后，当时农民绝大多数是文盲。他抱着满腔热情，试图通过办学来培养人才，造福乡梓，却受到当局的阻挠，致使办学计划流产。之后，他去浮山公学（今浮山中学）任教，担任美术教员。在任教期间，黄镇由于支持学生的正当诉求，受到牵连，被迫离职。两次挫折，让黄镇看到了社会的黑暗、腐败和当局的反动。

在一次偶然的机会里，黄镇拜访了在冯玉祥部队的同乡和校友何起巩，并由何起巩推荐，去冯玉祥部队担任师部中尉参谋。在旧军队的所见所闻，让黄镇十分苦恼。特别是蒋介石消极抗日的不抵抗政策和加大对红军围剿的做法使他极为愤慨。最后，黄镇参加了国民党二十六路军发动的著名的"宁都暴动"（又称"宁都起义"），从此走上了抗击日本侵略者、解放劳苦大众的革命道路。

黄镇同志的一生，是波澜壮阔的一生，更是辉煌灿烂的一生。黄镇以自己的革命实践，为后世树立了光辉的典范，留下了宝贵的精神文化遗产。今天，我们要缅怀黄镇的丰功伟绩，更要继承学习他对中国革命的坚定不移的高尚品格，继承学习他对伟大的祖国、对伟大的人民、对伟大的中国共产党的忠心耿耿以及对社会主义事业矢志不渝的坚定信念，从而为实现中华民族伟大复兴的中国梦，贡献自己应有的力量。

本书的两位作者都生活在黄镇同志的家乡枞阳，又就读过黄镇曾任教的浮山中学。他们凭着一份敬仰与崇拜的虔诚之心，精心创作，选取有关黄镇幼年至青少年时期的史实和传说，写成了这部作品，生动再现了黄镇在中国传统文化熏陶和桐城派文脉的丰厚营养滋养下，从一个穷苦的学生逐渐走向光明的成长历程，把一个有文化、有理想、有抱负的热血青年形象生动饱满地呈现在广大读者的面前。这不仅对我们了解黄镇同志的英雄一生十分有益，还对今天的读者，特别是为广大青少年读者修炼自我、提升自身，涵养道德情操，增强人文素养都具有积极意义。

为此，在本书出版之际，我向两位作者祝贺，希望他们写出更多更好的作品，以飨读者。

是为序。

序

季　　宇
二〇一七年十二月十八日

季宇：中国作家协会全国委员会委员，安徽省文联、安徽省作家协会名誉主席，一级作家，安徽省人民政府参事。著有《新安家族》《徽商》《共和，1911》《燃烧的铁血旗》《猎头》等多部文学作品。

目　录

◇　少年黄镇

幼年黄镇

1 /　　黄镇出生

公元一九零九年一月的黄山村，山清水秀，风和日丽，田间山场到处活动着劳作的人们。光从名字表面看，黄山村是个世外桃源，十分令人神往，可是，如果你细心观察，就会发现在山水之美之外，也存在着衰败与贫困的无奈。房屋破败，村落萧索，人们脸上很少笑容，大冬天里衣衫单薄，行动迟缓。离小村不远处的黄氏宗祠，如同一位垂垂老者，卑微地呆立在寒风里，延续着冬日里最后的苟延残喘。只有村边那对带有神秘的传奇色彩的双井一如既往地倾吐甘泉，忠诚地滋养着这一方生灵。

一月八日，风轻云淡，红日当空，让人感到格外清爽。突然，一阵激烈的鞭炮声打破了小村的宁静，震惊了所有劳作和行走的人们，因为黄山村很久没有听到这种喜庆的声音了，日子似乎在遗忘里默默潜行。鞭炮在继续，可以想象那是很长的爆竹。在这个肚子都难以填饱的地方，很少有人这样表达喜庆，估计是主人遇到了天大的喜庆事，这个喜庆比填饱肚子重要很多。

六爷爷："谁家？"

年轻人："听声音，好像是树青家。"

六爷爷："不可能，树青不会不晓得轻重。"

年轻人："爹，树青嫂子不是要生了吗？"

六爷爷："哦，那肯定生儿子了。唉，四十多了，总算有后了！"

年轻人笑道："爹，您说树青哥要是得子了，该不该放鞭炮啊？"

六爷爷："是要放，也不能放这么长吧，太糟蹋了。"

村里有少年跑到村口大喊："树青家添儿子啦！"

田野四处一片惊呼，很多人放下正在干的活赶往村子里。六爷爷放下锄头对儿子道："走，给树青道个喜，他可是我们黄家主心骨。"

黄树青家在村里有正房连带两边厢房一共十七间，老母亲和弟弟、弟妹、侄儿都住在一起，是个和睦的大家庭。除了房子以外，还有一座一间屋子大的门楼，虽然破旧，但是在村里算是气派的。黄树青家在村里人缘特别好，因为自家能够生活温饱，又很体恤邻里。邻里遇到过不去的坎，时常给予接济，很多人家对黄树青家都怀着感恩戴德的心情，黄树青家在村里的威望也就很高啦！

黄家门前爆竹残屑落了一地，烘托出浓烈的喜庆味。贺喜的人们聚集在大门口，个个脸上洋溢着喜气。黄树青、黄竹青两兄弟身着吉服，满脸喜气洋洋，对乡亲们拱手作礼，亲自迎接大家进入。

黄家已经在院子中间摆放了桌子，桌子上放着花生、大枣和山里红果子，旁边放着茶壶茶碗，供来人就座、品尝。大院里顿时喧闹起来。黄树青告辞，让弟弟黄竹青招待乡亲们，自己去房里看初生的儿子。

房里挤挤挨挨，几乎是些年龄不等的妇女。她们看着抱在竹青媳妇手里胖乎乎双眼晶亮的婴儿赞不绝口。从她们脸上看出夸赞全是出自真诚，发自内心，因为她们中大多数人在最困难的时候都得到黄家救助，另外这个孩子确实招人喜爱，用一句熟语界定：天庭饱满、地阁方圆。再加上双目有神，笑容融和，怎不让人发自真心喜爱？让黄树青全家异常高兴，不惜抖出家底招待乡邻的婴儿是黄树青兄弟俩第一个男孩，也是黄树青老来得子，岂能不把他当成最珍爱的宝贝对待？这个婴儿注定一出生就生活在全家人的关爱和希望里，他便是后来蜚声中外、智慧超群、功绩卓著的将军、外交家和艺术家黄镇。

黄镇母亲此刻额头上扎着布巾（当地有个习俗，认为刚生产后的女人身体极其虚弱，全身毛孔都是张开的，最容易让外邪和风寒入侵，不仅穿着严实，额头上必然要扎布巾），拥着被子喜不自禁地瞧着众人观看自己的儿子。众人除了看孩子，还赞赏孩子母亲有福气，将来孩子一定大有出息，一定替黄家光宗耀祖。

八十多岁，少年时候读过私塾的六奶奶，坐到黄镇母亲床边，放下拐杖拉着黄镇母亲刘氏的手乐呵呵地说："树青大嫂子，你们好福气，生了一个龙子。将来这孩子一定大有出息，你就等着做'诰命夫人'吧。"

刘氏从小跟随哥哥读过私塾，六奶奶说的"诰命夫人"她是懂的，听了六奶奶的夸奖后，她喜不自胜，尽量压抑内心喜悦，道："六奶奶，他才出世呢，哪里能那样啊！再说了，以后是什么还不知道呢！"

怀里抱着小黄镇的二婶转过身子笑道："大妈，你就别推了。六奶奶说得好，侄儿是有福的，我从来还没有见过这样的娃儿。你瞧瞧，多精神，多喜庆，多招人喜欢！还有，刚出生就这样有精气神，这可不是一般的娃儿哦。你们看，面对这么多人一点也不惧生，不哭不闹，还这么精神地瞧着我们，真是少有。"婶娘说着，忍不住朝黄镇额头上亲了一口。

一个年轻媳妇将手伸向婶娘，笑道："二奶奶，您可是抱够了，给我抱抱吧。"提要求的是黄镇邻居堂嫂黄于氏。黄于氏是生了一男一女两个孩子的女人，刚生产了一个闺女，满月才三天。按理说她不应该来，但是他们家要是没有黄树青家的接济恐怕没有人活在世上了。听说黄树青添丁，卧病在床的婆婆催促媳妇过来贺喜，还嘱咐媳妇："今天大爹爹家一定很忙，看着能做的事情伸把手，他们家可是咱们的救命恩人啊，要是没有你大爹爹家接济我们家，恐怕早就绝门绝户了……"婆婆泪流满面，说不下去了。黄于氏很孝顺，说："知道，一定把大爹爹家的事当成自家事。"劝慰好了媳妇，婆婆拿上家里仅有的准备过年吃的一串干辣椒给黄于氏。黄于氏急着想看看刚刚出生的小叔子，带上干辣椒径直闯入产房，看到二奶奶怀里抱着的小黄镇，内心不由得生发出无比的喜爱，也不管合适不合适，要抢着抱小黄镇。

二婶看到是黄于氏，笑道："好好，让大嫂子抱抱小叔子。"

黄于氏小心地抱过黄镇，心痛得宝贝似的，看着小黄镇令人喜爱的面容情不自禁吻住小黄镇的腮。小黄镇似乎受了惊吓，哭出了声。黄于氏一脸惊恐，赶紧抬头，连说："怎么啦，小叔，我可是没用力啊？"

二婶笑道："没事，可能是饿了。"

六奶奶道："那赶紧喂口奶。"

黄于氏急忙将小黄镇递给刘氏。刘氏掀开上衣喂奶，可是小黄镇吸了几口，吐出乳头仍然哭泣。刘氏用手挤吸过的乳头，居然不见一滴奶水流出。刘氏惊慌，连说："这怎么办，怎么办啊？"

六奶奶道："不急，刚刚生产，奶水还没下来，过一天就有了。"

刘氏瞧着仍在哭泣的小黄镇犹豫道："可是他饿了啊。"

黄于氏笑道："没事，我有，我给小叔喂奶。"

众人齐惊。

黄于氏已经将小黄镇抱到怀里，掀开上衣，将饱胀的乳头塞进小黄镇嘴里。小黄镇吸奶，不再哭泣。黄于氏笑着对刘氏道："大奶奶，您别多心。长嫂为母，我给小叔叔喂奶是应该的。"

在场的人都附和黄于氏的说法，叫刘氏不要介意。刘氏道谢。二婶道："多亏了大嫂子了。"

黄于氏笑道："这个算什么啊，要不是你们家……我婆婆讲我们家恐怕早就、早就……唉，大喜的日子，不讲那些。"

六奶奶道："讲得好，是恩就要记住一辈子。这屋里的人，哪家没有受过你们家的恩惠？你们家的事就是我们大伙的事，我们能出上力那是我们的心意，就怕出不了呢。"众人都说出力是应该的。六奶奶看着吃奶的小黄镇，再瞧瞧感动中的两妯娌，道："你们不要这样。看来他们叔嫂很有缘分，就叫嫂子代替喂两天小叔子吧。"

刘氏急道："不中不中，大嫂子可是刚刚满月呢，还要喂侄女。"

黄于氏急道："大奶奶，没事，我奶水足，我丫头吃不完。再说，我真的很喜欢小叔，就让我喂吧。"

众人齐劝，刘氏还是不同意，黄于氏急得要哭。二婶笑道："大妈，就叫大嫂子喂喂，就一两天的事，等你奶水下来了不就好了吗？再说，侄女也不在乎这一两天少吃几口奶的。"

刘氏眼看不好拂逆众人的好意，道："那我们母子就谢谢大嫂子了，日后你小叔叔要是有出息，一定将大嫂子当娘看待。"

一屋子的人都被侄媳和婶母的话语感动，有人暗自流下眼泪。

兴冲冲进门的黄树青目睹耳闻这一切，感触良深，轻轻叹息一口气，悄然退出。

日后，小黄镇居然一直吃着这位堂嫂的奶水长大，直到五岁的时候还时不时地偎依到堂嫂的怀里吃奶。黄镇长大后一直把黄于氏当成母亲孝敬，在黄于氏去世后凭着自己的印象，为黄于氏画像作为永远的纪念。

2 / 取名趣事

黄树青虽然是位农民，但他知道名字将伴随人的一生，所以面对刚出生的儿子，很想为其起个响亮、动听、美好而又独特的名字。他天天为取名这事费心，绞尽脑汁也想不出称心如意的名字来。黄竹青等人取的名字他也不满意，认为儿子非同一般，普通的名字配不上，直到洗三（当地习俗，刚出生三天的孩子第一次洗澡，祛除娘胎带的腥秽后正式见天日）了，小黄镇都没有一个正式名字。即便是临时的名字，黄树青都拒绝使用。他认为一个人的姓名很有讲究，不管是乳名还是大名，一旦取名不当，会影响他一生。为此，他请教了族中有学问的长者，所取之名皆不合黄树青心意，愁得吃饭不香无心家事。决定去横埠找中过秀才后来进过洋学堂的士绅刘鼎新。刘鼎新可是这儿方圆几十里最有学问的人，更是见过大世面的人，如果能由他给儿子取名，儿子一定前程远大，光宗耀祖。

可是刚出门遇上甲长黄庭，黄树青说之其事。黄庭说刘鼎新上半年就离开横埠了。黄树青大失所望，但还是不甘心问什么时候回来。

黄庭没有办法，紧张地看看前后，凑到黄树青耳边，道："他恐怕是回不来了……"

黄树青一惊，问："出什么事了？"

黄庭还是低声道："听说他去广州参加革命党了。"

"啊——"黄树青像泄了气的皮球一样，顿时软了下来。

黄庭还告诉黄树青，让他千万不要再提刘鼎新，上面正在追查他的同党，也不要去找他，叫人误认了就不好。黄树青道谢，邀请黄庭去家里喝茶。黄庭说有公事抽不开身，等有空过来喝满月酒。

黄树青脚步沉重地进入家门，坐到柴房门前的石凳上抽起黄烟。心情不好的他被黄烟呛得直咳嗽。

老母亲出门倒水看到他，走过来说："你啊，跟你爹一个德行，死犟。不就是娃一个名字吗，有那么重要吗？这街坊邻居家的娃叫阿猫阿狗的太多了，不都活得欢蹦乱跳的吗？只要有的吃就能长得壮实。我们庄户人家哪来那么多讲究。"

黄树青赶紧站立，倒尽黄烟灰，收了烟袋，笑道："奶奶教训得对，可是，我们家娃可不能再学着我们在田地里刨食，过庄户人家的受穷受欺负的窝囊日子。奶奶您老人家可是看到了，娃可不一般呢，长大后肯定是个好苗子，说不定将来真有大出息呢。要是叫名字拖累了，我、我就是埋到地下也不安生，怎么有脸见爹爹和黄家列祖列宗啊？"

老母亲觉得说得有理，见儿子态度坚定，叹息道："我只是看着你这样茶饭不思地折腾自己为你担心，你瞧你这几天瘦得只剩下一副骨头架子了，再这样下去怎么得了，一大家子人指望着你们哥俩过日子呢。老大，我们将就着给娃取一个名字算了。名字就是一个号，给人叫的，顺口就好，别再伤身子了好不好？"

黄树青笑道："奶奶，就今天，要是今天再没有合适的，就用族长给取的名，好不好？"

老母亲只好同意，拿着木盆回屋，到了正房门口站住转身道："老大啊，一会接生婆要来洗三，你得准备准备。"

黄树青笑道："奶奶，早就准备好了，爆竹、酒宴、喜钱，哦，我出门前已经贴好了喜联。您就放心等着您孙子叫奶奶吧，呵呵。"

"就会哄人。"老母亲高兴地进门。黄树青又陷入忧愁里，他怎么也不甘心自己的儿子用一个普通的名字，要是那个名字和儿子"犯冲"，那就是毁了儿子一生呢！

接生婆过来了，笑着给黄树青道喜。黄树青只得笑着请接生婆进屋子，自己暂时放下烦心事，忙着给孩子准备洗三。

爆竹声响过后，一大群欢叫着的孩子涌进黄家来捞喜钱。这是当地习俗，洗三的孩子澡盆里放置若干铜钱让别人的孩子过来捞，因为捞钱的孩子们会带来阳气和喜庆。捞钱的孩子们呢，不仅能就着这个机会沾沾喜气，还能顺便获得铜钱。黄树青看着他们笑得合不拢嘴，连声让他们慢点跑，别摔着。孩子们一进来，房间里顿时充满了欢声笑语。邻居们都拎着自家的土特产当作礼品前来祝贺兼吃喜酒。黄树青忙乱了好一阵子才安顿好道喜的人们。

突然，门外响起一个高声呼叫，声音遥遥，似乎在村口。

"大爹爹，大爹爹，树青大爹爹……"那个声音高呼道。

六爷爷道："听声音，像是黄庭。"

有人附和道："是的，没事就爱瞎咋呼，芝麻大的事情都叫他给咋呼成大事，别理他，说不定又是借着什么歪点子想来白吃白喝的揩油，临走还不晓得顺手捎带什么呢！"

六爷爷道："今天，黄家的人都在这儿，谅他不敢有那个胆。听声音好像真的有事，树青，你还是出去瞧瞧。"

黄树青依言出门，正好黄庭呼喊声再次传过来。黄树青确定是黄庭在喊他，而声音似乎在通往九华山的路口。黄树青赶紧小跑着来到村口，看到黄庭确实站在去九华山的路口堵住一个身材瘦长的白发银须老人。黄庭怕老人跑了，所以尽着喉咙大声呼喊，不敢走开。黄树青不知道黄庭拦住老人是为了什么，十分惊讶。

黄庭看到黄树青出了村子，赶紧大喊："大爹爹，赶紧的，他可是世外高人啊。"

黄树青更加迷惑，但是没有停止脚步，很快跑到两人面前。黄庭见黄树青来了，松了口气，对老人道："高人，这就是我跟您说的黄树青，是我的族叔，还是我们这里有名的大善人。如果没有大爹爹时常救济，我们黄家不晓得能不能在这里扎根了。今天是我兄弟洗三的日子，兄弟还没有取名，想请高人慈悲，给我兄弟送上一个百无禁忌的好名字，好叫我兄弟无病无灾，将来为我们黄氏光宗耀祖。"说着对老人恭敬地合十行礼，平日的贫嘴滑舌不见了踪影。到这儿黄树青明白了黄庭的用心，心里挺感激，觉得黄庭的主意不错，急忙对老人稽首道："老人家，我侄子说的是实情，小儿确实还没有取名，请老大人耽搁一下，替我小儿取个名字，吃顿饭，带上'孝敬'再启程如何？"黄树青说得极其诚恳。

老人睁开眼睛，目视两人，微微额首，面无笑容，从浓密的银白色胡须缝隙里蹦出两个字："带路。"

黄庭满脸兴奋，像是得着无上荣光的功臣，跟在黄树青后面悄声道："我在横埠街上见过他，听说是江南的一个秀才，喜欢云游四海。"黄树青此刻心里彻底放松了，认为老人一定能给儿子取一个很适当很好的名字，心里的忧愁立时烟消云散，像个孩子似的紧走几步带着老人进村。

黄树青出门后，那些好奇的族人都随着出门看个究竟。老人在众星捧月般地簇拥下来到黄树青家门口，眯眼看看大门，也不用黄家人引领，快步跨入黄树青家。

老人目中无人地站在院中四面查看，然后对着正房稽首。在众人惊愕中，老人对跟随而至的黄树青道："请将贵公子请出来。"

"好，好，好。"黄树青忙不迭地进屋抱出小黄镇，送到老人面前。老人抱过孩子，对着嬉笑的小黄镇点头道："人中龙凤，人中龙凤。贵公子天庭饱满，地阁方圆，声音洪亮，大有出息，就叫'百知'吧。"说罢递还孩子，从随身布袋里面取出虎头花帽给小黄镇戴上。

黄树青喜道："请教老大人，'百知'有什么说法吗？"

老人道："贵公子将来会学有所成，博学多才。"

黄树青连说："'百知'好，'百知'好，好名字，好名字，就叫'百知'了。"

黄树青赶紧将怀里的百知交给身后的二婶，热情请老人上座。老人不肯就座，坚持要走。黄树青和村人挽留不住，只好请老人吃了喜面喜蛋再走。老人应允。黄树青端来一大盆子刚刚下好的面条和十几个红鸡蛋。老人要来一个小碟子，吃了一点面条，再吃一个红鸡蛋，放下碟子，不肯再吃。黄树青见老人执意要走，便用红纸包了十八块大洋相赠。老人分文不取，喝了一口清茶，双手合十辞谢，转身出门，悄然而去。

众人无不惊奇，黄家也因此无限欢喜。

"百知"成了黄镇最早的正式名字，后来一个老学究送了黄镇一个大号"佩寰"，但人们还是觉得"百知"名字好，所以"佩寰"很少有人称呼。上学后老师又给他起了学名"士元"。"黄镇"这个名字是后来他自己取的，以此名闻名于后世。

3 /　　　堂嫂哺乳

洗三后，刘氏的奶水仍然不见踪影。刘氏急得唉声叹气，可是奶水像是和她有仇似的就是不给好脸色。全家人跟着干着急。什么能催奶水的食物都尝遍了还是不见效果，能打听到的偏方也不知道吃了多少都没有效果。可是小百知在一天天长大，不能老是吃黄于氏的奶水，何况黄于氏自己还有女儿要哺乳。

黄于氏看到刘氏着急，主动提出要继续给小百知喂奶。

刘氏惊，说："那不行，你还有要喂的孩子，不能再拖累你。"

黄于氏笑道："大奶奶，你不用担心，我奶水足够，我丫头吃不完。再说，小叔叔这几天不是很好吗？我都习惯了，要是不让我喂奶我还真想着呢。

我婆婆也很喜欢小叔叔啊，看到小叔叔病好像好多了。大奶奶，您就让我喂吧。"

刘氏看到黄于氏极其诚恳，抓住黄于氏的手流泪道："那太难为大嫂子了，日后，百知要是出息了，你就是他娘！"说着刘氏站起来，让黄于氏坐到自己座位上，抱着小百知要给黄于氏行大礼。黄于氏见了，赶紧离位不受。刘氏拉住黄于氏不让走。受惊的小百知突然哭泣。黄于氏赶紧抱过，拍着哄着，样子很是心痛。小百知果然停止哭泣。刘氏惊讶。

黄于氏对刘氏微笑："大奶奶，看到了吧，小叔叔跟我可是有缘分的哦。"

刘氏笑道："只是太麻烦大嫂子了。"

黄于氏笑："大奶奶，话说反了，应该是我们麻烦你们呢，要是没有你们，我们家恐怕早就没有人了，这个算什么啊？"

刘氏道："以后不要动不动说这个，你大爹爹最不爱听。他和二爹爹那么做都是乡里乡亲应该做的事，要是图人记恩报答就不是本意了。"

黄于氏点头，说："以后我保证不再提了。"

刘氏像想起什么，让黄于氏给小百知喂奶，自己出去，交代要等她回来再走。黄于氏答应，掀开怀安静幸福地给小百知喂奶。

刘氏出去是和婆婆商量，送点东西给黄于氏。婆婆听了说："黄于氏是个要强的人，她婆婆也是。她这么做就是要报我们家平日里关照她们家的恩情，你要送东西给她们反而让她们觉得一直亏欠我们家的，她们不会安心的。"

刘氏笑道："奶奶，我晓得怎么做了。"

刘氏回来，手里只拿了一匹红布、十只鸡蛋、两斤红糖、一袋荔枝，递给黄于氏。黄于氏吃惊得站起来，不肯接受。

刘氏笑道："这个是送给奶娘的礼物，是必须的礼数。如果你不肯接受，我们怎么好让你给百知喂奶？"

黄于氏犹豫，说："真的要这样吗？"

刘氏笑道："不信你回家问问你婆婆啊。"

黄于氏愉快接受，约好按时过来喂奶。从此，小百知就吃着黄于氏的奶水长大。

可是，黄于氏的奶水并不像黄于氏自己所说的吃不完。自从给小百知喂奶后，自己的女儿只能断断续续地吃剩下的奶水，经常饿得哇哇哭。每到这个时候，黄于氏只好给自己女儿喂稀饭。喂着喂着，有时候自己竟然哭出声。婆婆听到了总是劝她要知恩图报，说百知是你大爹爹家的香火，一定要保证。黄于氏擦干眼泪说自己分得清轻重。从此，黄于氏干脆给自己女儿断了奶，留下奶水专门喂百知。百知在堂嫂充足奶水的喂养下一天天长大，养得更加惹人喜爱。

有一天，刘氏让黄于氏将自己的女儿带来也好随时照看。黄于氏急忙拒绝，说："丫头怕见生人，比不了小叔叔。"

刘氏见她不肯也没有坚持，但是心里怀疑。等要喂二遍奶的时候提前抱着百知上门，明里的理由是减少大嫂子两头跑劳累又照顾不了家里，暗中是上门查看。那天，刘氏进门正好黄于氏去了菜园，家里只有守在摇床边自个玩耍的黄于氏儿子和睡在摇床里黑瘦的女儿。刘氏惊讶，赶忙问男孩："她是你妹妹吗？"

男孩抬头："是，你是哪个？"

刘氏止不住流泪，抚摸男孩脑袋说："我是你大奶奶。"

男孩道："我晓得，你是小叔叔娘。我妈妈去菜园了，我叫她去。"

刘氏拉着男孩道："不用不用。我就走。"

还没等刘氏离开，黄于氏挎着篮子进门。两人四目相对，都不知道说什么好。还是刘氏脑子转得快，笑着说自己刚刚进门，还没站稳大嫂子就进门了，说自己就是过来看看有什么需要。

黄于氏这才松口气，笑着请刘氏进里屋说话。刘氏说自己还要回去给奶奶熬药。黄于氏将信将疑，客气送走刘氏，说她马上过去。

刘氏一走，黄于氏追问儿子，得知刘氏看过了睡在摇篮里的女儿，叹了口气，喃喃自语道："这可怎么好？这可怎么好？"

黄于氏怀着忐忑的心情过来给百知喂奶。刘氏坦然告诉她不要有什么顾虑，但是要对两个孩子一视同仁，不可厚此薄彼，女孩子也是人。黄于氏说："大奶奶不要急，丫头已经习惯吃粥了，现在黑点，马上就会好的。"刘氏还想劝，黄于氏态度坚决，刘氏只好打消此念，转念让黄于氏带点吃的回去，要不然就不让黄于氏喂奶。黄于氏只好同意。从此黄于氏更加悉心喂百知，真的把百知当成自己的孩子了。百知五岁时候，黄于氏还不时给百知吃奶。

4 /　　奇迹康复

　　百知是父母老来得子，又是家中他这辈第一个男孩（当时黄竹青的儿子还没有出生，弟弟桂元也没有出生），加上长得浓眉大眼、活泼可爱，没有理由不让其"三千宠爱于一身"。在家庭的宠爱和邻里的夸赞下，百知越发惹人怜爱，可是一场遽然而至的疾病差点让他走进鬼门关。

　　百知出生两个多月后，突然高烧不退，接着抽搐昏迷，命悬一线。黄家人请了很多郎中，百知就是不见好转。黄家的生活节奏被百知不明原因的病彻底打乱。黄于氏吓得几乎要用上吊来表白自己，她念叨着自己没有给百知乱吃东西，也没有做过什么不对劲的事。刘氏和黄树青极力劝慰。黄树青说："生死有命，富贵在天。百知要怎么样那是他的命活该如此，又怎么会怪到大嫂子您头上呢。您为了给百知喂奶，让自己的女儿吃米汤稀饭，你对百知比对你自己的女儿还要好。大嫂子没有必要为百知的病不安。现在百知生死不明，如果大嫂子为百知而有什么三长两短，那我们家可都是罪人了。"

　　黄于氏也是个明礼的人，听了黄树青如此通情达理又实在的话便不再念叨了，巴心巴肝地陪刘氏看护命悬一线的百知。

　　几天下来，百知除了大人强行给他灌点米汤之外，一口奶都没有吃。眼看着小百知消瘦、昏迷，刘氏日夜以泪洗面。他们能想的、能做的都做了，西医、中医、土方、偏方都试过，还烧香拜佛、请道士驱魔，可是百知的病就是不见丝毫起色，全家人笼罩在悲哀和绝望的边缘。现在他们唯一能做的就只有守在百知的身边，看护着已经没有力气抽搐的百知了。

第五天里，百知鼻息似乎探不到了。黄树青收回探鼻息的手，低头叹息，轻轻道："算了，送走吧。"说完，他就跌坐那儿发愣。二叔黄竹青过来要抱走百知，一直忍着眼泪的刘氏扑上去，用双手死死地护住百知，歇斯底里大叫："不不不，我儿不会走，他不会离开他妈妈的！"

黄竹青停手站在那儿，悲伤道："大嫂，你就看开点吧，这是没办法的事啊。让百知早点归位，省得他受罪。"

刘氏一把推开黄竹青，大喊："不不，我儿还在，还在，他没走！他舍不得他妈妈！"喊完，她就赶紧护住百知，生怕黄竹青再次将她的儿子抱走，泪水终于如断了线的珍珠般滚落，在场的人无不垂泪。

黄树青慢慢爬起来，拍拍啜泣的刘氏手臂，道："不要哭了，你身体也不好，不要弄得大人跟着……那我们这个家就……"黄竹青说不下去，抬手抹了抹眼睛，又道："我陪你守着我们的百知。"

黄家人有难，村里凡是受过黄树青家恩惠的人都不比他们轻松，都在想法子帮忙，可是又都没有好办法。双井边是妇女们常聚的地方，她们在上游打水、洗菜，隔着两三丈的下游洗衣服、刷马桶。女人们边干着自己手里的活边叹息黄树青家的不幸，话语间充满着同情。

一位刚过门不久、在下游刷马桶的新媳妇听说了这件事，扔下手里的活来双井边询问。当得知黄树青家的事情，说自己娘家那儿有一个偏方，据说治抽风很有效。正在洗衣服的黄于氏婆婆赶紧追问是什么方子。新媳妇说她也不清楚。

众人齐声劝她赶紧回娘家，请那个懂得偏方的人过来。新媳妇却左右为难。黄于氏婆婆拉住新媳妇的手道："走，我陪你回娘家请人！"

新媳妇道："可是，我才过门，我婆婆……"

黄于氏婆婆道："没事，你婆婆也是黄家的媳妇，还是树青大爹爹的侄媳妇，你是侄孙媳妇，你们家可没少接受树青大爹爹的接济。大前年闹饥荒，你男人还差点饿死，要不是树青大爹爹给了你们家两斗米，你现在也不会嫁过来了。"

新媳妇睁大眼睛问："真的啊？"

众妇女七嘴八舌说是。

新媳妇道："那好，我现在就回家打声招呼。"

黄于氏婆婆一把拉住新媳妇的手道："救人如救火，我们现在就走。"她接着对众人道："你们派人去树青大爹爹家报个信，也给金花说一下，我们去请懂偏方的人去。"众妇女同声说是。黄于氏婆婆和新媳妇匆忙上路。

众妇女中，有人将新媳妇没有干完的活干完，有人去黄树青家报信。

黄树青听到报信妇女所说，喜不自禁，连声道谢。刘氏居然转身对报信妇女磕头，惊得报信妇女赶紧下跪，连说使不得。

来人走后，刘氏催黄树青接人。黄树青叹息，让刘氏不要过于指望，只能试试看了。刘氏坚信自己的儿子福大命大，不会有事的。黄树青只得随着刘氏的意思，出门迎接。

新媳妇娘家距离双井边很远。一路上黄于氏婆婆差不多走不动了，还是救人的毅力支撑她努力前行，半夜时分才赶到目的地，苦苦哀求那个老中医，连夜上路。

百知静静地躺着，差不多像死人一般。刘氏每隔一段时间都要给百知搓搓手揉揉腿，活动活动身体。家里人除了刘氏，其他人都处于绝望中，只是碍于刘氏的态度不好说出来，都默默地陪伴着。刘氏每隔一会儿都要问郎中来了吗，得到的回答一次次让她失望，但是，她一直坚持她的看法。

夜深了，屋里只剩下黄树青弟兄和家人。黄于氏被劝了回去。黄树青看着坐在百知身前神情呆滞的刘氏，心疼极了，劝刘氏道："百知妈，夜深了，你这几天都没有好好吃饭睡觉了，你身体单薄，还是先去躺一会，我守着。"

刘氏坚决不肯，说："反正我认为百知没事，去看看那人来了没有。"

黄树青叹息道："百知妈，你不要太看重了，我们什么法子都用过了，不也是没效果吗?"

刘氏大声道:"不,这次一定有用!"

黄树青道:"好好,有用有用。"黄树青转身要去门外。突然听到黄于氏婆婆嘶哑的声音:"大爹爹大奶奶,郎中到了。"说完,黄于氏婆婆便瘫倒在地。黄树青赶紧疾走搀住她,扶她坐了下来,还大声叫人拿水来,并请郎中暂坐。

黄于氏婆婆喝了水,喘息道:"快快,让郎中看看。"

黄树青道:"老嫂子,您这么大年纪还要为我们家的事情这样劳累,要是有什么闪失,那我们可是罪上加罪了。"

黄于氏婆婆没有回答黄树青的话,站起来拉着郎中看百知。刘氏一把抓住黄于氏婆婆泣不成声道:"老嫂子,恩人啊。"

黄于氏婆婆:"啥都不要说了,赶快的。"

郎中蹲下细心诊视死人一般的百知。众人目光都集中在郎中身上。郎中看罢,切脉,低头不语。刘氏急切道:"先生,怎么样。你直说。"

郎中抬头扫视刘氏和黄树青欲言又止。黄树青道:"没事,先生,恕我说句遭罪的话,小儿都这样了,就死马当活马医吧。治得好,您是我们家大恩人,治不好是他的命!"

刘氏含泪道:"是是,先生,您就按照您的意思办吧。"

郎中道:"那好,我就试试。能不能有好效果就看贵公子的造化了。"

黄树青夫妻和黄于氏婆婆同声表示赞同。

郎中从随身的药箱里拿出朱红色粉末,对黄树青夫妻道:"这是朱砂,治疗抽风最有效果,但是,此后会导致贵公子脾气急躁,还有贵公子得病时间长了,能不能救得过来,我也没有把握。"

屋里几乎所有的人都说让郎中大胆地用药。得到黄家人保证的郎中放心了不少,要来半碗水,化开了朱砂。让刘氏掰开百知紧闭的嘴唇,一小勺一小勺地喂朱砂水。喂完水,郎中脑门上沁出一层冷汗,瘫坐在地上几乎站不起来了,众人赶忙搀扶住他。

众人都盯着喂过朱砂的百知,希望奇迹早点出现。刘氏目不转睛地盯着没有任何反应的百知，眼里充满希望又似乎充满绝望。刘氏由于过度担心，神经高度紧张，加上好几天都没有吃一顿正规的饭食，终于顶不住了，一头栽倒在地。屋里一片惊呼。郎中掐刘氏人中，刘氏才悠悠转醒。醒来后，她第一句就问百知醒了没有。大家这才将注意力全部转向躺着的百知。

在众人的注目下，百知鼻翼似乎在微动。郎中赶紧伸手探脉，惊喜道："恭喜恭喜，贵公子有脉息了！"

屋里人齐呼。刘氏更是喜悦，扑到百知身边急促呼唤。百知手脚慢慢动起来，刘氏一把将他抱起来。又过了一会儿，百知慢慢睁开眼睛。大家这才喜极而泣。

百知从鬼门关走一遭又转回来，黄树青高兴极了，手脚忙乱地拿起一挂鞭炮，大半夜里到门外放。鞭炮声消除了黄家人所有的忧愁，也证明了一个奇迹的发生。

5 / 为婶尝药

自从百知降生后，奶奶时常卧病在床，少不了有人给她端汤、倒水、服药、喂饭。百知看在眼里记在心上。尤其是每次母亲和二婶端药给奶奶喝的时候，总要自己用嘴尝尝药水温度的举动让百知记忆犹新。

立秋后的某天，二婶牙痛，一夜间腮肿得老高，不仅不能吃饭，连水都不能喝，连续两天水米不粘牙齿。三岁的百知不知道从哪儿学来的法子，爬上床，对着二婶的肿胀的腮吹气，还小声念叨"大包小包，一吹就消"，惹得在座的开怀大笑。二婶也被百知的天真和童趣惹笑，可是每次笑就会加重疼痛。百知知道了，就不再吹气说话，搬个小凳子坐到二婶床前，托着下巴看着二婶。大人们问他为什么要这样，他说看着二婶，二婶的牙痛会好些，喜欢得二婶搂住百知不知道说什么好。

两天后家里人找来一个单方：用蜂房煎水喝。

水煎好了，百知从母亲手里抢过碗端着，学着大人的样子，朝碗里吹一口气，轻轻抿了一小口尝了尝，然后送到二婶面前道："慢慢喝吧，喝下去就不痛了。"二婶接过药碗，喜欢得流下眼泪。说也奇怪，原本喝不下水的二婶现在居然一口气喝下了大半碗蜂房煎熬的水。不一会儿，牙痛好多了。二婶一把将百知揽在怀里，亲了又亲。牙痛好了后，二婶逢人便夸百知懂事孝顺。

二婶的腮消肿后，牙不痛了，但是却对酸冷热很敏感，吃饭时候总是龇牙咧嘴。家人知道后，尽量让她吃温热的饮食。如果喝粥，百知总要事先端起碗尝尝冷热，觉得可以了才递给二婶吃。每当这个时候，一家人都看着百知的一举一动，似乎在享受着亲情的温暖。

除了这件事，百知还做了不少孝顺事，让大人对他刮目相看。

奶奶年老病魔缠身，一到冬天咳嗽得很厉害。当奶奶咳嗽的时候，姐弟都躲得远远的，只有百知不躲不藏，拿起搁在一边的毛巾递给奶奶擦嘴。有时候，奶奶不小心将痰吐到床沿被单上，来探视的人都不忍相看。奶奶知道了哭着说自己是个负担，尽给下人添堵了，还咒骂自己怎么不死。每到这个时候，百知总是默默无语地拿起擦痰的毛巾擦被单上的痰迹。来人问他为什么这样做，难道就不怕脏吗？百知说："奶奶是自己的奶奶，我是奶奶的孙子，奶奶有事孙子就该做。"来人无不称奇，奶奶更加疼爱百知。

由于百知懂事孝顺，黄树青有机会就带百知出门。这要是搁在当今，那是父亲在别人面前显摆自己。也是啊，谁家出了这么一个幼年懂事孝顺的孩子，都会像得了宝贝似的。百知呢，在众人的爱慕眼光里，他总是能够保持平常心，显得安静祥和，毫无脑子"发热"的举动，只有让人叹服的份儿。

6 /   家庭熏陶

黄树青家虽居农村，家里读过书的人很少，即使有人读过书，也是皮毛而已。黄树青、黄竹青都是目不识丁。百知母亲刘氏从小和哥哥进过私塾，读过年把《三字经》《百家姓》之类的书，只是一个初识文字的人。也就是说，百知的家庭不具备教育百知的能力。但是，他们家有一样是别人家很少有的，那便是在内家庭和睦，在外与人为善。

家和万事兴，谁都能明白其中的道理。在黄家，上下和睦，夫妻同心，兄弟亲密，妯娌和气，从来没有见到黄家人互相争论、吵架。与邻里总是和平相处、平等待人。邻里有难事，黄家总是给予援手。这个已经成了黄山村人的共识。

百知生活在这样的家庭里，享受的是家庭的和睦温馨和叔父婶母的呵护，从小心灵里种下的都是善和爱的种子。

除了以上的优良风气之外，父亲黄树青对百知的影响尤为重要。自从百知懂事开始，黄树青便着力培养自己的儿子。黄树青无比喜爱百知，但是从不骄纵，用严格的家教规范教育小百知。

黄树青天资聪颖，颇有胆识，虽然不识字，但为人耿直、善良，富有正义感和同情心。黄树青的为人和经历使他时刻不忘过去的苦日子，时刻保持着勤劳俭朴的本色，并以此作为家训教育自己的子女。黄树青和黄竹青为了让子女们知道过去的许多艰难困苦，经常讲述自己的亲身经历。这些使百知幼小的心田就萌生了对旧社会的不满和对劳动人民的同情。

黄树青喜欢将自己的经历当成故事，讲给百知和其他人听。百知是最忠诚的听众。晚饭后是他们的故事时间。这天讲的题目叫"大老粗智斗恶乡绅"。

百知坐在小板凳上问谁是大老粗。黄树青说："就是你爹。我自小家里穷，没有上过一天学。五年前刘家大院的老大欺负我们家。以为我们家没有人认识字，硬说我们的祖坟地是他们家的，还拿出假地契证明。保长也帮着他说话。我多次找他说理，他根本不理睬，还说有本事就告官。"

百知攥着小拳头，愤怒道："真坏，明知道爹不认得字他才敢那样！"

黄树青："对了，他就是那样。唉，不认得字真不行。"

百知："爹，那我家祖坟地就叫刘家占去了？"

黄树青傲然道："那是不可能的。"

百知兴趣盎然地摇着黄树青的手笑道："说说、说说。"

黄树青笑呵呵道："对付什么样的人就该用什么招式，凡事要动脑子想。刘家不就是欺负我们不认得字、随他讲吗？那我就和他打官司。"

百知："爹，你不是不认得字吗，怎么打官司？"

黄树青装了一袋黄烟，百知赶紧起来给黄树青点烟。黄树青抽了几口烟，笑呵呵道："这个问对了。我不认得字，总有人认得字啊？"

百知立即道："大舅，大舅认得字，一定是大舅了。"

坐在一旁的刘氏听了，忍不住夸赞道："百知啊，你真聪明。"

百知得到夸奖，没有过分高兴，而是催促父亲快点讲。黄树青便详细地讲给百知听。

当晚，黄树青回家将刘家的情况告诉了刘氏和家人。家人都没有好主意。最后还是刘氏提醒黄树青找大舅刘当岩。刘当岩是当地很有名气的律师。黄树青认为这是一个很好的主意，决定去找大舅。可是，黄山村距离刘当岩居住的汤沟很远，按照正常人步行速度一天是不能到达的，况且，当地衙门只给他三天时间，三天内如果黄树青拿不出有力证据，祖坟地就判给刘家。而且，衙门还给黄树青一条毫无理由的限定，只准他本人当堂诉讼，不得假他人之手代为诉讼。官府的意图十分明显偏袒刘家。

思虑再三，黄树青认为刘氏的建议是目前唯一的办法，决定一试。黄树青二话不说，搁下饭碗，抓起两根山芋连夜上路。

一路上黄树青是小跑着赶路，也不知道摔了多少次，遇到多少危险，终于赶到刘当岩的家。刘当岩听了妹夫的话，当即问明祖坟地所处位置、与刘家的关系和纠缠等情况。听后，刘当岩陷入沉思。黄树青着急问道："大舅，是不是打不赢？"

刘当岩看看满脸疲倦的妹夫道："你不认得字，即使状纸写好了，你如何当堂陈述？况且还不准人代为诉讼。"

黄树青道："能不能教我背下状词？"

刘当岩惊讶，看着黄树青期待的眼神："那可是上千字的内容，你从来都没有背书的经历，能行吗？"

黄树青道："眼下只有这条路可走了，行不行就看天意了。要是老天不照顾我们黄家，那也是黄家的命了。"

刘当岩叹息一声，让黄树青去休息，他自己立即写状纸。

黄树青尽管身体异常疲倦，站在地上两腿直颤，但是，内心强烈的愤怒支撑着他。黄树青谢绝休息，坐到刘当岩对面，让刘当岩写好一句教他背诵一句，连舅母送给的早饭都搁在一边凉透了。

刘当岩写好状纸，黄树青基本将整个内容背下来了。又经过两遍背诵，黄树青便熟记了状词全部内容。刘当岩就状词里的片段内容考问黄树青，黄树青对答如流。刘当岩感到惊奇，诚心夸赞道："姑爷，你要是当初读了书，就不会待在黄山村了。唉，贫穷埋没人才啊。"

黄树青懂得刘当岩的话中话，知道自己能够上公堂就行了，至于其他的不在乎。他端起搁在一旁凉透了的粥猛吃。吃完，根本不听刘当岩和舅母在这里休息下午动身回黄山村的劝说，立即启程往回赶。回到黄山村已是后半夜了。

说到这里，黄树青故意停下吸烟。百知急不可耐，小手摇着黄树青的腿道："爹，说嘛说嘛，官司打赢了吗？"

黄树青吐出烟，笑问："百知，如果爹在大堂上按照大舅写的一字不漏地背，能不能打赢官司？"

百知眨眨眼睛道："肯定不中。"

黄树青惊:"哦,为什么不中?"

百知想想道:"他们肯定要拿里面的问——"

黄树青猛拍大腿,眉眼欢笑:"嗨,奇了!"一把抱起百知亲个够。坐在一旁的姐姐追问:"爹爹,后来官司打赢了吗?"

黄树青放下百知笑道:"让百知告诉你。"

姐姐瞧着百知似乎不相信。小百知笑道:"姐姐,爹爹刚才的问话已经告诉我们了,官事打赢了。我们家祖坟地保住了。"

姐姐问爹爹:"真的吗,爹爹?"

黄树青笑道:"是的,官司赢了。从此刘家再也不敢找我们家麻烦了。"

除了这件事,百知对父亲另一件事也很敬佩,那便是黄树青敢于直言,刚正不阿。

有一次,族长任命四个房宗,其中有两人办事不公,黄树青公开反对。这种行为称作"叛户",一般人不敢这样做,因为弄不好会遭到严厉惩罚。但是族长慑于黄树青的威望,只好收回任命。这样,黄树青更赢得了族中贫苦群众的信任和尊敬。在双井边,他曾被推举当过两任户长。因此,当地人都尊称黄树青为"瞎眼关公"。意思是,他虽然没有文化,但却敢作敢为,刚直不阿。

此外,黄树青对百知的影响还体现在日常生活中。

夏天,百知身上生了痱子。刘氏问他痒不痒,他总是说不痒。可是,离开妈妈和家人的视线,他就痒得龇牙咧嘴,只好用粗糙的树枝挠后背。刘氏看到后心痛得掉眼泪。百知说那是"猪痒自挠,松松皮就好了",做了个挠痒的动作。刘氏居然被他逗笑了。妈妈知道百知是在安慰自己,让黄树青寻找止痒的方子。黄树青对百知的事情从来都放在第一位,得知百知身上痒,感觉就像痒在自己身上,匆匆吃了饭就出门寻找方子。

傍晚,黄树青终于得到一个土法子:用稻叶上的露水擦洗痱子。

于是,黄树青每天清晨背着百知去稻田,用手巾沾上稻叶上的露水,细心擦洗百知身上生痱子处。痱子在父亲的擦洗下一天天消退。

父子俩的感情与日俱浓。黄树青在外面再苦再累,一跨进大门,都要大喊

"百知"。而百知每次总是应声而出，张开双臂蹦跳着扑进父亲的怀抱。黄树青抱起百知亲昵个够。这个时候，是他们父子俩最开心的时刻。

7 / 聪明倔强

由于家境不富裕，一天三顿总是"两稀一干"，只有中午才蒸米饭，并蒸些山芋和着吃。百知常常多吃山芋，把米饭让给大人和姐姐吃。

这天，母亲故意给百知盛了碗纯米饭。百知端着，当时没有吭声，但是也没有立即吃，站着等家里人都盛好饭后，走到锅台前，将米饭倒进锅里。

母亲问："是不是吃不惯米饭？"

百知摇摇脑袋，并不理会。自己拿起锅铲重新给自己盛了碗山芋饭，端到一边吃。二婶追问为什么。百知道："我是小孩，不用干活费力气，大人和姐姐要干活，不吃米饭没有力气干活。"

听得此话，姐姐顿时不吃饭了，流泪道："弟弟，弟弟，姐姐不如你。"于是，姐姐也学着百知的样子，走到锅台前将碗里的米饭放到锅里，留给大人吃。百知赶紧阻止说："姐，你是要放牛的，你吃。"

母亲看到，含着眼泪说："丫头，听弟弟的，你吃。"

姐姐站在那儿不知道如何是好。黄树青道："吃吧，记得你有个好弟弟就中了。"

二婶感慨地说："唉，我家三个要是有百知一半就好了。"

百知笑道："妹妹弟弟都还小呢。"

二婶笑得眼睛眯成一条缝道："好好好，他们还小，等长到你这么大一定像你的样子。"

姐姐和全家人在感动中吃完这顿饭。

晚上，母亲把他们三个姐弟叫到房间，拿出一大堆衣服，说："天气冷了，你们该换衣裳了。你们看着拿。"

这次百知抢先蹲下翻衣服。刘氏和姐姐都感到意外，盯着看。弟弟桂元眨着眼睛不知所措地看着姐姐和妈妈。

百知从衣服堆里挑出姐姐穿不上的一件旧的和一件半新的两件夹袄，以及一旧一新的两条裤子，将半新的交给弟弟桂元："这个是你的。"

刘氏问："你穿什么呢？"

百知亮了亮手里拿着的旧衣服："我穿这个，我穿衣服小心，不会很快磨破的。"

姐姐问："旧衣服不好看啊，哪个不爱穿新衣？"

百知微笑道："等我长大了，能干活了，就能买新衣服了。那时候，我还要买好多衣服给姐姐、弟弟和妈妈穿。现在，我是小孩子，穿啥都中。"

姐姐情不自禁地拉着百知的手道："弟弟，你真好！"

转眼到了过年，家里难得做元宵、吃糍粑。好吃的上了桌子，全家老小眉开眼笑，坐到桌前品尝美食。大家纷纷从饭钵里拿糍粑，只有百知在等，看着大家拿。

二叔黄竹青看见，问："百知，你怎么不拿啊？"

百知笑道："你们吃，吃完了还要干活呢。我是闲人，等会再吃。反正它们也跑不掉。"

二婶咬一口糍粑，笑道："真懂事。"二婶随手拿起一个稍大点的糍粑递给百知。百知接过道："谢谢二婶。"然后将糍粑放回饭钵里。黄竹青问："是不是糍粑不好吃？"

百知摇摇头，看着其他人手里都有糍粑了，他才从饭钵里拿出一只最小的糍粑吃。

姐姐在外边放牛，基本赶不上大人吃饭的点。每次都是母亲给她预留饭菜。每次百知看见后，总央求母亲多留点饭菜给姐姐吃，说姐姐放牛一定很饿。刘氏总是说饭菜都有定量的，给姐姐的留多了，叔叔婶婶他们就少吃了。

百知听了默不作声。中午吃饭的时候，百知端着碗不见了。吃到一半不见了人，刘氏感到奇怪，便悄悄地查看。

原来，百知悄悄来到厨房，将留给姐姐饭菜的盖碗打开，将自己碗里的饭菜拨进碗里，然后盖好放回原处。刘氏见状悄悄躲在门外，看到百知出门后才进厨房查看。看到碗里堆积的饭菜，刘氏眼里泪水直滚。

姐姐回来吃饭的时候，惊喜地发现饭菜多了，高兴得不得了。妈妈随后进门说："大丫头，那是你弟弟百知留下的。"

"百知留的，那百知没吃饱吗？不行，我得和百知一道吃。"姐姐端着碗要出门。刘氏一把拉住她："你知道就好了，你现在让百知吃，百知会吃吗？"

姐姐流泪道："可是、可是，这可是百知的啊，他吃那么少，要是饿坏了怎么办？"

妈妈拍拍女儿脑袋，笑道："没事，明天我看着。"

"嗯。"姐姐噙着眼泪端起碗。

姐姐在外放牛，总是忘不了家里还有自己无比喜爱的弟弟，因此空闲时候总采些山花、野草、树枝编织各种各样的花环或者蝈蝈笼子带回家。只要弟弟喜欢，姐姐就无比开心。有时候，弟弟桂元也想要，百知毫不犹豫地将好玩的送给弟弟。这以后，姐姐总是要编织两个才行。

姐姐每次放牛回来，进门总要先问："百知呢？大弟呢？"如果百知欢笑地跑出来，姐弟俩总是要嬉闹一阵子。要是百知不在家，姐姐会在院子里无趣地坐一会子。

每当大人们干了一天的活回家时，百知看到了，一定会跑上前迎接，帮着背工具，给他们打洗脸水，又去抹桌子端饭菜，忙得不亦乐乎。这时候是全家人最开心的时候，也是最温馨的时候。

百知懂礼的事迹传出后，村里很多人不相信。和黄家有些隔阂且读过私塾的夏老二说那都是黄树青编的，没见过五六岁的孩子那么懂礼，真要那样还不超过孔融？黄家族中人举例证明，他却坚持己见，说除非自己亲看所见，否则说破天他也不会相信。有人跟他打赌，双方以三根山芋作为赌注。夏老二说，

云山横水——黄镇将军的成长历程（1909—1932）

要由自己来考察百知，防止别人事先安排好。问黄家人敢不敢赌，黄家人毫不犹豫答应下来。正说着，百知独自一人走来。夏老二对众人摇手，自己上前拦住百知，问他要去哪里。

百知止步，看了看穿着破长衫的夏老二，赶紧拱手施礼道："去田里帮家里抱稻铺子。"

夏老二沉下脸，不悦道："小小年纪居然敢在大人面前说谎?"

百知重新看看夏老二，不卑不亢问："先生为啥这样讲?"

夏老二道："你人不满三尺，力不能缚鸡，你家大人能叫你下田干活吗?"

百知微笑道："大人没有叫，我自己不能去吗?"

夏老二用手挠头皮。跟他打赌的黄家人让夏老二交出三根山芋来。夏老二道："急什么，还没有开始呢!"

打赌者道："好好，我们等着，看你还能变出什么花样来。"干脆坐到路边草地上看热闹。其他人也兴致盎然地坐下笑着瞧他们。

夏老二怒对百知道："百知，你叫百知吗?"

百知道："是啊，不行吗?"

夏老二："百知，你真的什么都知道吗?"

黄家人大声道："这个不算数!"

夏老二道："要是害怕了，你就给我三根山芋，我就不问了。"

"那好，你问。"打赌者无可奈何道。

夏老二盯着百知，百知看了一眼带着恶意的夏老二道："名字只是给人叫的，哪里就能什么都晓得呢?"

夏老二微微点头道："嗯，还算得体。我问你，你这会子想不想走?"

百知道："想，我来就是要下田干活的。"

夏老二道："那你还在这里站着跟我废话啥，是不是躲懒?"

百知笑了，对夏老二拱手道："谢谢，那我走了啊!"说罢大摇大摆走过夏老二身边。夏老二转身瞪眼道："怎么走了啊，我还有话要问呢?"

百知边走边说："是您让我走的，我不听您的话就是失礼。"百知转身站定说："现在，您又让我不要走，我到底是听您哪句话呢！"

众人大笑。夏老二也跟着笑，朝百知挥手。百知回头便走。

夏老二道："完了，三根山芋赢不到了。"打赌者不依不饶，非要夏老二拿出三根山芋。夏老二叹息道："你放心，这三根山芋我肯定会拿出来的，可是，你们知道吗，你们黄家就要出大人物了！"

众人惊，纷纷问夏老二是凭什么看出来的。夏老二道："我虽然破落，可是我看人从来没有多少走眼。一个大人物可以从小看大。如今百知才五岁多点，还没有上过学堂，竟然遇事不慌，应对得法，对人不卑不亢，敢问，你们能做到吗？一般人能做到吗？他不是天上的星宿下凡还能是普通凡人吗？"打赌者道："好，就凭你刚才的几句话，你那三根山芋免了。"

夏老二站在那儿不接茬，还沉浸在自己的分析、判断和惊奇里。

此后，关于百知懂礼的故事在横埠地区广为流传，甚至有民间艺人将其改编成大鼓书的段子。

一天，大人们匆匆吃完饭就下地去了。百知母亲刘氏和二婶也出去帮忙，姐姐则出门放牛。家里就剩下他们这一群孩子了。孩子们都在一起吃饭。二婶的女儿吃饭时候落下几粒饭粒，百知赶快用手拾起来吃掉。弟弟妹妹们不解，眨着眼睛看着百知。百知津津有味地咀嚼着，笑道："爸爸讲，一粒米九斤四两力，得来不容易，可不能糟蹋了。"

百知虽然人见人爱，但是也有倔强一面。

百知的玩伴中有个叫大牙子的。大牙子比百知大两岁，可是经常被村西头周百亩家十一岁儿子绰号叫"周癞子"的欺负。周癞子在村里顽劣可是有名的，上私塾坐不住板凳，没上几天就哭闹着不再上学，只喜欢混在比他小一大截子的孩子堆里，充分享受他的威风，被欺负的不止大牙子一个。周癞子依仗自己力气大、家里有钱，全不把大牙子等放在眼里，经常叫大牙子给他当马骑、学狗叫，有时还用一根绳子拴着大牙子的手牵着，让大牙子四肢学狗爬行。其他孩子敢怒不敢言。百知看在眼里气在心里，他和大牙子等人商议在他们经常玩的村外小树林边草地必经的小路上悄悄挖了好几个两三尺宽、两尺多深的坑，往里面装两三粪瓢人畜粪，再装满水用木棍搅和，然后用树枝、草和灰土伪装好，专等周癫子上当。一切弄好后，他们几个坐在路这边专等周癫子出现。

周癫子出村了，百知他们故意玩得十分开心，还大声喧哗。周癫子看到，耐不住好奇，一边跑一边叫喊："妈妈的，有好的，不叫我。看老子怎么收拾你们这帮兔崽子！"

百知故意大声道："周癫子又要打人了，快跑啊！"

周癫子大声叫喊："都不准跑，哪个要是跑了，老子就天天叫他做马给老子骑。"百知等故意装出惊恐，站起来却不敢走。周癫子冲上小路快步而来。忽然一脚踏上挖好的坑上面，人一下子矮了很多。由于他是突然踏入的，坑内的粪水被溅得满脸满身都是。周癫子惊叫，大骂着往外爬。百知和大牙子等一拥而上死死按住周癫子不让他出来，还直将周癫子往粪坑里按。周癫子嘴唇都沾上坑里的粪水了，只好讨饶。百知问周癫子以后还敢不敢欺负大家了。周癫子连声说不敢了。

事后，周癫子父亲带着周癫子找上门理论。百知说那是活该，谁叫他太欺负人，拒不承认错误。黄树青气得当场要打百知，让母亲和二叔拦住。黄树青让百知向周癫子认错。百知不干，自己找根绳子把自己绑到门口的枣树上接受惩罚，就是不肯低头认错。周癫子父子俩见到如此也毫无办法，周癫子父亲只好说几句狠话，带着周癫子恨恨而回。事后，黄树青罚百知不准吃饭，百知毫不服软，家里所有人都拿他没有办法。

百知很想和姐姐一道出去放牛，但是刘氏看他小，不放心他出去。那天，百知一直不理睬母亲刘氏，把自己关在屋子里。平常百知都是围着刘氏转，猛然身边没有百知的身影了，刘氏真还不习惯，也感到意外。刘氏放下手里的活，敲门，叫百知出来。百知就是不开门也不出去。刘氏问他为什么。他就是不吭声。刘氏以为他发生什么事情，急得什么似的。可是百知就是不理睬。后来刘氏将堂嫂请来，百知没有办法只好开门，但是就是噘着嘴不说话。直到后来刘氏急着说出了"小祖宗"的话，百知才道出原因。刘氏哭笑不得。堂嫂笑着说："好好，这个我代你妈妈做主了，明天跟大姐去放牛。"

百知立马笑道："真的吗？那我现在就去。"

"好，我陪你去。"堂嫂笑道。

"嫂娘，您太好了。"百知扑上去，抱住堂嫂的双腿撒娇。

8 /　　代人受过

百知五岁的一天，刘氏在堂屋洗山芋粉，手拿着山芋不停地朝擦钵上反复摩擦，澡盆里堆起了擦出的山芋渣，累得腰痛气短，忍不住用手臂捶腰，叹息发怒，大喊："大丫头呢，死到哪儿去了？"正在一边折纸船的百知赶紧放下将要折成的纸船，笑着跑过来给刘氏揉腰肢，说："好妈妈，别骂大姐了，她早出去挑猪菜去了。"刘氏听了，喜上眉梢，揽过百知亲了一口笑容满面道："哎呀，还是我的百知懂事啊，晓得给姐姐求情了！"百知乘机问："妈，累了吧，我再给你揉揉腰。"刘氏连说不用，道："只要看到我的百知，妈妈再累都是高兴的。"

有时候刘氏忍不住问百知怎么那样懂事，百知说自己只是跟妈妈和大人学的，觉得自己做得不够好。

百知自己很少做错事，大人们似乎找不到他有什么错误和不好，但是，他却又经常向大人认错。看起来很矛盾，其实很简单。他经常代人受过，让别人免受大人的责罚。大人们只要听说是百知做的，似乎也就平复了内心的不快，因为他们在百知不止一次承认错误以后查明原因，原来这些事并不是百知做的，善良的百知代替家里的姐姐妹妹和弟弟们的过错，所以，听到某件事情是小百知做的，大多数情况下大人们都不再追究了。百知呢，也就因此为家里兄弟姐妹免除了很多次责罚。

七岁，正是儿童知羞耻的年纪。儿童时期，最大的最羞人的大事莫过于尿床了，可这也是他们幼年时期最常见的、自己不能控制的事情。这种事情落在谁头上都觉得是很无奈的丑事，被大人们责罚是小，叫小伙伴知道了耻笑，那才是最要命的和最无奈的。然而百知却主动承揽这样的丑事，叫人大跌眼镜。

有一次，弟弟桂元尿床了，刘氏整理被子的时候发现了，大声问是谁干的。百知看到桂元躲在门外一副可怜兮兮的样子，还眼巴巴地看着自己。屋内，刘氏还在追问，样子像是要发怒了。小百知知道，刘氏极少发火，不仅如此，平时说话总是心平气和的一副观音菩萨的模样。看着弟弟桂元低下脑袋的样子，百知赶紧进屋，对刘氏道："妈，是我，我晚上多喝了水，半夜睡死了。"

刘氏手里正提着被子，似乎不相信，问："真的是你？"

小百知装出很内疚的样子，低声道："是。"又抬头，看到刘氏脸上的怒气不见了，上前拿着被子道："妈，我晓得错了，我来晒被子。"

妈妈换上笑容，说："百知啊，以后晚上少喝水哦。"

百知笑道："知道，妈妈。"说完，他从刘氏手里拿过被子。刘氏问："你能晒得了被子？"百知道："我喊桂元帮忙。"刘氏笑着坐下，望着抱着被子艰难出门的百知，看看他到底行不行。其实刘氏早就从百知的认错里知道，尿床的不是百知，而是桂元，既然哥哥代替弟弟承揽了错误，自己就不好再追究下去了。这一是看出百知的好心，二是刘氏也为有这样懂事善良的儿子而高兴。这次，刘氏感到有些不可思议，因为承认是自己尿床，那需要多大的勇气啊！刘氏坐下，看着自己的儿子抱着和自己身体差不多高的被子艰难出门，想帮，又不敢帮。因为她了解百知，好强，帮了就是伤他的自尊。那些因为发现被子被尿湿的不快早就彻底消解，反而感到十分骄傲。

百知的话，桂元全都听在耳朵里。百知抱着被子出门，桂元感激道："哥——"百知赶紧朝他摇手，又指指还在屋内的刘氏。桂元明白，点头，顺手拿着被子一头和哥哥一道晾晒被子。

刘氏靠在门口，看着弟兄俩笑着将被子往院子当中大枣树上拴着的绳子上搭的笨拙场景，心里像吃了蜜糖那样甜美。

9 /　　独特家教

百知很幸运，生长在一个和睦、善良、开明的大家庭里，还有为人善良、理智、积极向上且极富同情心、具有正义感的父母。家庭和睦，几乎没有矛盾，有的是亲情和互助，遇着事情大家商量着办。

百知的母亲刘氏读过私塾，性格柔和。由于百知是黄家第一个男婴，又是惹人喜爱还经历了生死劫难的孩子，自然疼爱有加，但是刘氏从来不溺爱百知。百知不能说话的时候，自然是疼爱多于理性的爱，等到百知开始牙牙学语了，便悉心教导百知。开始她教导百知的方式很节制，甚至特吝啬，只教百知叫"爸爸"，"爸爸"学会了再教"妈妈"，学会了后便教一些最需要的日常用语，一次只教一个词，从不多教。等到百知学会了并且巩固了，她才教学下一个词，不贪多。从词到句子用了很长时间，教学句子她总是很耐心，等到百知记住了能熟练说出来后，再就这个句子尽她的所能延展它的使用范围，深化句子的功效。

刘氏在教学百知的同时，语言、态度总是和婉的，脸上的笑容似乎没有消失过，即使干活累得直喘息，遇到百知所问也总是耐心讲解，微笑示范。刘氏对百知的教育，不仅拉近了百知和妈妈的距离，还养成了百知遇事从容、微笑面对的好习惯。等到百知懂事了，刘氏拿《弟子规》中的故事教导百知，讲述时总是慢条斯理，不疾不徐。一个故事，刘氏讲述很多次，每次都要问百知是否有所感受，还让百知平时对照所见说感受。《弟子规》里面的内容和现实有所出入或者有所抵触时，刘氏总是给予耐心解释，使百知从小养成了灵活思考的好习惯。刘氏教学《弟子规》，但是不要求百知学习写字，更不要求百知背诵那些通用的古诗词。

稍长，刘氏便教给百知一些手工活。但是刘氏在教学前并不明言，总是自己在百知面前慢节奏做。在做的同时，刘氏留心观察百知的反应，让百知产生无意注意。开始的时候，百知对刘氏所做并不注意，随着刘氏重复的次数多了，开始有了反应。有了反应，刘氏才告诉百知自己所为。这样，百知从小就接受了无意注意的培训，大大提高了自己接触新事物时候的无意注意的能力和对新事物的熟悉速度。

日常居家，刘氏表现得和婉、善解人意，微笑面对人和事。这让百知从心里养成了良好的为人处世的态度和习惯。刘氏日常生活里的行为成了百知学习的蓝本，为百知日后性格成型打下了坚实基础。如果说母亲刘氏是有意注意加上无意注意来教育影响百知，而父亲黄树青则是着力而为，悉心栽培。

黄树青教育百知分为两个场所和不同阶段。两个场所分别是指家庭和社会，不同阶段指说话期和懂事期。在家里在说话期，黄树青以分清尊长为内容，但是也遵循了循序渐进的原则，不贪快不求多，只要百知能认识家中人，知道尊长就可以了。给予的奖励是一个亲吻或者将小百知扛到自己肩膀上在院子里跑闹一圈。每到这个时候，全家人都看着欢笑。

自百知懂事开始，黄树青稍有闲暇，便牵着百知串门认人。在这个过程中，黄树青教百知必要的礼仪和规矩，每次也就去一家，绝不多走。遇到天气晴好时，黄树青总带着百知一道来田地里，教百知认识野草、树木和花朵。他自己干活，让百知在田埂上自己玩耍。因此，百知很早就认识了很多野草、树木和花朵，还认识了庄稼。有时候，也让百知下田地摸摸劳动工具，教导百知为什么要那么干活。所以，在百知读书后，他一有时间就来田地里帮大人干力所能及的农活。

后来，百知上学了。黄树青有意识地给儿子讲家世，让儿子记住上辈人艰苦奋斗的不容易，让儿子牢记保持本色的重要性。除此之外，黄树青用讲故事的方式讲自己的经历，让百知记住地主的欺压和威胁，要他永远同情贫苦人家，并把这个作为家训，经常提及。

和刘家打官司赢回祖坟地是黄树青的骄傲和名片，多次以此勉励百知刻苦学习，同时教导百知做人要有骨气。黄树青在春荒上经常接济贫穷之人，总要带着百知一道送米送油。每次回来，黄树青都要教导儿子一番，说不要在意别人的感谢，要在意别人的痛苦，能帮助的一定要帮助。

有次村民向族长抗议，黄树青特意带着百知前往，目的就是要让儿子亲临现场感受如何做人，面对不公正如何不卑不亢地抗争。

事情的起因是推选户长。由于族长偏私，将两个处事不公的人指定为户长，导致很多黄家人不满，但是都不敢公开反对。那时候，如果你胆敢有违族长提出的如此重大的人事决定，那就有被认为有"叛户"的行为。所以，众人敢怒不敢言，都来找黄树青诉说，因为黄树青在宗族里处事公道，再加上平时广结善缘，还有凭着目不识丁打赢了和刘家争夺祖坟地的官司，在族里声望很高，就是族长都要让他三分。

黄树青听了族人的诉说二话没说，带着百知和族人一道去祠堂。

族长看到黄树青带着孩子来了，心里的不安落下了。要是黄树青来找麻烦，他不会带着孩子来。族长正好想反了，黄树青此次来就是要让儿子亲临现场感受一下。

族长很客气地从桌案后面站起来招呼他，还吩咐人给黄树青看座看茶。这个规格要是落到一般人身上，那是很荣幸的，就是想来闹事，也会因为享受族长如此待遇而偃旗息鼓。可是，黄树青不理会这些，将百知放到族中人端来的凳子上坐好，自己则站在族长的桌案前，大声道："族长，您可晓得规矩方圆？"

众人闻听大惊失色，一个族人怎么可以跟族长如此说话？再说，黄树青这一问分明是将族长置于无知的境地，太胆大包天了。族长听闻脸顿时黑了下来，但是看到黄树青身后站着许多黄氏族人，还因为黄树青在黄山村的影响力太大，如果和黄树青闹僵以后黄家有分裂宗族的危险。族长忍了下来，他可是黄家这一支中唯一中过秀才的人。想了想，族长微笑道："不知道树青大侄子何以有此一问？”

黄树青道："规矩是人定的，要人来按照规矩办事。"

族长："那是那是，如果我有什么没有按照规矩来，可以说出来。看看我在哪件事情上没有按照规矩办。"

黄树青微笑道："那好，请问族长，听说昨天您指定了四个户长。但是其中有两个户长是没有资格担任户长的，怎么让他们当了户长？那不是破坏了规矩吗？"

"哦，这个我还真没有发现。"族长额头冒汗敷衍道。

黄树青指着站立族长两边的那两个新当选的户长问："他们两个私心重，是出了名的滑头和只为自己不顾他人的人。他们怎么也当了户长？"

族长："这个只是你的一面之词。"族长满脸不悦，坐下又道："黄树青，我念你是黄家有功之人，不要不知道轻重。你知道你这样行为的后果吗？"

黄树青哈哈大笑，道："知道，你是不是想将我列入'叛户'？要是那样，你自便好了，可是，他们两个必须将户长的位置让出来，由族人公推公选！"

"你……"族长睁大了眼睛，可是想想还是没有对黄树青怎么样，随即坐下叹息道："好吧，但是你也不要过分。"

随来的人顿时欢呼起来。后来，由于采取了公推公选，黄树青被推上户长的位子。黄树青在位秉公办事，族人都很信服，一届期满，族人推举他再次担任户长。

黄树青和族长的那场对话，让幼小的百知感受很深刻，让百知认识到很多事情遇上了，怕和躲避是没有用的，要据理力争才是正道，所以，百知从小就具有正义感并非偶然，这和自己的父亲的所作所为是分不开的。

10 /　　老成持重

百知五岁那年，有一次家里大人都出门干活，大姐放牛去了，家里只剩下他和弟弟桂元还有二叔的孩子们，一下子百知成了家里唯一的小大人。邻居王婶带着八九岁儿子和村后面马三先后来借米。百知二话没说，借给王婶一升米，还拿出三个鸡蛋送给王婶。王婶很感激，要儿子给百知磕头感谢。百知赶紧拉住说："王婶，要是这样，米不能借给你们了。顺子哥比我大，怎么可以给我磕头啊？要是这样不是折我寿吗？"王婶听闻，连说自己只是太感谢了，没有想到这个。百知笑道："没事，王婶。我家里米不多了，要不会多给点。"

王婶道："中了中了，熬粥喝就能接上新米了。只是你家大人还不晓得，回来要是骂你怎么办？"

百知笑道："没事，王婶。你们家情况特殊，要不是实在没有办法，您也不来我们家。要是日子好过，谁还求人啊？"

王婶听了顿时流下眼泪："百知啊百知，没想到你才五岁就这么懂世道的艰难。"她看看顺子，感叹道："顺子比你大四岁，可是什么都不懂。唉，顺子要是有你的三分之一就好了。"

王婶带着感动和钦佩离开。百知将王婶送出大门，离开时候还安慰王婶日子一定会好起来的，要是有难处一定要告诉他。

王婶刚刚离开，村后面的马三提着米袋进门借米。百知看看马三，道："马三叔，我们家米不多了……"

马三急赤白眼道："百知小哥，三叔实在是饿极了，要不也不会来你家讨米啊。你就行行好吧，反正你们家经常周济别人，可不要坏了你们的好名声啊。你爸妈要是在肯定早就把米借给我了。"

百知呵呵一笑，说："我知道。"

马三笑道："那还不赶紧的，我还要下田干活呢。要不然以后会天天来你家讨米。"

百知道："米可以给您，但是，只能是一顿的米。"

马三惊愕，道："什么什么，我没听错吧，就一顿的米?"

百知肯定道："没错，就一顿的米。"百知说得很肯定，态度不容置疑，摆出一副小大人的模样。马三顿时愣了，想不通小小年纪怎么会有这个想法。可是马三不死心，又问："为什么就一顿的米?"

百知道："就这一顿的米还是有条件的。"

"什么什么，还有条件?"

"当然。"

马三咽口唾沫道："那好，你说说。"

百知道："这顿米是让您吃饱，好有力气去给人家帮工。如果你不愿意出去给人家帮工，这一顿的米也没有。"

百知是要用这顿米来让马三改掉不愿意干活的毛病。马三一个大劳力还一个人过日子，要是勤快怎么着都不会饿肚子。马三懒惯了，村里人都嫌弃他，越是那样马三越是不理会。没得吃了就死皮赖脸地求东家讨西家，人家不给还和人家要赖，有时候还威胁别人。村里人都不敢招惹他。依着马三的性子，要是对方是个成人恐怕早就和他翻脸了，可是，他偏偏遇上百知这样的孩子，叫他有怒不好发。百知提出这个条件更是让马三惊讶不已，他没有想到一个五六岁的孩子居然能够想到这些。本来是想糊弄一番百知，好达到目的，现在看来小小的百知可比大人精明。马三想威胁，可是看到一脸正经的小百知站在自己面前毫不惧怕的样子，心里居然喜欢起了百知，咧开嘴笑道："好好，一顿就一顿，吃饱了我就干活去。大侄子，这下你可放心了吧?"

百知和声诚恳道："三叔啊，我晓得你想糊弄我，先吃饱了再到横埠去混。"

马三道："没有没有，不会，绝对不会!"

百知呵呵笑："三叔，我是小孩子，但是我看得出来，三叔是说话算数的，只要您肯干活，就不光是能吃饱了，还能给我娶回三婶子的。"

马三睁大眼睛，似乎不相信眼前这个五六岁的孩子，惊奇道："大侄子啊，三叔走南闯北也有好些年了，还从来没有遇到你这样年纪的人说出如此的话。三叔我今儿彻底服了。没说的，大侄子，这顿米我不借了，我马上去横埠给刘大户帮工，一定会给你带回来一个三婶子。"马三拱拱手，转身便走。此后，马三不知所踪，六年后果然娶了个下江女子带回黄山村。那天，马三买了好多东西和酒菜，带着自己的老婆来黄树青家要见百知。黄树青一家人感到愕然。马三主动说出了六年前那次借米的事情，黄家人和前来看新奇的人们方知原委。此时，百知已经在小学读书。马三二话没说，带着东西酒菜和老婆赶往小学。

这件事不仅让黄树青一家人感动，其他村民也无不感动，因此流传了很久。

自从百知懂事后，黄树青便着力栽培自己的儿子，经常带着小百知出门办事，让儿子接触社会和各种人等。

那次和夏老二邂逅后，百知应对自如、不卑不亢的好消息不胫而走。黄树青听到了心里自然高兴，这更加坚定了黄树青带百知出门见识的决心，因此，小百知很早就有机会接触社会。

有一天，黄树青带百知来横埠办事。办完事，黄树青特意带着百知坐茶馆。黄树青要了一壶茶，父子俩坐着喝茶。

对面邻桌围坐一圈人，听一个三十几岁中年人在说自己在上海的经历，话里多是海阔天空的吹嘘，说自己吃了很多美食。黄树青出于好奇，便和百知围过来倾听。那人说得众人无不惊讶好奇又很是羡慕。那人边说边用蘸口水的手指沾落在桌子缝隙里的芝麻粒。看了一会，百知拉着父亲的手往回走，父亲问为什么。

百知声音不大，说："他在瞎吹。"

黄树青问："你怎么会有这个想法呢?"

百知指指那人刚刚送进嘴里的芝麻粒道："他家里一定很穷，你看他用手指沾桌子缝里的芝麻粒吃。他那么说，可以肯定他没有吃过那些好吃的。"

黄树青十分惊奇，看到那个正眉飞色舞的男子咀嚼芝麻粒，摇摇头表示不相信。百知说："爹，您要是想看到结果，等一会就晓得了。"

黄树青"哦"了一声，留心观察那个眉飞色舞的人讲述。他们的对话被旁边一个文人模样的人听到，不由得多看了几眼百知。这个文人便是百知后来的小学老师杨绳武。杨绳武对幼小的百知说出那样的话感到十分惊奇，但是不好贸然发问，只在一边留心察看。

果然。一盏茶的时间不到，一个穿着破烂的小女孩进门，看到那个正吹得起劲的人道："大大，妈妈叫你回家去，等着你的裤子穿呢。妈妈讲她要起来煮饭了。"

屋里人听了一片愕然。那人二话没说，赶紧拉着小女孩匆忙出门，醒悟过来后的众人一阵哄笑。黄树青看着百知，好像不认识似的。杨绳武移座过来，先和黄树青打招呼，然后问百知道："敢问小哥几岁了？"

百知不卑不亢道："五岁半，先生几岁了？"

杨绳武呵呵大笑，对黄树青拱手道："恭喜恭喜，小公子将来必然是人中龙凤。"

黄树青惊问："先生怎么晓得？"

杨绳武笑道："贵公子遇事有主见，不人云亦云，还能够通过现象看出本质，这可不是一般人能够做到的。何况贵公子才五岁多点，更是奇伟得不可思议了。还有，刚才和贵公子的一问一答，显出贵公子沉稳有加，不但回答了所问，还能反问，实在不易。这可是大才的征兆。"

杨绳武的话招来了很多好奇者，其中就有不相信的。不相信的正好是刘家的大管家。刘管家问道："那好，可否让我问问。"

黄树青看看刘管家，心里很是反感，但是不好拒绝，正在犹豫。百知道："可以，可是先生是何人？"

刘管家想发怒，但是看看黄树青，想侮辱黄树青父子，耐着性子道："鄙人是刘府大管家刘有才。"

百知眨眨眼睛看看父亲，黄树青朝百知点头。百知对刘有才道："不知道刘管家要问什么?"

刘有才笑道："大人在此，你小子怎么敢胡说?"

百知微笑道："小孩无知，老大人非要让说话。"

刘有才道："黄家无人，用小孩子出来混。"

百知收敛笑容，站在刘有才对面："刘家无德，请老大人回去想。"

杨绳武忍不住带头叫好、鼓掌。刘有才老脸羞红，乘着大家哄笑之际灰溜溜地走了。

百知成熟早，可是毕竟是个孩童，孩童天真的心性也自然在他身上流露。

每次外出应对得法后，百知都要问父亲我做得怎么样。要是父亲夸奖了，百知脸上不流露，可是在心里要高兴好几天。要是父亲故意说不好，小孩子不能这样，百知此后几天一直不高兴，等待下一次遇着夸奖了才再次开笑脸。

有时候遇到不懂的事情，百知总是要打破砂锅问到底，往往连父亲都厌烦了，说父亲不把自己当儿子看待。

有一次，百知听说佃田的事，问那些田地怎么都是他家的。父亲给予解释。百知说他家那么多田，自己种不了，要是别人都不给他家种，要田不是没用吗? 父亲说那就有很多人要饿死。百知问，就没人来管管吗? 父亲和在场的人笑了。百知认真道："笑什么，我说错了吗?"

父亲解释说："要管是官府管，可官府是不会管的，只会帮着财主欺负穷人。"

百知问："为什么，官府是财主家的吗?"

父亲也解释不了这个现象，可百知还是继续追问。

11 /　　　为人着想

因为当时米很紧张，百知吃饭总是多吃山芋，少吃米饭。

母亲刘氏背后问他是不是不喜欢吃米饭。百知没有虚假地推诿，而是照实说他的选择。百知说米饭吃了力气大，要留给大人吃。大人要干活，不吃米饭力气不够，自己是小孩子不用干活，能不饿肚子就好。刘氏将百知这个话告诉黄树青，黄树青大喜，叫来百知，说百知懂事，要给百知奖赏，问百知想要什么。百知摇摇头说什么都不要，说自己那么做是应该的。

每到节日家里吃好吃的，百知总是在别人拿过了才去拿，每次总是拿最小的。对待别人的夸奖，百知一笑而过，过后再也不提及，好像压根儿没有发生似的。因此，每逢农忙时候，全家大人一齐下田地干活，很放心地将家交给百知看管，从来没有出过事情。

斜对门李大爷家的院子里有五六棵梨树，等到秋天梨子成熟时，李大爷将百知和一些经常在梨园里玩耍的孩子叫到一起，分发给他们每个人两只梨子。大家都领了，百知不领。李大爷问百知为什么不要，是不是梨子不好吃。

百知认真道："不是。"

李大爷疑惑："那是为啥？"

百知道："您留着多卖一点钱，我是小孩子，吃不吃没有关系。"

李大爷惊奇，将手里两只梨子放进篓子里，重新拿出两只最大的梨子递给百知。百知伸出双手郑重地接过，在场的孩子们都以为百知是嫌弃前面的梨子小了，连李大爷都是如此想法，欢笑的脸上陡然没有了笑容。百知接过梨子后，双手捧着，走到篓子跟前，将两只梨子放回篓子。回头笑着对惊愕的李大爷说："大爷爷，您的梨子我收了，现在这个是我送给大爷爷的。"李大爷蹲下，一把抱住百知连声道："百知啊，好孩子好孩子。"随后，他拍拍百知后背，站起来对着自己的孙女和其他孩子道："你们要是能像百知这样，你们家大人就是累死累活都是高兴的，先人都会笑着坐起来。"尽管这些话孩子们不理解，但是他们都知道李大爷是在夸奖百知。百知呢，则说："大爷爷，不能这么讲，孝敬长辈是应该的。"

李大爷赞许，问百知要什么奖赏。百知说什么都不要，只是希望明年梨子的收成比今年还好。李大爷一时高兴，重新拿出两只最大的梨子一定要百知接受。李大爷说："你要是不吃，带回去给你大大妈妈吃。"

百知道："如果是这样，大爷爷，能不能将梨子送给大牙子哥。"

大牙子惊讶地看着百知。百知看到，走到大牙子跟前对他耳语道："大牙子哥，你吃，以后不要再干偷摘的事情就好了。"大牙子点头道："百知，我再也不干了。"他们的悄悄话除了当初和百知一道找大牙子的桂元明白，其他孩子不清楚。可是李大爷心里清楚了，笑着将两只梨子交给大牙子道："大牙子，爷爷晓得树上的梨子是你摘的，只要你听百知的话就好了。"

大牙子连连点头。果然，以后的大牙子再也没有做出偷摘的事情。等大牙子接受了梨子，百知对李大爷说："大爷爷，我有一句话不晓得能不能讲？"

李大爷笑容可掬道："什么能讲不能讲的，你百知的话我最爱听，讲！"

百知道："今天的事情千万不要对其他人讲。"

李大爷惊奇道："为啥？长脸的事情为啥不讲！"

百知道："别人晓得了又要说许多话，我还要回话，那样很累。"

李大爷哈哈大笑道："好好好，我老头子答应了。我活了大半生了快要入土了，还能见到百知你这样的孩子，真是我的福气。"

可是，这个请求没有能够如愿，这件事不久传到百知父母耳朵里，村里人也大都知道了。但是，他们都能理解百知的心思，见面不提及让梨子的事情。村里人都把那些发生在百知身上的故事拿来教育自己的孩子，很多人都记得，也成为黄山村后来的美谈。

那次在横埠，百知凭着自己的机智斗败了刘家大管家，众人的夸奖和赞扬并没有让百知飘飘然，他依然保持了正常状态。有人当场建议将这个事情报告官府，要官府给百知表彰。百知当场感谢，表示不能接受，因为自己是一个孩童，让大人很没面子，本该受到责罚，哪里能够受到表彰。对于百知这番话，众人更加惊讶，就连杨绳武都忍不住要请黄树青父子吃饭，想好好说说话。百知说自己还是一个没有进小学堂门的幼童，不配和先生同桌，坚决辞谢杨绳武的邀请，和父亲回家了。在路上，百知让父亲不要说今天的事情，黄树青想想只好答应。

上小学后，杨绳武给百知改名为"士元"。从"士元"这个名字中可以看出杨绳武对他寄予了多大的希望。他没有让老师失望，样样功课优秀，尤其是跟杨老师学得一手好画。功课优秀的他从来不张扬，反而很务实低调，这让他的那些同学心服口服，没有人妒忌他。能做到这点，大人都很难办到，可是小小年纪的他做到了。

在小学，士元成了人人企慕的对象，成了人人争相交结的明星。尽管这样，他依然低调。他除了学习好，还乐于助人。只要同学有求，他从来不推却，即使自己办不了也会极力去办，实在没有办法，他也会详细解释。

士元酷爱美术，他的画连杨绳武老师都要赞扬。杨老师喜欢画梅，士元在杨老师的影响下也爱画梅。在杨老师的熏陶下，士元不仅梅花画得好，他还有一套对梅的理解："高洁而不媚俗，特立而不孤傲，容众而不狭隘。"这充分体现了此时士元的追求和理想。此后，士元一有时间就给同学们画梅相赠，但是每人只限定一幅，绝不赠第二幅。

有年过年，士元画好多幅梅花图和青松图送给过年买不起年画的贫苦人家，说是人穷没关系，只要肯干，日子会好过的，就像梅花和青松一样。可是，年还没有过完，那些贫苦人家的画基本不见了。士元知道后问为什么，是不是自己的画他们不喜欢。大家都说喜欢，可是不说为什么画不见了。后来有一个宗家说出了原因：因为那些向他求画不得的人知道了士元画梅相赠贫穷之人的事情，过年后迫不及待地来黄山村悄悄地低价收走他的梅花图和青松图。士元知道原因后并没有追究，而是在下一年里每家送上三五幅梅花图和青松

幼年黄镇

图，并嘱咐他们要提高价钱。

士元这个举动获得广泛好评，有人当面赞扬他具有侠义心肠。士元听了说人家过奖了，真正的侠士是要为国为民分忧的，这点算得了什么？只恨自己没有那样的本事。

在小学，每次期末都要开总结大会。会上必定要发奖状奖励那些成绩好表现也好的学生。士元每次都没有获得奖状，别人很不理解，纷纷为他抱不平。士元总是劝说他们。多少年后，同学和家人才知道，那是士元和杨老师师生间共同遵守的一个绝对秘密。这个秘密的内容是：士元恳请杨老师不要表彰自己，将自己的名额让出来，奖励一个成绩不够理想，但是肯苦学的同学。杨老师乍听觉得不可思议，但是仔细一想，认为自己这个学生十分诚恳而且心智远远高出众人，在感动中答应了士元所求。

由于士元每次都将自己的奖状让给了同学，自己空着两手回家，自然遭到父母的追问。士元也不解释，只对他们说自己很努力，让他们不要失望。

12 /　　人见人爱

母亲刘氏干活累了，只要看到百知，身心的累顿时烟消云散。弟弟黄桂元出生后，经常哭闹。每到这个时候，正在干活家务的刘氏很烦恼，免不了埋怨几句哭闹的桂元。百知听到了，放下正在读的书，对刘氏说："妈，您干您的事，我去摇弟弟。"（桂元睡在婴儿的摇床里）刘氏赶紧让他继续读书，不能耽误。百知总是拿起书笑着说："没事，妈，我边摇弟弟边看书。"

刘氏道："那中吗？"

百知道："中，我读书，弟弟还当是儿歌呢，听着也好睡觉。"

刘氏听了不由得笑了起来，表扬百知很会处理事情。

二婶有腰痛的毛病，经常干活累得直不起腰，总要原地活动好长时间才能站起身来，还痛得额头直冒冷汗。百知看到了，总是让二婶坐着，自己给二婶揉腰，直到二婶能直腰，脸上没有痛苦状才罢手。二婶开玩笑跟刘氏说："百知要是我的儿子该多好啊。"

刘氏笑着说："那就让百知做你干儿子好了。"

二婶大喜，问："真的吗?"

刘氏笑道："当然是真的了，可是，百知以后娶媳妇那可是你们的事情了。"

二婶高兴，说："那是自然，那是自然，可是，就是不晓得百知愿不愿意。"

刘氏笑道："他对你那么上心，还有不愿意的吗?"

二婶决定当面问百知。正在院子里边晒太阳边读书的百知听到，跑过来笑道："不用问，我现在就给干娘磕头。"说罢跪倒在二婶面前，恭恭敬敬地给二婶磕了三个头，算是完成认亲仪式。二婶喜欢得开怀大笑。

事后，刘氏问百知："你真的愿意给二婶当干儿子吗? 是不是想让二婶给你娶媳妇?"百知笑道："妈，那不是您提议的吗? 二婶也那么想，如果我不答应不是让你们都不好受吗? 我才上私塾，离娶媳妇还早着呢。"

刘氏仔细端详百知，点头道："好，好! 孩子啊，你真是我们的开心果，事事都做得叫我们高兴。"

百知不好意思地低头道："妈，我还小，许多事情我也插不上手，就是想帮忙力气也不行，做点让妈妈和二婶高兴的事情是应该的。"

那次，百知替弟弟桂元承认尿床的事情，当时刘氏就知道不是百知所为，所以没有继续追究。晚饭后，等家人离开，刘氏留下百知，追问他为什么要替人承担丑事，那不是对大人撒谎吗? 百知笑笑说："是说谎了，但是，那样一来，妈妈怒气不也就消了吗?"

刘氏高兴了，问："真是这么想的? 还有没有其他的?"

百知道："有，那就是让弟弟心里少点担心。其实尿床不是弟弟的本意，他人还小。有了这件事情，弟弟以后一定会注意。"

在一旁坐着抽黄烟的黄树青听了，感慨道："百知啊，你真比我们这些大人的心都细，还这么为大家想，真是难得。"

夏天蚊子多，黄树青和二叔干活回家都很晚。吃饭的时候，百知拿扇子给他们驱赶蚊子。二叔不让，要二婶过来扇扇子。百知说二婶也累了一天了，还有腰痛的毛病，我是小孩子，别的事情干不了，只能干这点事情。二叔高兴得呵呵大笑。有时候，刘氏实在不忍，要替百知干。百知不让，说自己行。每次吃饭时，他也是等大人们吃完他才吃。

那次，夏老二领教了百知的厉害后，只要见了百知都是一副十分喜欢的表情，总要和百知说上几句话。每到这个时候，百知很配合地说让夏老二喜爱听的话，把夏老二恭维得很开心。夏老二逢人便夸百知聪明、心善、懂事，不能以小孩子看待。

有一次，夏老二遇到一件难事，还特地登门问百知，让百知给自己拿主意。这件事情让家人惊讶，也很高兴。夏老二由于贫穷，还爱端着读书人的架子，三十好几了还没有讨到老婆。恰好遇到一个从外地逃荒来的还带着一个男孩的妇女，有人给他们撮合。夏老二既想娶那个女人又放不下架子，还嫌弃对方有个孩子，一直踌躇不定。刘氏听了说："他夏叔，这个事情怎么可以问小孩子啊，百知可是什么都不懂的。"

夏老二正色道："嫂子，百知可不是一般的孩子，他可是天上文曲星临凡，要不怎么会如此聪明、理智，人见人爱?"

刘氏听了，也不好多说，只是笑着看百知的表现。百知感知了夏老二的真诚，于是问夏老二是否看上了那个婶子。夏老二知道百知所问，低头想了想，说："那人还实在，人长得还行，就是……"夏老二知道自己后面的想法有些不对劲，停止了说话。

百知笑问："二叔知道了吗?"

夏老二笑着点头道："知道了，我回去就将他们母子接进家门。我一个人都不请，百知你一定要去。"

百知愉快地答应下来。夏老二带着高兴出了门。刘氏问百知："夏二叔怎么会这样痛快就下定决心了，你也没有讲什么。"百知笑着解释说："其实，夏二叔很聪明，只是担心拖累，现在已经明白了娶亲是最重要的了。"

　　母亲微笑着点头，不无感慨。

童年黄镇

1 /   私塾拜师

百知五岁时，父亲黄树青送他去附近一家私塾上学，当地俗称这种行为叫"关水"，即不到上学年龄的儿童因为家里没有大人照看而被送到私塾，名义上是上学堂，其实是让老师代为看管，能不能读书写字是次要的（有点像我们现在的幼儿园）。可是，黄树青不是如此想法，他认为自己的儿子天资聪颖，进私塾完全是为了读书。再说，百知就是留在家里也无须大人照看，他不但能自己管理自己，还能照顾家中几个妹妹和弟弟，是大人的好帮手。

塾师是钱铺镇的王富白。王富白早就听说百知很不简单，正想去黄家动员百知来私塾上学，没有想到自己还没有成行，父子俩先上门了。塾师喜出望外，一边请他们就座，一边还要张罗茶水。黄树青笑着制止道："王先生，您坐您坐，今天带犬子来拜师，哪里能要您忙活啊？"

王富白停下手中事情，坐下来看着侍立在黄树青身边的百知，笑问："公子在家里可读过什么书？"

百知答道："先生，我现在要当您的学生，就叫我名字吧，我也不是什么公子。在家里母亲教我读了《弟子规》。"

王富白"哦"了一声，问："那《三字经》《百家姓》一定读过了？"

百知道："没有。"

王富白惊道："为什么？连《弟子规》都读了，怎么还没读那些最浅显的入门功课啊？"

黄树青代为回答道："因为他妈妈认为要先学会做人的道理，在家里本来也不指望百知读书识字，家里连那些书都没有。"

王富白表示理解，考问百知对《弟子规》的了解，先让百知背诵《弟子规》。百知当即朗朗背诵，中途毫无停顿。王富白看到百知背诵如行云流水，叫停背诵，举实例让百知说出《弟子规》里面的相应内容。王富白的实例刚刚说完，百知随后脱口背诵出相对应的《弟子规》里面的句子。王富白感到非常惊讶，连着列举了三个事例，百知连着背诵三个《弟子规》里面相关句子。王富白又费了十几分钟说完了三个故事，刚刚端起茶杯想喝口茶润润嗓子，然后等着看百知着急的样子。可是没有等王富白的茶水进嘴，百知朗声背诵出相关语句。王富白惊愕得竟然忘记了喝茶，放下茶杯道："哎呀，黄户长，你有一个天资聪颖的公子，这可是你们家最大的财富和希望啊。我教书也近三十年了，从来还没遇到公子这样的奇才，看来，外面那些传说是确有其事了！"

黄树青谦虚地笑笑，说："先生过奖了。怎么样，先生收下百知了吧？"

王富白郑重道："像贵公子这样的孩子，我只怕才疏学浅教不好，反而耽误了贵公子的前程。黄户长，你是否将贵公子送进小学堂让见识过世面的先生教导，那样，贵公子肯定大有作为。"

听了王老师的话，黄树青心里真的产生了犹豫。百知看到父亲犹豫赶紧说："先生，不用了。一来，我人小，走不了太远路；二来，先生的学问足够我跟您学习了。"

王富白大喜，问为什么。百知说："先生刚才考问学生，学生知道先生是有见识的又是很认真的，能有这样的先生给我破蒙足够了。"

明白过来的黄树青赶紧接上说："先生多虑了，我要是不相信您，也不会送犬子上门拜师，先生就不要推辞了！"

王富白这才心安，提出一个条件：要是百知觉得在他这里学不到东西，可以随时转学。百知保证好好听从先生的教导，不给老师添麻烦。师徒俩还没有建立正式教学关系，就先订立如此的规矩，实在罕见。

百知说完，从父亲身边走出，然后站到王富白身前，恭恭敬敬地对王富白跪拜磕头。王富白也没有阻止，等百知磕完头，笑着起身，亲自搀扶起百知，道："好好好，从现在起，咱们俩就是师生了。只要你不嫌弃，老师我一定极尽所能教授。"

黄树青拜谢，回家。

王富白带百知进学堂。王富白让百知坐在自己讲桌对面，以示分外重视。王富白交给百知一本《三字经》和一本《百家姓》。当天教学了所有学生十句话，然后带着学生学写字。这十句百知很快就能背诵，但是百知没有说出来。王富白也没有考察他。学写字时候，百知只写了一遍，就能够默写所教的字。然后，对照老师在黑板上所写进行揣摩，再写时字迹就比较端正了，间架结构比较合理。只写了五六遍，所写的字已经远远脱离了一个初学者的笨拙和幼稚。如果不是当面亲眼所见是一个五岁的幼童所写，人们一定认为是哪个中学生认真所为的水平了。当时，还没有下课，王富白巡视到百知背后，看见百知所写，再次被震惊。居然问百知是不是在家里练习过写字，还怀疑百知前面所说有所隐瞒。百知放下笔，笑道："先生，学生所说没一句假话。"

听到他们的对话，那些同学都睁着眼睛看着。王富白也不好继续追究，但是，他心里还是在怀疑，准备对百知做进一步考察。

课间休息，同学们呼啦一下子围住百知，七嘴八舌地乱问一气。百知只是呵呵笑，并没有显得烦躁，也没有回答任何问话。大家见百知不说话，也就没有多大兴趣了，大部分出去玩耍。留在百知身边的几个大个同学要查看百知的写字本，百知拿出交给他们。他们看了好像不认识百知，那个读了两年书仍然和他们同学的大个子秋生问百知："黄百知，你是不是在外面上过学堂，又来到我们这里？"百知知道他也有和王老师一样的疑惑，也知道他在怀疑中多了点什么。百知笑笑说："我说我没有进过学堂，你相信吗？"

秋生道："那好，我在黑板上写字，你照着写，看看你还能不能写得这么好。敢吗？"

百知微笑道："好！"

旁边几个同学为他们起哄。百知不理睬，眼睛定定地看着秋生。秋生不言语，走到自己的座位前从书包里掏出一截粉笔头，走向黑板，朝黑板上写了"黄百知，大骗子"几个字。那几个看热闹的同学并不认识黑板上所写，问是啥。秋生笑着问："黄百知，你认识吗？"

百知笑道："认识，师哥不就是不相信我说的吗？"

秋生越发怀疑，对那几个同学道："写的是啥，黄百知晓得，叫他说。"

几个同学催促百知。秋生看着百知阴阴地坏笑。百知微笑着对几个追问的同学道："黑板上的字是师兄在骂我。"回头对秋生道："师哥，我不是大骗子，以后你们会晓得的。现在我写给你看。"百知的态度叫人无可挑剔，他没有像其他的孩子那样维护自己，也没有动怒，只是很平和地说了一下。百知很快将秋生写的六个字写好交给秋生看。秋生看看百知所写的，再看看自己写在黑板上的字，赶紧跑到黑板前拿起擦布将自己写的字擦掉，因为他看到百知写得比自己的还好。但是，秋生从此更加认定了百知一定是在外面学过。

下午放学，王富白特地将百知留下，他要对百知做进一步考察。王富白特地从康熙字典里面找出十个异体字，用毛笔写在纸上，等百知进来，拿出来让百知照着写十遍。王富白没有说理由。百知也不问，放下书包，拿出本子和笔，认真看着十个字。王富白忍不住问他为什么只看不写，是不是不会写。百知微笑，又将十个字好好看了一遍，将写字的纸折好交给老师。王富白很惊讶，但是没有问。

百知翻开本子，认真将那十个字细致地写出来。一直盯着百知写字的王富白此时眼珠子惊得差点掉下来了。因为，百知是用那些时间默默地记住了这十个字，现在是在默写啊，而且字写得像模像样。王富白不敢相信这是真的，但是又没有理由不相信，因为他就是见证人，字还是自己费心思从康熙字典找的，相信百知不会认完康熙字典。百知接着写第二遍第三遍，一次比一次写得好。写到第五遍已经分不出这些字是出自刚刚进学堂们的幼童所写还是大人所为了。王富白叫停了继续写字，没有说多余的话，问百知能不能认通所有《三字经》和《百家姓》上的字。百知说没有读过不清楚。王富白让他当面读《百家姓》。百知照做。凡是不认识的字指给王富白看。王富白当即教读。这样一直持续到很晚，师生两人都不知道时间的流逝，直到黄树青找到私塾来，他们才知道快小半夜了。王富白当即交代百知回去照着读《三字经》。

一本《三字经》，百知只用了不到五天的时间就能背诵了，王富白很欣

云山横水——黄镇将军的成长历程（1909—1932）

慰，又教他读《百家姓》。《百家姓》也就是几天时间就能背诵。

2 /　　诚实守信

百知自从进入私塾那一刻起只有一次迟到，对王老师定下的规矩从来没有违反过，做到了守时守纪。有一次，王富白问他为什么能做到守时。百知说一个人如果不遵守时间，时候长了会养成懒散拖沓的习惯，做事情就会很随意。王富白上课有随意性的毛病，说话也有很大的随意性，听了百知的话，自愧不如。

王富白知道百知每天基本都是第一个到私塾，决定在上课前和百知谈谈。

这天，王富白起了一个大早，早早吃过早饭，泡了一壶茶等待百知的到来。百知不早不迟于上课前半小时到校，放下书包拿起擦桌子的抹布开始擦桌面的浮尘。王富白端着茶壶走进来，笑着问百知怎么能够做到将近两年了一直不违反规矩。百知边抹桌子边笑着说："规矩是老师定的，不守规矩就是不尊重老师。"

王富白非常高兴，问道："就是这么简单吗？"

百知笑道："干什么事情都要守规矩，不守规矩的人是没有信誉的，没有信誉以后干事别人不会相信的。这可是老师您教导我们的啊。"

王富白笑了，笑得很开心，说："是啊是啊，没有诚信的人是走不远的。难得你这么上心，老师我自己都不能像你这样做，说来惭愧。"当天晚上，王富白在他的日记中写道：吾竟不如一个蒙童初开的幼童，实在惭愧之至。吾当自省，做事守时，做人守信。

王富白的私塾其实就是家族式的族学。王富白是受聘来黄山村教学黄氏族中孩子的，也有几个外姓孩子就读，比如秋生就是外姓亲戚家的孩子。私塾不大，在一个三间房子用围墙圈着的院子里，王富白住一间，剩下的两间作为教室。院子却不小，从大门进入有一条鹅卵石铺就的小路直通教室，将院子分为东西两爿。东面是一个小操场，西面种植一棵海棠和几株梅花树，紧邻王富白房间西头还有一个小竹园。可以说环境还比较优美。百知每天早上到了以后，除了抹七张大小不等形态各异的课桌上浮尘外，还要看看院子里小操场上扫干净了没有，要是没有便补扫，然后坐下来画自己感兴趣的图画。

百知守时守纪，但并不呆板，自由活动的时候，他可是最会玩的一个。

除了和大家一起玩以外，他还自创了独自玩耍的项目，如板凳花、击棒子、单腿绑缚单脚跳跃等。其中，百知最喜欢的也经常玩的是板凳花。他逐步将板凳花玩出很多种花样，技巧也渐趋成熟。后来上中学了，在聚会时候，还常常上场露一手。

百知玩归玩，但是，从来没有耽误过事情，只要时间一到，即使兴致再高涨，就立马收手，不像其他同学贪玩。

有一次，王富白因为有急事临时离开学校，临行前交代大家要按照正常作息时间上课，温习指定的内容，并完成布置好的作业。其他同学看到老师不在，上课时间成了他们快乐的天堂，基本没有遵循王富白的交代。教室里、操场上、竹园里到处是尽情玩耍的同学。只有百知不为所动，老实地待在教室里做王老师交代的内容，直到下课的时间才肯走出教室，再次上课的时间到了，百知又走回教室。百知在做完了交代的作业后，拿出图画本继续画画。

其实，那次王富白没有走远，出了村子后又暗中转回来躲在一边观察学生的活动。对于百知的行为赞赏不已，以后将管理学生的责任交给了百知。

一次，父亲要带他去大舅家吃喜酒。这是儿童最喜欢的事情，既见世面又有好吃的好玩的。可是，当百知听说很远，当天赶不回来，拒绝了这次出行。还有一次，父亲带他去横埠看望一个亲戚，亲戚留吃晚饭。后来天色很晚了，亲戚要留住。百知不干，要连夜赶回来，因为第二天要上学，父亲只好带着百知走夜路回家。

在私塾两年里，百知有过一次迟到。那是在上学的路上看到一个遗失的包袱，他把包袱藏到路边草丛里一直守着。本来他以为丢失的人一定很快回来寻找，哪里想到快上课的时间了还没有人来，他又不敢离开。他看到包袱里包的是几件半新的衣服，还有一只玉手镯，那可是很珍贵的，丢失的人一定很着急。同学们路过时候询问他，他说在等妈妈，也没有让他们代为请假，此时又不能走开，怕失主回来找不到，便坐在路边草丛，拿出书本看书。快两堂课了，失主才惊慌失措地回来寻找。失主是一个中年妇女，得知百知为了等她耽误了上学，要带着百知去私塾跟老师解释。百知让她赶快回家，家里人还等着呢。

到了学校，百知如实告知王老师，请老师责罚。王富白没有责罚百知，反而在众学生面前夸奖了百知。王老师说，规矩是死的，人是活的，当面临的是非做不可的大事时，规矩可以让步。王老师说百知同学在这点上做得很好，值得大家学习。百知却没有格外高兴，时常拿等人耽误上课的事情反省自己。他认为，那次的事情自己有很多错误。错误之一：对于失主发现丢失包袱的时间估计不足，认为失主会很快发现，很快返回寻找。错误之二：既然有同学经过，应该让同学代为向老师说明或者请假。错误之三：丢失地点距离村子不远，也有村中人路过，应该请他们告知父母，让父母前来等候失主。

秋生由于之前的怀疑对百知产生了不信任，很多事情上一度很为难百知。百知总是用微笑来应对，不和秋生理论。由于百知成绩好，经常获得王富白的表扬，秋生产生了严重的妒忌和不服气，遇到事情都要和百知比。百知每次都是含笑接受，结果除了遇到力气事外，秋生没有赢百知一次。

这样优秀的百知却也有叫人意外的大跌眼镜之举。

一次，百知乘秋生出去，将暗中准备好的一根大钉子钉到秋生课桌边上。百知恨秋生对自己没完没了地找碴，想给秋生一个教训。一个女同学经过，不小心划破了衣服。女同学顿时哭了起来。百知乘机说是秋生钉的钉子弄的，报告了王富白。王富白问秋生是不是他干的，秋生死不承认，气得王富白要打秋生一百手板。秋生害怕被打，承认是自己干的，表示愿意赔女同学的衣服。据说为了赔人家衣服，秋生父亲狠狠地打了秋生一顿，还差点不让秋生上学。好几天，秋生像霜打的茄子。

百知见到秋生一副萎靡不振的样子，心里很不是滋味，可是又不敢说实话。因为他知道父母、老师还有村邻都说自己好，要是说是自己的恶意报复使秋生蒙冤，会让很多人对自己失望。后来看到秋生呆焉的样子心里越发难受，回家将事情偷偷告诉了姐姐。姐姐十分惊愕，立即让百知不要告诉任何人，就当没有发生过，还说了好几个不能说的原因。百知当时实在没有勇气说出来，但是窝在心里一直不舒服。日后，他只要一见到秋生，就感觉自己亏欠了秋生很多。

上中学后，还是百知主动说出了当年事情的真相。王富白听了惊得差点掉下眼镜，后悔自己当时不问青红皂白，他也根本没有想到是百知干的。百知要去给秋生道歉。王富白觉得有些小题大做了，说孩童时代谁无过错。百知说事情虽然过去很久了，可是，不能叫秋生一辈子背黑锅。最终他还是向秋生道了歉，并得到了秋生的原谅。

3 /　　聪颖好学

百知用了很短时间就会背诵《三字经》和《百家姓》，而和他一道上学的那些同学还在苦苦地同半本《三字经》战斗。百知这么快速通过了两本书的背诵，也着实让王富白吃惊和担心，他担心百知求知欲过于强烈，自己那点东西将很快见底。但是，百知没有让老师为难，王富白教授什么他学习什么，从来不咄咄逼人，多余的时间转移到画画和写字上面。

王富白提前教授他读《千家诗》和《论语》，半学期后教他读韩（韩愈）、柳（柳宗元）的文章。百知兴趣盎然，没有一点厌烦，而且领悟能力很强。很多义理，老师讲过一遍他基本上就懂了，有些还加进了自己的见解，常常让王富白既惊讶又佩服。

第二年，王富白基本上不把百知当蒙童了，尽其所能搜罗一些适合儿童阅读的书给百知。同时他教会百知使用康熙字典，有不认识的字查字典解决。这个时期，王富白反而轻松了很多，因为自己不要操心百知的学习了。有时候，自己外出之前将百知叫到房间给百知下任务，让百知代上。百知乐于接受，教学时候让同学和自己围坐，以谈话和游戏的方式传授。这种方式反而比王老师的正襟危坐的高谈阔论更让同学们接受，也感兴趣。

王富白虽然是个旧知识分子，但是思想意识并不保守，对于学生肯于倾囊相授，乐于为人梯，而对于现实社会则多有批评。这些，他在课堂上少讲，但是在背后对百知的教学中却说了很多，让百知很早就对社会有了一个大致的认识。王富白喜欢自然，每到春秋时节都要带学生就地深入山野树林。每到一地见到好景致都要带着学生好好观察、欣赏。许多学生虽然不能理解，却对大自然充满兴趣。

百知在这些时候总有问不完的问题，王富白也总是循循善诱，师生俩似乎有说不完的话。往往游玩一半后，几乎都是他们师生两人在说话。

每次出行，百知总要采集一些山花野草带回去栽培，或插入玻璃瓶子里，然后对照着临摹。有时候也会将那些花朵配合野草组合成一束送给王富白。每到这个时候王富白十分欢喜，高兴地接受，回家插入窗前的广口瓶子里面。百知看到王老师很喜欢，每个星期天都要出门采摘一次，做好花束送给老师。

百知做的花束搭配很合理，做出来的花束很好看。能够让王富白喜欢和欣赏已经说明百知搭配花束的技巧了，从中可以看出百知的聪颖和能干。

经过王富白的传播，认识百知的人都知道他好学聪明，但是也仅限于学校学习。就是学校学习也只是清楚百知的背书速度快，根本不知道他的领悟能力超人。对于百知的领悟能力，王富白也不能确定强到什么程度，只是明白百知能根据自己的见解产生新的领悟，至于这种能力是与生俱来的还是后天培养的，他倾向于前者。在王富白的印象里，百知家还没有什么人有超过私塾教学的文化水平，就更谈不上有多高多深的见解了。即使有高水平的家人，也不一定能让百知有如此能力。王富白恰恰想错了，百知的这种对事物和义理的见解是他母亲刘氏在教授他《弟子规》和日常教导中养成的，加上百知聪明专心，这样日积月累，就养成遇事会认真思考的好习惯。

一次山林游，王富白指着一处空置残破的小石屋，让大家猜想小石屋的存在年头和作用。众人对这个问题基本茫然无知，只是看着小石屋发呆。百知围着小石屋转了一圈，细细地查看石头墙体，然后进入已经没有了屋顶的小石屋，不放过一处可疑点，细心观察。

好几个同学上前问百知看到什么。百知呵呵笑，独自低头沉思。王富白看到微微点头，也不打扰，就地坐下，引导学生观赏近处景致。

同学们在一处待厌了，纷纷提出要换个地点。百知还在思考。王富白示意大家噤声，走过去坐到百知身侧问："怎么样了，百知？"

百知惊，站起来，垂头道："老师，对不起，我想不出所以然。"

王富白微笑问："一点头绪都没有吗？"

百知道："有一点，不晓得可对。"

王富白笑道："说说，说错了没关系。"

百知指着小石屋道："我只猜想那是古人所建，是住人的不是看山场用的。"

王富白惊奇，瞪大眼睛道："你是根据什么判断的？"

百知继续道："石头墙是鹅卵石的，要是现在人建的肯定用块石垒墙。鹅卵石，屋子前面的小溪里到处都是，我看了墙上的石头和小溪里的鹅卵石是同样的。还有，石屋不是看山场用的，是住人的。屋子前后看不清路，不利于看山人行走。"

王富白鼓掌道："好，很好！你能这样想真是太好了！"回头对围拢过来的学生说："你们遇事就没有百知这般观察和思考能力，看事物总是着急，那怎么可以看出问题的实质所在啊。"转身对百知道："你的猜想不管对与不对，能根据现有的现象和条件思考就是了不起。"

百知道："老师，您知道小石屋的来历吗？"

王富白呵呵大笑道："其实，我也不知道。不过我在带你们来之前来过这里，觉得奇怪，回去请教了村中老人。他们说那石屋很古老了，他们少年时候就看到过，后来有外地逃荒者来这里重新修整好，住了几年才离开。后来就成这个样子了。虽然不知道小石屋始建于何时，但是有一点百知说对了，石屋是用来住人的，不是用来作摆设的。"

百知这才露出如释重负的微笑，但是马上陷入新的沉思。王富白见此问他怎么了。百知道："如果石屋以后不再住人就好了。"

秋生道："屋子就是用来住人的。"

百知没有理睬秋生的话。王富白对秋生道："秋生啊，你没有理解百知的话里的内容。百知说的不是说石屋的作用，是希望不再有人来这荒凉的地方居住，那样整个社会就很美好了。"大家这才恍然大悟。

那次在横埠茶馆，刘家大管家刘有才领教了百知的才能之后，回去老是心里不甘心。恰好在百知六岁那年，前来黄山村收账，听说了百知在这里的诸多传说，心中不快，打听出百知现在在王富白的私塾里就读，于是回去的路上拐了个弯进入王富白的私塾，表面上是路过歇脚，其实是想再为难小百知，找回面子。刘有才和王富白同是读书人，多少有点往来。王富白对刘有才的到来既感到意外，又很高兴，因为这里很少有外来的客人造访。刘有才无心喝王富白递给的茶水，问起了私塾的情况，又问到学生。

王富白是听说过百知智斗刘有才的事情，但时间长了也就淡忘了。刘有才刚来时，他还没有意识到刘有才来此的目的，等到刘有才问学生，才感觉刘有才来此有意图，心里生出了鄙夷，但是不好明说，只能避开刘有才所问，要极力避免不愉快。可是，骄横的刘有才可不理会这些，提出要进教室看看。王富白阻止不了，只得请刘有才去教室，心里着实焦急。

刘有才一眼就认出坐在前面的百知，上来就很不客气地问："小子，还认得老夫吗?"

跟在背后的王富白急着对百知打手势示意。百知看到老师焦急的神色，从容站起来道："老大人，小子哪里敢不认得老大人啊?"王富白听了，脸色稍微缓和一点。

刘有才板着脸道："小子，既然你还认得老夫，你知罪吗？"

百知道："老大人，小子知错，但不是罪。"

刘有才和王富白都惊愕，全体同学看着他们，不知道发生了什么，只是觉得奇怪。

刘有才道："何为错，何为罪？"

百知道："那天，您连着我父亲一道责怪，小子才斗胆那么说。但是，小子知道错了，不管怎么说，您是长辈，小子不该那样说，是错了，但不算犯罪，犯罪那是犯国法。"

"你——你——你，这个可不是你这个年纪的人说的……"刘有才居然忘记了刚才来的目的，竟然怀疑百知的智力和学识。百知听了，对刘有才稽首道："承老大人看得起，多谢。"刘有才听了，不知道如何应对。为了给刘有才台阶下，王富白赶紧上前请出刘有才。

刘有才出门后感慨道："唉，我真是老了，居然斗不过一个幼童，这要是传出去还不让人笑掉大牙。"

王富白呵呵笑道："刘先生不是也很赞赏百知吗？"

刘有才点头道："也是，我的怀疑就是给予他的肯定。这小子实在太聪明了，你王富白教书到现在恐怕没有遇到过这样的学生吧？"

王富白笑道："没有没有，百知可是我们这里千年一遇的奇才，不可以以平常人看待。"

私塾里，大家无不好奇。百知却装作什么都没有发生，任大家怎么问，也不肯说内情。

4 /　　团结同学

　　由于百知年龄小又如此聪慧，一直让秋生等人怀疑和妒忌，这样他们之间免不了会产生不和谐甚至矛盾，如果不能很好化解就会发展成为对抗甚至会发生不测。百知起初对秋生等人的怀疑刁难不以为意，以宽容和大度应对，对于他们的屡次挑衅用温和的方式化解。但是，秋生他们将百知的善意理解为软弱和心虚，更加猖狂。每天到学校，秋生等人都要当众奚落一番百知。百知装作和自己无关，专心做课前准备。

　　有一天，秋生带来几根山芋，在教室里炫耀，那几个和他要好的同学都得到了一根山芋。秋生又将一根山芋送到百知面前道："黄百知，你吃不吃？"

　　百知本想不接，要是那样会让秋生没面子会更加生气，于是伸出手欲接。秋生突然将山芋收回，讥笑道："想得美。"百知看着秋生惊讶，但是没有任何表示，脸上仍然留着微笑。秋生看着又道："要吃，中，你要承认自己以前读过《三字经》和《百家姓》，还写过字。"

　　百知听了，摇摇头，继续做课前准备。秋生道："看看，心虚了，心虚了。"那几个正在吃山芋的同学大笑起哄，还围着百知嘲笑。百知只得停止准备，抬头微笑道："秋生哥，我们可都是同学，我就是以前读过《三字经》和《百家姓》，那也是我自己的事情啊，我也没有碍着大家什么啊！"

　　秋生站到百知前面，怒道："什么不碍着我们什么？你以那个糊弄老师，还打击我们。走！"秋生拉着百知拖离座位道："去给王老师说说。"百知挣扎，道："秋生哥，王老师晓得。"

　　秋生愣住："晓得？你在讲假话吧？不中，非去不可。"

　　站在一旁的邻村比百知大两岁的女同学徐清，早就看不过眼，拦住秋生，生气道："秋生，百知以前读没读过那些书，跟你有什么关系？"

"怎么没关系，他糊弄老师，还在我们大家面前显摆。"秋生看着眼里愤怒的徐清，不由得心里发虚，勉强争辩道。秋生在私塾里天不怕地不怕就是不敢和徐清正面交锋。不是徐清和他差不多个子，也不是怕徐清家是富户，而是惧怕徐清不怒自威的表情。"放开他。"徐清命令道。秋生心里一惊，不由得松手。百知挣脱，但是没有走开，而是站到两人中间，对秋生道："秋生哥，我们都是同学，我读没有读过那些书那是我的事。希望你们不要为我的事情吵嘴，王老师晓得了可不好，我们大家都要打板子的。昨天，老师可是发大火的啊。"百知说的是昨天秋生被王老师责骂的事情，因为秋生欺负一个和百知差不多大的小同学，上课还没有背出指定的课文，受到王老师好一顿教训。秋生听了此话，果然老实多了，但是眼里还是不服气。百知见秋生软了，转身对徐清道："大姐姐，你也不要生气了，秋生哥只是在跟我开玩笑呢。"

徐清怒道："开玩笑，有这么开玩笑的吗？"

百知笑着推徐清回到座位上，说："好了好了，我的好姐姐，弟弟我感谢你还不中吗？"

徐清"扑哧"一声笑了，说："你真愿意当我弟弟？"

百知知道自己的话让徐清误会了，可是，徐清的话说出了口，要是现在来解释，徐清肯定会不高兴，索性承认道："好啊好啊。"

其他同学跟着起哄。徐清觉得有点不对劲，不免生气，大家这才安静。

秋生吃了暗亏，心里自然不会服气。于是，秋生串通几个好友准备好好整治百知。可是，一来，那几个同学对百知本来就没有恶意，百知是新来的，他们不能欺生，另外他们还看到百知对人很好，从未逞强好胜，而且脸上总是挂着微笑；二来，百知功课特别好，别人有不懂的只要问他，他会细心解答，一点没有瞧不起人的意思。他们已从心里接受了百知，这几天跟着秋生闹，也就是纯粹孩子气，图个好玩开心，没有人愿意真的和百知过不去。听了秋生的话，大家都很为难，没有答应。秋生骂他们忘恩负义。

秋生知道在私塾里整百知，没有人帮他，于是决定在放学路上整一下百知。

放学后，秋生主动喊百知一道回家，将本来跟他一道上学的几个同学支开。看着他们俩前头走，那几个没有同意和秋生一道整百知的同学很着急。他们认定秋生要在路上打百知，有人建议派人抄小路，跑去百知家给大人报信。黄福全不同意，说："那样，我大爹爹肯定要闹到秋生家，那就闹大了。我看还是报告王老师。"

雨生说："不中，那样，秋生一定晓得是我们说的，那他还不恨死我们了？"

黄福全道："那还是喊徐清来，只有她能说秋生。"

雨生道："那也不中，那徐清和秋生以后不就吵起来了？何况秋生也没把百知怎么样了。"

同学们想想也是这个理。黄福全怒道："这也不中那也不中，到底怎么办，你们说！"

这里在争吵拿不定主意，那边秋生已经将百知强行带离路边，说是要带百知去看一处他从未看见过的山里野花。百知本想不去，但是早上发生那件事情让秋生很不痛快，现在他也想就着单独相处的机会给秋生赔礼，于是就顺着秋生的意思随他走进一个小山坳。

秋生看到前后没人，便站到百知面前挡住他。百知抬头看见秋生满脸怒色，惊讶，但是他马上站住，笑着问："秋生哥，是不是还要问早上的事情？"

秋生怒："晓得就好，说吧，这儿就我们俩。"

百知笑道："秋生哥，我以前真没有读过那些书，我家里连那些书都没有，不信我可以现在就带你去我家里看看。"

秋生盯着百知："不用。你真的没有读过？"

百知："真的。"

秋生不相信："我还是不相信。"

百知笑道："我要怎么讲，秋生哥才相信呢？"

秋生有点相信了，道："那我都念了好几遍了，怎么还背不下来？"

百知笑了。秋生问百知笑什么，是不是在嘲笑他。百知否定，诚恳道："其实，秋生哥不是不会背书。"

"那是什么？"

"秋生哥只是没有将心思用在读书上，你不是笨人，就是喜欢嬉闹，还有，对所读的内容没有往心里去理解，要是理解了，记起来就很快。"

秋生看着百知，好像刚认识他似的："你怎么知道我心思不在读书上？"

百知呵呵笑，道："你整天就晓得玩，哪还有心思读书啊？"

秋生挠挠头，笑道："也是，我就是不喜欢读书。唉，看来我不是念书的材料。"

百知看了，心里产生了异想，道："秋生哥，你要是信得过我，我们俩一道读书可好？"

"好啊，你能教我，太好了。"秋生很兴奋。

百知道："也不是，只是说说我念书时候的法子，也不晓得中不中。"

"没事没事，试试再说。"

"他们在那儿！"雨生大声喊叫道。两人回头，看到雨生等人朝他们小跑过来，王富白还跟在后面。原来他们争论的最后还是决定报告老师。王富白听后脸色大变，赶紧让他们带自己寻找，一路上心里忐忑不安。看到秋生和百知好好地站着说话时，心里的石头终于落地了。

百知看到老师也跟着来了，心里明白了是怎么回事，笑着解释自己和秋生哥在说快速背书的秘诀。王富白追问道："真的没事吗？"

"真的没事，老师。"百知肯定地回答。

王富白道："那你们怎么来这里了？"

百知笑道："秋生哥怕我在大家面前不肯说实话，就带我来这里了。秋生哥，我们走吧？"

"哎，好好好，回家。"秋生看到王老师和他们几个来了，知道大事不好，准备接受王老师的责罚，没想到百知替他掩盖了一切，心里着实感激。从此，秋生再也没有为难过百知，还在百知的细心帮助下，终于背下了《三字经》和

《百家姓》，虽然用时比较长，是最后一个完整背诵出这两本书的人，但是王富白给了他肯定的表扬，他自己也对读书感兴趣了。秋生后来经常感慨说："我要是没有遇到百知，我现在就没有资格出来工作，因为我找不到背书的窍门，对读书基本没有兴趣，长期那样，最终会离开私塾的。"

5 /　　　百考不倒

百知在整个私塾学习过程中，几乎都面临着"考试"，有来自老师王富白同学的，有来自父母家人的，有来自村民亲戚的等。这些"考试"的形式不同，内容深浅各异，但是每次百知都没有让他们失望。

从一开始拜师，百知就接受了王富白的测试，到最后离开私塾前，王富白仍然没有放弃对百知的测试，可见王富白对自己这个得意门生的要求是何等严格，期望是何等高远。

其实，私塾里所教的知识已经远远不能满足百知的学习欲望，王富白只好打破常规，让百知多接触课外知识。百知呢，总是如饥似渴地吸纳着，但不是囫囵吞枣，而是对所学的知识不断消化吸收。王富白给百知的额外"加餐"中，不仅仅包括单方面的书本知识，还有书本以外的东西，比如做人的道理、自然现象的解说等，帮助百知养成了关注一切、体悟人生的不易和树立远大志向的良好习惯和品德。

除了正规的课堂测试，王富白对百知的测试，多数是随机的、不择地点的，有时连王富白自己也觉得不是在测试百知，而是和同辈人交流。

百知熟读《三字经》和《百家姓》后不久，一天放学的时候，王富白让百知留下，带他来到自己房间，让百知在他对面坐下。百知道谢后，提起柴炉上的水壶，给先生茶壶里斟满茶水，再走回先生指定的凳子上坐下，等待先生发问。王富白看到百知认真的模样和带着童稚的笨拙倒茶动作有些担心，但还是耐心地看着。

王富白端起茶壶呷了一口茶，满意地微笑，放下茶壶问："百知啊，你知道我为什么叫你过来吗？"对先生这个毫无头绪、毫无理由的发问，百知愣了愣，微笑道："先生叫学生过来自然有先生的道理，学生不敢胡乱猜想。"

王富白哈哈哈大笑，道："百知啊，就你这个沉稳、坦诚还有语言简洁老练，就不是一般孩童所为了，要不是你坐在我当面，我亲耳所听、亲眼所见，我怎么也不会将你的话语和你的年龄联系在一起。"

百知听了只是微笑，不说一句话。王富白道："今天我让你来，是问你愿不愿意读其他的书。"

百知高兴道："只要是先生让我读的我一定好好读。"

王富白道："那要是我没有让你读，你还会读吗？"

百知想了想，道："先生，您第一天上课就教导我们'读书破万卷，下笔如有神'，还说'开卷有益'。虽然我不能够很好理解，但知道读书是有用的，不晓得我说的对不对？"

王富白喜欢道："对对，我当时也没有跟你们解说那两句话的意思，难为你能这样想。哦，那你的意思是我没有让你读的书你也要读了？"

百知看了看王富白，道："先生指定的书要读，要好好读，如果还有时间，还是想多读点书。我想，只要是书，就一定有可以让我们学习的东西。"

"好好好，你很坦诚，尊师不唯师，有自己的主见，难能可贵，难能可贵！"王富白目视桌上自己正在看着的《资治通鉴》，好像自己不是在和一个幼小的学生说话，而是在和一个哲人探讨某种命题。王富白伸手拿起搁在一边的线装书，捧在手里道："这是两部书，一部是《千家诗》，一部是《论语》。你拿回去先读着，有不懂的地方可以随时来找我。"

百知起立，伸出双手恭恭敬敬接过书，道："先生，我一定好好读书。"

王富白忽然道："你写过作文吗？"

百知摇摇头道："没有，是不是写文章？"

"对。写过吗?"

"没有。"

"想不想写?"

"想,可是不晓得怎么写。"

王富白端起茶壶喝了一口茶,放下道:"你先不要写,你将每天看书的情况记下来可好?"

百知踌躇。王富白道:"不愿意?"

百知道:"不是,是没有写过。"

"没关系,很简单的,就是记录看书的情况。写清什么时间在哪里看书,看了什么书,看书时有什么想法。"王富白很期待道。

百知笑道:"哦,那我回去试试,可是要是有字写不出来怎么办啊?"

"没关系。"王富白伸手将自己用的一本《康熙字典》拿起,招手让百知过来。百知走近前,王富白当即教百知怎么查《康熙字典》。还告诉百知,如果有字不认识就查字典,有不会写的也可以查字典。

王富白让百知记录读书情况,来开启百知的作文启蒙,可谓因材施教的一个独特范例。百知呢,也就照着老师的要求去做,后来居然能够写出大段的读书感受。而在整个私塾过程中,王富白再也没有提及作文这两字,也没有让其他孩子写作文,百知可是独特一例。

自从百知开始读《千家诗》和《论语》,每隔一段时间王富白都要单独召见百知,考问一番百知的读书进度和对所读内容的理解,考问的重点在对内容的理解上。王富白这种不经过教导和解释就让一个幼童说义理的方式实在过分,在他内心深处,其实已经不把百知当成幼童看待,而是当成一个具有相当文化层次的青少年对待了。幸亏百知从小在母亲的教导和潜移默化中形成了对事物、问题的探究习惯,要不然还真被王富白难住。

尽管百知从小养成了那个弥足珍贵的习惯,但是面对《千家诗》和《论语》,其知识和见识还是捉襟见肘,每每回答多有不足,还有偏颇。但王富白听了都很满意。他有一个对百知的口头禅:"没事,你能解说就很不错了。"当然，每次百知说的不足和偏颇的地方，王富白总是悉心给予解说，然后再让百知说。这个时候百知说出的，不仅仅是对先生所说的重复，往往还加上了自己的见解，而那些见解让王富白大感意外，大加赞赏。后来王富白竟然毫不吝啬地给了百知一个评判：百考不倒。

在家里，父母一有时间，总要考问百知的学习情况，百知从来都没有叫他们失望。有时候母亲拿着《千家诗》，让百知背诵相关诗，百知很流利地背出。其实，母亲现在还不知道自己儿子的聪明已经发展到什么程度了，还拿着刚上学不久孩子的接受程度考察百知，百知当然应对如流了。父亲黄树青不认识字，自然不问读书的事情，而是拿村里有些事情考问百知，问百知要是遇到这样的情况怎么办。每到这个时候百知不理睬妈妈的提示，按照自己的想法说处置意见。那些意见多和黄树青的意思契合，但是也有和父亲意见不合的。黄树青问为什么，百知给予解释。有时候百知是站在孩子的角度看问题的，免不了过于天真。黄树青总是不怪儿子，说："等你长大了，你自然而然就会懂的。"

有一次，有一个留过洋的远房亲戚来找黄树青办事。黄树青办完了事已是午饭时间，便邀请亲戚来家吃饭。黄家但凡来了男客人，不管是生熟，女性一律不上桌子吃饭，孩子也不上桌。但是，这天黄树青却特地让儿子百知坐末座相配。这位亲戚似乎对百知也有所耳闻，笑着对黄树青道："大舅，这位就是那个很聪明的小老表了？"

黄竹青笑道："是我侄子，他可是我们这里人见人夸的好孩子。"

那位亲戚"哦"了一声，有点不相信道："能不能让我问问？"

黄竹青不好回，看着大哥。黄树青脸上笑呵呵，也不好回答。百知看到，笑道："表兄如果想问就问，只怕让你失望了。"

那位亲戚来兴致了，笑道："不简单，光看你说的这句话就不是一般的孩童智商和见识。"

黄树青笑着说："小孩子家的，就是不怕生人，脸皮厚点吧。"

那位亲戚笑道："大舅就不要打掩护了，我也是留过洋的人，见到的聪明人很多，而像小老表这样的年纪还能这样沉稳，实在少见。"转头对百知道："那好，我问你。如果你要是娶了媳妇，有一天你媳妇、你妈妈和你同坐一条船，船翻了，你先救哪个？"

黄树青要阻止，因为他们家从来没有拿类似的事情问百知，觉得很不妥当，百知还是一个幼儿啊。表兄抬手示意不要说话，紧盯着百知。百知听到这个问题大感意外，在他生活里只有一次提及过媳妇，那还是给二婶当干儿子的时候的事。把媳妇和妈妈的生死联系在一起更是没有提及过，本想不回答，但是看到表兄挑衅的眼光和嘲笑的意味，百知内心很不高兴，但是没有表露在脸上。

百知起身离开座位，恭恭敬敬道："如果遇到这样的事情，当然先救母亲大人，因为自己的生命是母亲给的，不能报母亲的恩德已经是不孝了，怎么让母亲为自己丢失性命呢？"百知说的时候眼盯着表兄，那意思是很明显的，有针对性，是反击。表兄笑道："按照西方人的观点，要先救媳妇。"

百知立即道："那是在西方，我们可是中国人！"百知的这句话说得理直气壮。表兄知道再争论下去，大家都不好看，笑笑说："佩服佩服！"

6 /　　敬师一二

王富白授课随意性很大，有时候兴致所致，也不管自己的教授对象接受能力如何，由着自己的兴致天马行空。五六岁、七八岁的儿童如何能够跟得上老师的思维？因此秋生等人给王富白背后取了一个"大嘴巴"的绰号。此号一出，大家在背后再也不叫先生或者老师了，"大嘴巴"成了王富白的代号。

对于王富白"满嘴跑火车"，百知也有感触，但是他一来因为刚刚入学不久不便说，二来因为当时秋生等人正在找自己的碴子不好说，但是他绝对不跟着他们背后称呼老师为"大嘴巴"。这也成了秋生等人找他碴子的一个原因。秋生等人逼着他叫王富白"大嘴巴",百知抵死不说。

有一天,秋生等人逼急了,不说就不准班上其他人理睬百知,以后凡是班上发生不好的事情都一致说是百知干的。百知见实在躲不过,站起来朗声说:"我以为,老师等于我们的大大妈妈,我们大大妈妈再不好那也是我们的大大妈妈,不能以为大大妈妈不好就恨他们,更不能胡乱给他们取不好的名字伤他们,要我那么叫王老师,我不会干的。"

一番话说得一教室的同学哑口无言。秋生满脸涨红,恶狠狠道:"黄百知你想讨打了?"说着居然举起拳头威胁百知。醒悟过来的徐清大声道:"秋生你敢!"徐清过来拉住秋生手。几个同学都劝说,秋生这才罢手。徐清对秋生说:"我觉得百知说得在理,我大大在家里也讲,先生如父母。我们以后就不要那么叫了吧。"

好几个同学赞同,秋生只好默认。此后,再也没有人背后称呼王富白为"大嘴巴"了。

自从百知代替王富白上了几次课后,王富白变得相对懒惰起来,星期一上午一般要到九点多才到私塾。星期六下午上了堂课,收拾一下早早离开回钱铺镇。本来老师这样可以让那些幼童轻松,乘着机会好好玩玩。可是王富白平时对大家很严厉,大家都很惧怕王富白。秋生等几个大点的同学想乘着这个机会给王富白找点不痛快。百知得知后,主动站出来说是自己的事,说先生让我检查课业,自己偷懒了,不能怪先生。大家对百知所说半信半疑,半信是百知代替王富白授课也不是第一次,半疑是怀疑百知是王富白得意的学生是不是在替王富白遮掩。但是,百知居然真的检查起大家的课业,大家也就相信了。

百知做了这个事情后,也怕王富白说自己越俎代庖,等王富白来了赶紧私下里告知王富白。想到百知这么做,是为了维护自己的信誉,王富白就没有责罚他,干脆在课堂上公开说百知代为检查的事情。尽管百知是在维护王富白的信誉,王富白还是觉得百知过分了。他们师生之间要说有不愉快,就是这一次。这次的事情让王富白纠结了很长时间。

王富白对学生的要求很严格，每次布置的作业很多，每天除了背诵指定的内容外，还要将内容抄写十遍，还要根据自己的理解解说背诵内容的义理。后面这一条确实有拔苗助长的嫌疑，是他们那个年龄段不可能完成的课业。因为这个，除了百知以外没有人能够过关，因此接受惩罚变成了普遍现象。同学们对王富白很逆反，甚至有几个同学把上学当成最惧怕的事情，经常有人因为第二天王富白要检查他们的课业而逃学。王富白呢，在班上点名批评他们，说他们是蠢材是懒汉。王富白越是这样，引起的逆反和为难情绪更大，连徐清都想不上学了。百知很替老师着急，可是王富白却浑然不知，觉得自己所做是为了学生好。

这天，王富白让百知放学去他房间，要考察百知近几天的学习情况。百知故意不去，坐在教室里写字。

此时的王富白已经习惯了百知每次进来首先给自己倒茶，每到这个时候是他享受和自豪的时刻，一个星期百知不来自己房间反而觉得缺少了什么。王富白对百知说了以后，回房间将茶壶里的陈茶倒尽，等待着百知到来重新给自己倒茶，享受师道尊严的美好时刻。可是，王富白这次等了好几分钟，百知还迟迟没有出现在他面前，以往都是前面跟百知说了，百知后面跟着进门。王富白觉得反常，心里生发了些微恼怒，不知道百知为何如此怠慢自己。

对于百知来说，此时也是最难熬的时刻，他生怕老师因此发怒，也怕因此伤了老师的心，但是想到只能用这个办法给老师提看法，他还是尽力坚持着。

王富白终于等不及了，走进教室看到百知好好地坐着写字，便厉声质问百知："为什么不去我的房间，是不是觉得自己很了不起了，看不上我这个老师？"

百知闻听，赶紧离座，垂头道："先生，我错了。"

王富白虽然满心不痛快甚至想发火，可是看到百知这样，心里顿时软了下来。百知毕竟是自己最宠爱的学生啊！他稍微缓了缓语气，但是仍然严厉道："哦，你也知道错了啊？那我问你，你错在哪儿了？"

百知抬头道："我错在没有遵照先生的话及时去先生房间接受先生的教

导，让先生久等了。"

王富白道："你这不是很明白吗？说，为什么要那样，是不是觉得我不配教你了？"

百知慌忙道："先生误会了，我不敢去先生那里。"

王富白似乎忘记了不痛快，坐到百知对面，问："说，为什么不敢去？"

百知犹豫道："其实也不是不敢去，我有一个事情没想通，怕去了不能专心，让先生不高兴。"

王富白有点惊讶道："哦，你还有想不通的事啊，说说是什么问题。"

百知道："其实，也不是大事。我早上上学一只老鹰飞得很高，在天上就那么慢慢地打转。前面树上的麻雀一下子都飞走了，一直飞进树林里。我等了好久不见有一只麻雀飞出来，除了麻雀也不见其他的雀子。后来，直到老鹰飞走了，麻雀才飞回来。我在想，要是老鹰一直在这里，麻雀就一直不出来了吗？还有，麻雀也长了膀子，可以飞走啊，为什么要飞进树林呢？"

王富白笑了，说："这个问题很简单啊，难道你连这个问题都不能理解吗？"

百知点头道："我都想糊涂了。"

王富白道："其实老鹰和小麻雀就如同大人和小孩子，大人力气大，小孩子力气小，要打架小孩子永远不是大人的对手。麻雀躲避是因为老鹰能吃掉麻雀，麻雀不得不躲进树林，老鹰翅膀大进不了树林，所以麻雀躲进树林是最保险的。要是麻雀逞能，要飞往别的地方躲避，它哪里有老鹰飞得快，还不是立刻成了老鹰嘴里的美食了。再说，麻雀也永远飞不到老鹰的高度。"

百知高兴得拍手道："先生，我终于明白了。就是说小麻雀永远比不了老鹰对不？"

王富白点头道："基本是这个道理。"

百知笑道："老鹰是大人力气大，麻雀是小孩子力气小，它们不能比，只能躲藏。还有老鹰飞得高，小麻雀飞得低，它们也是不能比的。"百知说到这里忽然放肆地大笑道："先生，我忽然有一个发现。"

王富白笑道："哦，说说。"

百知收住笑，平和道："先生，我们这些学生就好像一群小麻雀，您就是那只高高飞在天上的老鹰。不晓得我这个说得对不对？"百知低头，不看王富白。

王富白听了眉毛一动，似乎有所醒悟，再看看垂头的百知，眼光闪烁不定。百知一直保持着垂头的状态，似乎在等待王富白的教训。王富白看着叹了一口气道："百知啊，你叫先生高兴又叫先生惭愧了，我现在明白了你为什么没有及时去我那里，也知道你不是理解不了老鹰和麻雀的现象，是用心良苦啊。从明天起我不再那样要求学生了。"

此后，王富白果真不再让学生完成那些他们能力根本达不到的任务，上课也很少说那些脱离儿童理解能力的内容。

7 / 帮助姐姐

百知在整个儿童和少年时期，在兄弟姐妹中，和姐姐感情最好、最亲近。姐姐也将这个懂礼懂事又善解人意的弟弟，当成最喜爱的、最亲近的人。姐姐在外面放牛，百知给姐姐留饭；姐姐回到家，百知围着姐姐亲热。自从百知上私塾后，他和姐姐见面的时间明显少了很多。但是他从来没有忘记姐姐，每次有好消息总是第一个告诉姐姐。

六岁后，百知有了更大的独立行动能力了。遇到节假日，姐姐总要带着百知和自己一道放牛、一道打猪菜。这个时候，也是姐弟俩最欢快的时光。姐姐让百知骑上牛背，无拘无束，领略大自然的惬意。百知一旦骑上牛背就不想下来，有时候坐着背诵诗词，有时候爬起来站着，尽情比画着自己想象的动作。这个时候，是姐姐最担心的时刻，站在下面不断地提醒百知小心，不要摔着。

尽管非常担心，可是百知不说下来，姐姐决不催促他下来，总是满足弟弟的喜好。

百知也不是过度疯狂，等到兴头差不多了，就会让姐姐接他下来。然后，百知就跟在姐姐身边，拿过姐姐带的篮子和铲子替姐姐打猪菜。姐姐不让，百知非要如此，说姐姐放牛还打猪菜，太辛苦了。姐姐看着弟弟用铲子挖猪菜，心里乐开了花，牵着牛绳跟在百知身后。

姐姐除了放牛兼打猪菜，还要干其他很多杂事，因为母亲的身体日趋消瘦，三天两头躺在床上起不来。姐姐过早地担起母亲干的活，洗弟弟妹妹的衣服（因为大人的衣服她洗不了，由二婶洗）、打扫房间、洗碗、摘菜，还有喂鸡喂猪等家务活，还要照顾不懂事的弟弟妹妹们，在母亲的教授下学着绣鞋面和纳袜底等。做饭和其他重活由二婶承担。可以说，姐姐人虽然小，却有干不完的活。

百知上学前和放学回家后总要分担姐姐一些活，妈妈和姐姐都不让百知干，说那样会影响百知读书，百知总是以作业都完成了为借口继续干活。每天早上，他干得最多的活是替弟弟桂元穿衣服，打扫房间和喂鸡。如果还有时间就摘前一天晚上铲回来的菜。这些弄好了也就到了吃早饭的时间了。

下午放学回家后，百知进门第一件事就是去母亲房间探视母亲，询问母亲病情，安慰母亲，说病很快会好起来的，要母亲不要着急。然后百知再看看家里还有哪些事情要干，如果有他能干的立即动手干。

腊月的一天傍晚，百知回家发现姐姐睡的屋子里澡盆里还放着没有洗完的衣服。百知问母亲姐姐去哪儿了。母亲说姐姐发烧了，二婶带她去横埠看病了。百知听了二话没说，坐到澡盆前的小板凳上开始洗衣服。盆里虽然是小孩子衣服，但是对于没洗过衣服的百知来说，拿起浸湿了水还结了冰的衣服洗，实在是勉为其难。冰冷的水寒彻骨髓，百知想烧点热水，但是想到家里柴草不多打消了念头。百知用双手抱着冻成冰碴子的衣服一顿猛搓猛揉，通红的双手冒出了热气，手也不再觉得很冷了。百知发现这个办法好，就拿开小板凳，两腿叉开使劲搓揉衣服。

冬天，孩子们换下的衣服不多，基本上都是尿床的和泥灰重的才换下来洗。百知很快将衣服搓好，装到盆子里。可是，他却端不动，因为木盆本身就不轻，加上湿衣服就更沉重了。百知找来姐姐打猪菜的篮子，分拣了一半的衣服拿上棒槌，出门去双井边水铺上开始洗衣服。

他将衣服蘸水放在石头水铺上，学着大人的样子用棒槌捶打。可是，他单手只能拿起棒槌，基本没有力气捶打衣服了，于是双手抱着棒槌一下一下捶打。外面冷风习习，冻得百知鼻涕直流。百知用手一抹，继续吃力地捶打衣服。

一个村妇来洗菜看到了，惊讶地问："百知啊，怎么你洗衣服啊？"

百知不抬头道："姐姐不在家。"

村妇道："那你二婶呢，怎么可以叫你干啊？"

百知道："二婶也不在家。我是学着干的，我妈妈不晓得，看看我行不行。"

村妇笑了，说："你真是好孩子。这个事情可不是你们大老爷们干的，来，我给你洗。"

百知拒绝了，说自己是在锻炼。村妇摇摇头怜爱地看着叹息道："唉，我家大毛要是像你这个样子就好了。"

百知跟村妇说话时始终低着头，原因是他的鼻涕总是不停地流下来，他不愿意也不敢让村妇看到。要是看到了，村妇回去又不知道要怎么样说自己，再传到母亲和姐姐耳朵里，她们会担心的。

百知洗好一半的衣服回到家，这时姐姐和二婶才刚刚回来。姐姐和二婶看到百知臂弯里挎着篮子，篮子里还装着衣服都十分惊讶，两人几乎同声问："你洗的？"

百知微笑道："是啊。姐姐没事了吧。"

姐姐大怒道："谁叫你洗的？"

百知没想到姐姐居然发怒，他可是从来没有看到姐姐对自己发怒的，有点担心道："姐姐，我是怕你……"

姐姐道："天这么冷，冻着了怎么办？水铺上都结冰了，要是滑倒了怎么办？"其实姐姐是担心、爱惜弟弟才动怒的。百知明白姐姐的担心，放下篮子，走到姐姐身边拿着姐姐的手笑道："姐姐，你看我的手一点不冷。"其实百知晓得，自己的手虽然经过不停动作导致血液加速循环，但是走了这么长的路，早就叫寒风吹冷了。姐姐接触到百知冰冷的手时，不由得大叫起来道："你还讲不冷，彻骨凉。"

二婶抓过百知的手，心疼道："百知啊，有些事情你是不能干的，我晓得你是为了大姐好，可是不能这样啊。那双井边地滑，万一要是滑倒了掉水里怎么办啊？"

百知方知大人的担心是何等的深切，低头说："知道了，二婶。"

姐姐要伸手拿衣服晾晒。百知赶紧阻止道："姐姐，你刚刚发烧才好，沾不得冷的，我反正都洗过了，我来。"百知将姐姐一直推到母亲房间就座，自己免不了又接受了母亲一番担心的斥责。百知接受完母亲的担心的告诫，说要去秋生家温习功课。母亲和姐姐都让他早点回来。百知答应着出门，将篮子里的衣服搭上绳子，顾不得抖开晾晒，赶紧装剩下的衣服拿去双井边清洗。

可是，百知的"暗度陈仓"没有让担心他的姐姐上当。姐姐在妈妈病床前坐了一会，不放心。出门看到绳子上的衣服没有抖开，再一看衣服只是早晨准备洗的一半，当即给二婶打招呼说自己出去有事，追去双井边。百知刚好放下篮子，准备拿篮子里的衣服出来清洗。姐姐大怒，抓住百知的衣领，将其甩到一边。百知大惊，看到是姐姐道："姐姐，你就让我干完吧，我能干的。"

"去去。"姐姐蹲下身子拿衣服。百知抓住姐姐的手不让，道："姐姐，你的病刚刚好，不能下冷水。"

姐姐不让，发怒。百知毫不相让，抓住姐姐的手就是不让她洗。姐弟俩争得面红耳赤，各不相让。最后还是百知出了一个折中的主意，解决了这个难题。百知让姐姐只管拿棒槌锤衣服，至于其他衣服需要着水的环节都由他干。看着百知认真倔强的样子，姐姐笑了，不得不同意百知的主张。

回家，姐姐和百知受到全家人的指责。百知全力承担下来，推说姐姐不知情，可是母亲和二姊还是不依不饶地数落两人。这是百知在成长过程中第一次受到家人的指责。

家里的两头猪长大了，每次所需要的食物就多了，姐姐打猪草的篮子也随之越来越重，有时候几乎是一步一挨挪着走，到家时往往要到天黑。百知放学干完必要的活，便拿着一只木棍赶紧出门迎接姐姐，等接着了，就用木棍两人一起抬着篮子回家。后来，百知让姐姐放牛去他放学的路上，放学后正好和姐姐一道抬猪草回家。再后来，随着自己力气的增长，百知包下了喂猪的活。

8 /　　怜悯乞丐

百知很小就具有很强的同情心，同情心来自父亲黄树青和母亲刘氏的言传身教。每到年关左右或者是青黄不接的时节，黄山村一带都会出现三三两两的要饭者。对于乞讨者，百知从来都很同情。每次母亲给他们吃的，百知在身边总是催促母亲多给点，生怕乞讨者饿着。他没有那些孩子见着乞讨者的厌恶，更不会用恶言恶语驱赶他们，只要是遇着了总要回家拿吃的给他们，有时候没有剩余食物了，去米缸里抓把米送给他们。

六岁那年，一对逃荒母子来黄山村乞讨。母子瘦弱不堪，来到黄家门口再也走不动了。母亲抱着似乎没有力气哭泣的孩子靠在黄树青大门旁的墙壁旁，好像是在等死。那天百知正好在家帮母亲煎药，待母亲喝完药，便要出门将药渣倒掉。出门时看到这个情景，立即上前询问。

那个蓬头垢面的母亲听到有人说话，缓慢睁开眼睛，看到蹲在自己面前的是一个孩子，随即合上眼睛，用微弱的声音说道："小哥，给……给碗水喝喝……"

百知急忙放下装药渣的碗，道："大嫂，别急，我这就给你拿水来。"百知蹬蹬地跑进门。逃荒女看到百知小身子快速隐没在大门里，嘴角浮出了一丝微笑。

百知径直进了母亲的房间，将门口的情况告诉母亲。母亲让他立即端水给那对母子，嘱咐说："百知啊，这是在救命，给他们喝水后不要马上给他们吃的，等过一个时辰再给他们粥。"百知问为什么。母亲告诉他人饿极了，肚子是空的，消化不动饭食，等有了力气，才可以进食，不然，会要了他们的命。有了母亲的允许和告诫，百知胆子大了。他从水壶里倒出一大碗温水送给逃荒女。逃荒女来不及道谢，端着碗猛喝。百知在一旁道："大嫂，慢点，别呛着。"逃荒女喝下大半碗水似乎想起什么停下，托起靠在自己怀里瘦弱不堪的孩子脑袋，喂孩子喝水。百知用手帮着支撑孩子脑袋。母子俩将一碗水喝尽。等到百知听到他们的喘气声了，他高兴地对逃荒女道："大嫂，你等等，现在你们还不能吃东西，等能吃了，我把粥给你们吃。"逃荒女眼里流出泪水，小声啜泣道："小哥，多谢多谢。"

百知站起来要回家，但是他看到天色已晚，不能让他们就这样躺着。如果这样，晚上他们不饿死也会冻死。百知回头看看他们，恰逢逃荒女微睁带泪水的眼睛瞧百知，那眼睛里充满着哀怜和希求。百知心里一酸，赶紧回头。

百知将这对母子的惨状描绘给母亲，母亲听了半晌无语。百知生怕母亲不同意，催促母亲道："妈，您不是常说'救人一命，胜造七级浮屠'吗？这会儿救他们的命是最紧要的，如果……"

母亲道："你接他们进柴房，多给他们铺些稻草，让他们住一晚，等他们有力气了送他们出门，多给点米让他们带上。这个事情不要叫家里任何人晓得。"

百知笑道："晓得，妈，您放心。"

百知赶紧抱草进柴房，在柴垛里面铺开。看着觉得不行，又从自己和弟弟桂元睡的床上抽出垫被，抱到柴房铺到草铺上。一切做好后，他赶紧出门，因为此时家里干活的大人快要回家了。

逃荒女终于等到百知再次出现，看到百知两手空空，十分失望，重新合上眼睛。百知看到了，蹲下道："大嫂，我扶你们起来。"

逃荒女惊："要赶我们走吗？这大晚上的是要我们娘俩的命了。"

百知急迫道："不是，大嫂，外面太冷，你们住我家柴房，行吗？"

逃荒女惊讶，看着百知不敢相信道："真……真的？"

百知道："当然是真的。我还能骗你们吗？"

逃荒女道："那你家大人中吗？"

"放心，我妈妈让我这么做的，进去后再给你们吃粥。"百知笑着说。

逃荒女口齿不清地连声道谢，随着百知的拉拽站起来。

百知刚刚将母子俩安顿好，就听到黄树青进门大喊："百知呢？"

百知赶紧对母子小声道："你们不要出声，我一会给你们送粥来。"逃荒女连连点头。百知随即出门，将柴房门带上，转了一个圈和父亲亲热起来。

柴房内的逃荒女此时看着躺在被窝里熟睡的儿子，眼里泪水滚落，掀开被子和衣躺进去。

等家人都上桌子吃饭了，百知悄悄离开。此时已是掌灯时间。百知从灶间拿起一只剩下的蜡烛头和一包洋火揣进衣兜里，用碗盛了一碗粥悄悄地送进柴房。百知进柴房小声道："大嫂，别怕，我来了。"百知摸索着走进柴垛，将碗放到地上，从衣兜里拿出蜡烛头用洋火点上，回身将门关紧，将米粥碗端给逃荒女。逃荒女接过要给孩子喂吃。百知让她自己先吃，吃好了有力气了再喂小弟弟。

百知怕她有顾虑说："大嫂，这碗是给你的，吃完了还有。"

逃荒女连连点头，急迫地喝粥，似乎用不着筷子，一口气吃完了一碗粥。百知拿起碗返回。吃下了一碗米粥的逃荒女身体终于有了力气了，嘴里叹息道："唉，遇到好人了。"她双手合十道："观音菩萨保佑小叔叔长命百岁，将来大富大贵。"

百知再次进来的时候，看到在微弱的蜡烛光里双手合十祷告的逃荒女，感到惊讶，悄声问："大嫂，你还有什么事情吗？要是我能做到的，你说。"

逃荒女睁开眼睛微笑道："小叔叔，我们娘俩多亏了你了，你就是我们的

童年黄镇

081

救命菩萨。我给你磕头了。"说着要起来给百知磕头。百知赶紧拦住道："大嫂，你要是这样是在折我的寿。"逃荒女听了，赶紧说："我没想到，该死该死。"

百知将手里的米粥碗递给逃荒女道："啥都不要讲了，快点喂粥。"

"唉，唉。"逃荒女接过粥碗喂孩子。百知告诉逃荒女慢慢喂，不要着急。安排好母子，百知赶紧离开。他要赶着安排弟弟桂元，因为他将他们的垫被给了逃荒女母子使用，桂元上床肯定要发问，要是叫大人知道了会带来不必要的麻烦。百知告诉桂元被子借给邻居堂嫂了，叫他不要声张，不要叫大大妈妈知道了。桂元说没有垫被晚上会冷的。百知说我们不脱衣裳睡觉就行了。桂元听了，只好同意。百知之所以这么说是不想叫家里人知道，因为他看到逃荒女母子身体实在太孱弱了，想让他们在家里多住些日子，好让他们身体恢复好了再走。

安排好弟弟，百知去厨房吃饭，看到锅里已经没有粥了，就着咸菜吃了几口，再喝了几口温水。二婶过来洗碗看到这一幕，便问百知是不是没有吃饱。百知拍拍肚子笑道："吃饱了，刚才是多吃了咸芥菜才喝水的。二婶，您歇着，我洗碗。"

二婶不怀疑有问题，百知也是经常洗碗的，就笑着嘱咐几句离开了。

百知洗好碗后，用脸盆装了温水拿上毛巾端着轻手轻脚送进柴房。放下脸盆，划着洋火，看到母子已经睡着了。百知点燃寸许长短的蜡烛头，轻轻唤醒逃荒女。逃荒女惊醒后，看到百知，忙问百知什么事。百知端过脸盆笑道："大嫂，洗洗脸。"

逃荒女低下头，眼泪滴落下来，抬头挂着眼泪笑道："小叔叔太好了。"接过脸盆洗脸，整理头发。洗过脸整理过头发的逃荒女虽然面色黧黑憔悴，却显出清秀。百知禁不住赞道："大嫂，你真好看。"

逃荒女不好意思笑道："小叔叔，这是给你看的，要是在外面，我是不能洗脸的，越脏越好。"

百知惊讶道："为什么？"

逃荒女笑道："保险啊。"

百知点头道："是的，外面坏人多。"

这天晚上，百知没有吃晚饭，还和弟弟和衣而睡。第二天，百知对母亲撒谎说送走了那对母子，说他们很感谢母亲。母亲说百知做得好。

百知上学前进柴房交代好了他们母子，让他们不要出门，等他们身体好点再走不迟。还拿来了一只陶钵，让他们不要出门解手。逃荒女感动得不知道说什么好，连声道谢。

百知放学第一件事情就是悄悄进入柴房端走他们母子排泄的大小便，逃荒女看到死死抓住不让百知干，说等到黑夜她可以去倒。百知让她不要不好意思，说自己还是吃着堂嫂的奶水长大，你和我堂嫂差不多年纪。逃荒女见百知说得诚恳不再阻拦，但是心里确实有说不出来的感动。

就这样，逃荒女母子在百知家柴房里待了一段时间能正常走动后，百知才让他们离开。临走前，逃荒女坚持要将这个事情告诉他母亲，说要是不告诉，她会一生不安心的。母亲知道了这个事情，感慨了很久。

逃荒女因为姻缘巧合，后来居然嫁到了黄山村，她的丈夫居然就是夏老二。

七岁的一天，村子里来了五六家祖孙两代要饭的。百知看到他们实在可怜，回家给了他们一升米，觉得不够，带着他们去村里比较富裕人家讨要。大家看到是百知带来的，他们都看黄树青和百知的面子纷纷给予米或者钱币，还夸奖百知人小心善。

除了这两件事，百知不管是在哪里，凡是遇到要饭的都给予最大的帮助和抚慰，有时候在外面看到，还帮助要饭的劝说被讨要的主人。他这样做，往往也受到不通人情的主人的斥责，但是他不在意，非要说到那人给了食物才肯作罢。

9 / 入读小学

　　七岁那年秋季，百知进入小学（家族办的宗族式学校），老师是杨绳武。他们可是第二次见面。

　　杨绳武见到百知喜出望外，执着百知的手问长问短。百知见到杨绳武也是一见如故，没有任何拘谨，有问必答，而且他的回答叫杨老师非常高兴。杨老师是经过大世面的人，博学多才，思想开放，很有开明风气。杨老师能文，擅长音乐和美术，为人精明不拘泥，很受家长和学生尊敬。

　　经过杨绳武老师一番考查，杨老师觉得百知老成持重，便让百知担任班长，因此，百知和杨老师接触的机会更多。杨老师更是将百知当成了自己着意雕塑的精品，不仅在学习上精心为百知设计努力方向，还关心百知生活起居。听说百知回家要帮家里干活，距离学校有好几里山路，就建议百知住校。住校要自己做饭、洗衣服和杂务，这些对干惯了家务的百知来说算不得什么，可是家里不同意。尤其是母亲和姐姐不愿意，她们从来没有离开过百知，何况母亲还常年卧病在床。

　　上学后不久，杨老师让百知请父亲黄树青来学校，又不说是什么事情。百知回家只好将话传给父亲。黄树青以为百知在学校做了错事，在路上多次追问百知，有没有做了叫老师不高兴的事情。百知一再说没有，黄树青还是心里不落底，怀着忐忑不安的心情见到杨老师。

　　杨老师觉得百知的名字过于浅显外露，也缺少文化内涵，想给百知改名。在旧中国，凡是对孩子抱有很高期望的家长都十分重视孩子取名，认为孩子尤其是男孩的名字，关乎孩子的一生前途命运，不少迷信的家长将孩子取名重担交给风水先生，希望一个好的名字福佑孩子一生。杨老师知道了当初黄树青给百知取名的经历，说明黄树青对给百知取名字十分重视，所以必须和黄树青商量，同意了才能给百知改名。当黄树青得知是这个事情非常高兴，但是有些担心。黄树青告诉杨老师说当初是一位世外高人给百知取的名字，后来果然很聪明还懂事，怕要是就此改名了会对百知产生不好的影响。

杨老师听了呵呵大笑，但同时知道这个名字会改得不轻松。如果不改，"百知"这个名字确实太大众化了。杨老师还知道百知还有另一个名字叫"佩寰"，是一位饱学之士给取的，但是黄树青和家人叫惯了"百知"，还因为"佩寰"这个名字太文绉绉了，叫着也不顺口，所以大家一直叫"百知"，导致"佩寰"这个名字有名无实。杨老师斟酌一番，道："黄户长，'百知'这个名字虽然很好，但是它只是小孩子用的，长大了就不合适了。"

黄树青问为什么。杨老师告诉说："'百知'这个名字听起来顺口，体现了小孩子天真无邪，聪明机灵。但是，如果你要希望百知长大后不同于一般人，能前程远大，能光宗耀祖，这个名字就显得太浅显了，也缺少文化味，让有学问的人一听就觉得浅薄，没有多大出息。"杨老师故意加大了严重性。黄树青听了果然动心，他不能叫儿子日后成人了叫人看不起。黄树青笑着问："那就请先生给百知取一个好名字。"

杨老师心里高兴，道："这个就是我请黄户长过来的原因，百知这么聪明懂事，一定要有一个好名字相配，助益以后远大的前程。"

黄树青真的高兴了，心里那些担心都叫杨老师的话消弭得一干二净，再次请杨老师取名。杨老师沉吟有顷道："就叫'士元'吧。"

黄树青和百知同时道："士元?"黄树青并不懂得'士元'的含义，马上追问道："'士元'有什么讲究?"

杨老师笑道："百知百知，无所不知，就是士中魁元嘛!"

黄树青还是迷惘。杨老师笑着进一步解释说："魁元就是状元，士就是有学问的人。有学问的人追求的就是考试中状元。我这个可是从百知的名字中化来的，包含了百知这个名字的所有含义。黄户长，我们读书人最高目标就是高中状元啊，尽管现在是不开科举了，但是读书人追求的最高目标是没有变的。"

黄树青这回基本听懂了，高兴地重复道："好好好，士元好，士元好，就叫士元了！"

有了新名字，父子俩很高兴，回家告诉了刚刚回家的二婶和二叔。大家听了都很高兴。卧床的母亲在屋里听到了，还特地起床出门。士元看到赶紧搀母亲回床上。

士元从小悟性极高，以前那些耳熟能详的故事无不证明他这种能力。同龄人进入小学，很多都经历了关水式的私塾学习，也有的因为家中太贫穷没有经历过私塾学习。在他的同届同学中，不管是从哪个方面都没有人能和他相比。杨老师对士元的领悟能力早有接触，但是此时再次考问，还是叫杨老师惊诧。杨老师觉得如果在让士元在一年级和那些破蒙者待在一起，那太浪费了。半学期不到，杨老师就将士元调整到二年级，反正小学刚刚开始办，学生不多，只有他一个老师教学两个年级。上课时候两个年级同处一个教室（过去叫复式班，半节课教一个年级的课程）。令杨老师没有想到的是，士元很快在二年级远远拔尖，将所有同学甩到身后。比士元大两岁的黄位中在二年级本来是第一，成绩远远高于其他同学，自从士元来了，很快被超过，但是黄位中一直在努力追赶。

当时，小学初办，二年级已经是最高年级了，如果按照士元当时的所掌握的知识和具备的理解能力，士元至少要上初小以上。

士元虽然在二年级也取得了第一，但是他没有放弃努力，学习非常用功。他时常用父亲和叔父对他讲过的话激励自己，决心发愤读书，长大了成为一个不受人欺负的一个有本事的人。

自从士元进入二年级，黄位中便主动和士元一道上学，这也是黄位中父母的嘱咐。黄位中父母常对黄位中说，在黄山村待人最好的，就是黄树青大爹爹了，百知是树青大爹爹最喜欢的小孩之一。黄位中比百知岁数大，要照顾百知。

黄位中为人本分，很孝顺，听了父母的话自然对百知很好，再加上百知为人表现就更加喜欢，从此，他们俩成了形影不离的好同学、好朋友。黄位中虽然在学习成绩上比不了百知，但是肯刻苦，始终在追赶士元的路上。

杨老师也曾经考虑介绍士元去更远的桐城上小学，但是由于士元太小，又路途遥远，所以作罢。

由于士元的功课太优秀了，杨老师后来就不再考查他的功课，而是引导士元将更多的时间进入多方面学习和发展上。杨老师不仅仅是一个纯粹的文化人，还是一个从小练过武术的人（那个时候，在东乡，很多人在学习文化课的同时都或多或少接受过武术训练），为此，杨老师在学校开设了体育课，又因为杨老师具有一定水平的声乐及京剧演唱能力，音乐课也开设了。美术是杨老师的特长，他尤其酷爱画梅花（后面有专门介绍）。这些对所有学生来说都是一次难得的锻炼和充实自己的机会。士元更是专心学习，他的才能大多在这个时候得到极大的释放和展现，而且样样拿得起、放得下。在有时候开展的户外活动中，除了表演正常的体育和文艺节目之外，士元还舞起了已经比较成熟的"板凳花"了。

在小学，士元虽然学习好，性格活跃，但是不骄纵，没有坏脾气，待人诚恳、平等，每天见到他的人总是看到他一脸的微笑和喜庆。有几个家庭条件好点的同学仗着家里的物质条件，经常带些好吃的来学校显摆自己。每次遇到这个情况，士元总要站出来替家境不好的同学撑腰。那几个同学对士元很恼怒，但是拿士元没有办法。

有一个外村的财主儿子叫徐子行的不服气，回家将士元行为添油加醋地告诉了父母。当父母听说士元是黄树青的儿子，狠狠地教训了儿子一番。他父亲道："你要想念书，就老老实实地在学校学好，要像黄士元学习。"

徐子行不服气，问为什么。他父亲发怒道："黄士元五岁时候就叫刘家大管家下不了台，凭你中吗？你给老子听着，你要是有黄士元一半，老子就天天在家里请客，你要什么，老子给你什么？"

徐子行听了他父亲的教训，只好默默无语。幸亏这个徐子行还不算愚蠢，以后改变了对士元的看法和态度，士元也就诚心接纳了他，在学习上得到士元很多帮助，进步不小。剩下的几个人看到徐子行的表现后，也都先后彻底改变了态度。对此，士元和同学们都很高兴。士元不仅自己优秀，还影响了一大批同学。

10 /　　初学绘画

士元兴趣爱好广泛，诗歌、音乐、绘画、体育他都喜欢，并且学有所长，随便一门只要选定作为发展方向，日后皆有可能因此而成就他的未来。在小学时候，他最早喜爱绘画，因此也就把它当做自己的第二主修课。他在私塾时候爱好画画只是个人爱好，无人指导只是凭着兴趣走，到了小学有幸遇到杨绳武这样既博学多才又循循善诱的老师，他的绘画兴趣和潜力进一步显现。

他对绘画的偏爱和感悟从懂事的时候就开始了，但是将偏爱和感悟付诸实践最早取材于小时候和姐姐一道去山上放牛。山水风景、树木花草等构成的缤纷色彩无不吸引着他，于是，士元常常就地取材，或石子或树枝，拿起来在地上画山水、画牛羊。在私塾里，只要有空闲，士元就拿出自己装订的本子画教室、画同学、画院子西面的海棠、梅花，更多的时候是凭着记忆画大自然的美景。士元早期的画画源于喜爱和感悟，纯属无师自通。但是经过日积月累，等到杨绳武发现士元具有绘画才能的时候，他的画已经有了一定的基础了。

上小学前，士元喜爱绘画有时候到了忘我的程度。逢年过节，父亲黄树青都要带士元去亲友家做客。因为士元喜欢吃甜食，主人家桌子上的甜食，对他很有吸引力，但是，只要看到主人家墙上挂着年画，士元就会首先专心看年画，谁叫他都不搭理。他独自细心观摩，有时候不由自主地伸出手指隔空描摹，在心里揣摩。等到揣摩好了，他才高兴地回到座位上吃甜食。

杨绳武老师擅长画梅。杨老师看到士元在绘画方面很有天赋又酷爱画画，有意栽培。杨老师经过询问，得知士元绘画完全是凭着个人喜爱，凭着天赋，完全不知道怎样运笔、着色、用墨。杨老师从画简笔画开始，从如何运笔开始，手把手地教士元。由于此时的士元已经对构图用色有了一定的把握，学起来进步很快。不多久，士元就将杨老师所掌握的中国画的技法统统学到手，基本达到了杨老师的要求。然后，杨老师开始教士元画整幅画。刚开始，杨老师不让士元动笔，而是自己先画，让士元在旁看着，帮他牵纸。士元没有任何不满，脸上笑容依旧，干得尽心尽力。

其实，杨老师是在暗中观察士元的反映。杨老师认为，画者，尤其是擅长画梅的人，必须具备相当的人品和定力，没有这些，即使画出的梅再美，也会缺少君子的风骨。他眼中的梅是君子的化身，洁净、高雅、脱俗、旷达，如果画者本身不具备这些品质，是表现不出来梅的品格的，所画出来的梅必然是品格低下的。杨老师看到士元心境平和，毫无戾气，一副君子气度，内心着实高兴。于是，杨老师对着宣纸，手里拿着没有蘸墨的毛笔，向士元解说自己要画的梅花的构图。接着，杨老师又讲述作画技巧及作画时要达到的预期效果。士元悉心听讲，有不解的地方大胆地发问，杨老师给予耐心指导。一幅画完成，士元往往还要站立画前长时间揣摩。

每次从杨老师那里观画回来，士元都要及时作画，画好了拿着画去请教杨老师。杨老师看到士元的画很亲切，不管自己当时在干什么，只要是士元来问画画的事，都要放下手里正在做的活，和士元说画。经过几次观摩，杨老师正式让士元当场作画，实时给予指导。

杨老师除了教士元画梅，还教他画菊。杨老师说："梅自苦寒中来，寒重香远，高洁傲立，不媚不俗，非寻常士人可比；菊，秋之精魄，清雅骨立，脱众离俗，两者都是君子之喻。"士元深受杨老师的影响，酷爱画梅画菊，尤其是喜爱画梅。

画画需要大量的纸张等材料，家里经济又并不十分宽裕，士元也从来没有因为这些向家里提过分要求。他将压岁钱存着，乘着随父亲上横埠的机会，买些最简单的颜料。有些买不到，他就采集山里的红土，或采摘各种深浅不一的植物的茎叶，榨取它们的汁液，储存着作练习之用。他交给姐姐一个玻璃瓶，告诉姐姐和二婶，要是杀鸡了，给他留点鸡血。姐姐问他要鸡血干什么，士元

童年黄镇

坦诚相告。姐姐虽然感叹，但是一定会满足弟弟的要求。对其他的颜色，他都能在大自然里找到合适的材料替代。正因为这样，士元画出来的画有"味"，而且画面颜料粗细不匀。杨老师曾经就这点问过士元，士元推说颜料过期变质了，但是还能应付着用。杨老师也知道农民生活不易，也就没有再追究下去了。士元第一次完整见到真正的国画颜料，还是在杨老师那里。

士元作画用的颜料很特别，画纸也是特别的。在私塾，他用的是展开的香烟盒和偶尔从横埠买回来的一两张大白纸装订成的本子。到了小学，由于开始正式作画，他开始用火纸（用于祭祖烧化的草纸，纸质极差）练习。火纸由于杂质多且厚薄不匀，一旦用墨很快印染，模糊一片。于是，士元用干笔在火纸上快速勾勒。除了火纸以外，杨老师那里的报纸，也成了士元画画的对象。有时，士元用过年时候家里给的不多的压岁钱，购买一些白纸，他根本不敢买宣纸，因为宣纸价钱太贵了。这些根本不能当画纸的白纸，在士元这里也是很珍贵的，轻易不用。杨老师也有过士元为什么不用宣纸作画的疑问，士元以自己还是一个初学者没有资格用宣纸来搪塞。可见，士元学画时候是多么的不易。

到了五年级，士元的画让杨老师赞赏不已，因为士元此时画的梅和菊可以比肩老师的作品了。士元的画也因此获得同学们的青睐，于是大家纷纷请士元为他们作画，士元对同学们的请求毫不推辞，一概应允。

最先向士元开口求画的是徐子行。这天中午，士元照例没有午睡，而是在教室里埋头在报纸上画梅。徐子行这天来得特别早，看到士元画梅花，站在一边羡慕不已，随口道："士元，能不能给我画一幅梅花图？"

士元停笔，看看徐子行认真的模样笑道："好啊，你答应我一个条件就画。"

徐子行见士元答应了很高兴，可是听到还有一个条件，心里有些不高兴，沉默了。士元边作画边笑着道："怎么了，子行，不愿意啊？"

"不是不是。"徐子行怕士元反悔，咬牙问："什么条件，你说。"徐子行实在是太喜欢士元的画了，做好了挨宰的准备。

士元头不抬道："只给你画一幅梅花图，另外，画纸你自己出，外带送给我一张宣纸，怎么样？"士元说完抬头看着徐子行微笑。

徐子行本来以为士元的条件会很高，准备"放血"，哪里想到原来如此，笑着答应道："好，我家里就有宣纸。何必一张，给你五张十张都行，我知道你买不起那些。"

士元道："不用，就一张，不收第二张。我虽然买不起宣纸，但也不能多要你的。"徐子行是了解士元的，知道他说一不二，但是还是觉得奇怪。

第二天，徐子行果然如约带来两张宣纸。士元乘着中午给徐子行画了半张宣纸的梅花图。徐子行高兴得不得了，爱如珍宝地将梅花图随即送到家里，连下午的课都不上了。第三天，徐子行带来一卷纸，将士元拉到教室外说悄悄话。原来，徐子行回家将梅花图给父亲看，正好有一个客人在座。客人是县府的文案，酷爱书法绘画，画技也不错，看到士元的梅花图感到很惊讶，问徐子行是从哪里得来的？徐子行说了实话。客人更加动容，让徐子行代为请画，并称要给相应的报酬。徐子行说了士元的态度，客人还要他试一试。父亲也严令，说要出钱买士元的画。徐子行没有办法只好对士元如实说知。果然，士元听了很不高兴，当即拒绝。再后来，那位客人亲自来学校，士元还是拒绝了。

到这个时候，同学们都知道士元画的价值所在，纷纷索求。士元一视同仁，给索画者每人一幅画，绝不多给。另外，除当时作画用纸外，索画者还要给一张上好的宣纸。对于和黄位中一样来自贫穷家庭的学生，士元不要他们买纸，画好了送给他们。后来，士元用画画得来的纸，为黄山村那些过年买不起年画的家庭，每家画一幅红火的梅花图。

11 / 风雨无阻

士元所上的小学是族学，本应该设在黄山村。但是，因为村中族内没有现成可作为学校的房子，族学便临时设在距本村五六里路的邻村一个举家迁往上海的商人的四合院里，共有二十四间房。

等到士元上五年级时，学校已经有三位老师了，杨绳武担任校长，小学也随之红火起来。虽然本来是族学，但是后来也招收当地的一些外姓人，为的是搞好关系，同时增加收入贴补老师。

学校虽然距离黄山村只有五六里地，但是，中间隔了一条小溪、两座山。小溪上没有建桥，只是有人在河道最窄处搭一棵斗口粗的树干将其当作桥了，来往之人须得小心踩踏在树干上缓慢移动脚步，每次通过这里都是一次惊险的经历。有一次，一个妇女带着两个小孩由于不慎从桥上掉下河里淹死，令人十分痛心。这座桥本该早拆了重建。但是，一来因为出不起建桥的钱，二来因为这涉及好几方的利益纠葛，所以桥一直未建成。

黄山村的子弟们上学都要路过此桥，每次过桥都是成群结队地通过，因此十分危险。每次过桥，大家都绷紧了神经。

上学路上，除了具有吞噬生命的独木桥，还有危机处处的山路。

在学生经过的路上，横着两座山，虽说山不高大，但是行走的路都开在半山腰。山路崎岖，十分危险，一不小心就会随时滑倒摔下山去。曾经有好几个成人从山道上摔下，有的摔伤，有的成为断胳臂断腿的残疾人。因此，山道成为士元他们上学路上第二道鬼门关。

如果遇上雨天，这两处更是成了路人的危途。在上学路上，士元他们也经历过很多次凶险。但是，即使这样，也挡不住他们上学的决心。

在同村同学中，士元的平衡能力最好，胆子也最大。最初都是各家大人送他们的孩子过桥，当他们都长到十岁之后，大人们基本放手让他们一道过桥上学。每到这个时候，士元自然就成了过桥总指挥。先让黄位中领头通过，他和黄位中分别站立河两边照看，鼓励其他同学一一过桥。等大家都过去了，士元最后一个过桥。他们中间有一位唯一的女同学叫黄桂梅，是士元同宗侄女，每次过桥都赖着不敢过，总是要士元的这个小叔叔牵着他的手通过。士元倒也大方，但是每次牵黄桂梅过桥时候总要说："大侄女，不要怕，老叔牵你过去。"

当然，士元的举动让那些懵懂初开的同宗子弟不免开起了他们的玩笑。每到这个时候，士元总是很严肃道："笑什么笑，人命关天。谁要是捣乱，导致有人掉下水，谁就要负责!"那些同学自然不敢再放肆了。

其实，黄桂梅自己已经能够独自过桥了，这是士元在一次偶然中看到的。那是一个星期天上午。士元要去山里画山景，拿上纸笔和黄桂梅先后走向独木桥。黄桂梅先他几分钟出村，士元随后看到。本想追上询问，但看到黄桂梅独自走向独木桥，于是便悄悄地跟在后面，他要看看黄桂梅是不是真的不能独自走过独木桥。

黄桂梅没有看后面，不知道士元在跟踪她，提着篮子一路开心地来到独木桥边，看一眼独木桥，便抬脚上桥。士元隐身一棵树后观察，心里很紧张。黄桂梅走在独木桥上，步履很轻盈、稳健，哪里还是平常表现出的非常害怕、没有人牵引不能过桥的娇弱啊? 黄桂梅很轻快地过了独木桥，回头看了一眼河对面，脸上充满微笑和骄傲。

士元立即冲出大喊："黄桂梅，等等。"

黄桂梅看到冲出来的士元顿时愣住，低下了头。士元冲过独木桥，来到黄桂梅身边，劈头盖脸道："黄桂梅，你能过桥了，为什么还要那样?"

黄桂梅不知道说什么好，抬头看了士元一眼又低下头。士元看到黄桂梅满脸绯红，心里一动，降低声音道："桂梅，侄女，以后可不要那样了，好不?"士元把"侄女"两个字说得很重。黄桂梅低头应了一声，扭头便走。士元愕然，不知道如何是好。黄桂梅走出十几步，突然站住转身，对着呆愣的士元道："小叔，我晓得了，以后不会了。"其实，那是黄桂梅少女的情愫在内心的萌动而产生对士元的依赖感。

如果说独木桥对他们来说是每天必须经历的"生死劫"，那山道就是他们要闯的鬼门关。独木桥很短，通过时间也不长;而山道很长，每次进入山道，士元总要不住地提醒众人注意脚下，因此行走的速度自然很慢。天晴还好，要是遇到雨天，他们则需要手拉手地在山道上摸索着缓慢前行。虽然如此，还是不时发生有同学滑倒、摔伤的事情，好在他们都是孩子，恢复能力强，治疗和休息一段时间很快就复原了。后来，遇到发水期，大人们干脆不让孩子上学，士元和黄位中等少数几个人还是坚持上学。

杨绳武看到上学路上实在危险，建议士元他们住校。杨绳武给他们讲了住校的好处和困难，指出住校虽然艰苦，但是利于学习，还能锻炼人。大部分学生得知住校凡事要自己动手，都选择了继续在危险和艰难里往返于家里和学校。士元想住校，但是放不下家里卧床的母亲，还有弟弟桂元的功课，因为桂元此时已经上私塾了。

士元上六年级时的一天，连着下了三天大雨。只有士元和黄位中坚持上学，但是他们每天似乎都是浑身湿透地进入学校，中午就那样饿着肚子待在学校里，等到下午放学了，又是一身湿透地回家。为了不让杨老师知道，他们俩躲在门楼外。有时候实在太冷了，他们俩相互搓揉着对方的身体取暖，可是这时他们的肚子也越发饥饿了，但也只能忍着，互相鼓励。大雨天自然没有老师走出门楼，所以他们也没有让老师发现过。等快要上学了，他们才又进入学校。

第四天，山洪暴发。家人不让士元上学，担心太危险。他坚决不同意，说和黄位中去看看，要是不行再回来。他对母亲说："妈，您不用担心，我自然会有分寸，不会冒险的，要是不行，我不会过河。况且我也不是一个人，还有位中呢，您就放心吧。"母亲还是犹豫。士元笑着补充道："妈，我什么时候做没有把握的事情了？"母亲道："那你一定要小心，不行就不要去了，听说村里的学生都好几天没有上学了。这么大水，说不定学校也停课了。"

"晓得，妈。那我去了啊。"士元说着就离开了。

士元来到黄位中家，黄位中妈妈也不让黄位中上学。士元说他们去看看，不中不会硬来的。黄位中母亲才半信半疑地嘱咐他们，不中就回来。在得到他们保证后，才准许出门上学。

他们来到独木桥处，发现桥已经不见了。想不到过河的办法，黄位中只好回家。士元不肯回去，沿着河沿上行，他发现从上游冲下来一根很长的葛藤。葛藤一头缠在河沿的小树枝上，士元费尽力气才将葛藤拉上来，大喜。士元拖着葛藤回到搭独木桥的地方。士元将书包卸下，拴到葛藤上，然后将脱下的鞋袜和衣服裹着抛到对岸，手里则紧紧拉着葛藤跳入洪水里，憋着一口气，快速过河。

到校时，杨老师感到吃惊，询问他路上情况。士元只淡淡地说路上难走，没有说自己的涉险经历。

黄位中回家后不放心士元，来到士元家问士元回来没有。这时候，士元的家人才知道独木桥没有了，可士元一直没有回来，家人无不着急。黄位中母亲叫黄位中找回在外干活的黄树青。黄树青听到这个话，立马带上绳子去学校。

一路上，黄树青带着巨大的惊恐和绝望赶到学校，见到士元好端端地背着书包出门，禁不住热泪盈眶，抱住士元大哭。杨老师看到，忙问发生了什么事。黄树青带着激动说出了路上的情况。杨老师狠狠地责备了士元，说以后凡是遇到此类情况，不准士元上学。士元说自己有分寸，不会拿自己的生命开玩笑。

士元没有办法，当着父亲的面，提出住校。杨老师说早该如此了。黄树青却不同意，说士元长这么大还没有离开过家，而且到学校了，一切都要自己做。士元让父亲不用担心，说自己能干好。杨老师也帮着说，请黄树青放心，要是士元干不好的他会教的。黄树青看到士元态度坚决，加上老师大力支持，只好同意。

12 / 节俭自立

士元回到家，把住校的想法向母亲说了，哪知母亲死活不同意，担心这担心那，其实就是舍不得士元。士元费尽了口舌，软磨硬泡，母亲就是不松口。士元是个孝子，既然母亲不同意，他只好安慰母亲几句，回房间睡觉。

父亲看到士元带着无限失望回去，很不忍心，对刘氏道："士元妈，孩子大了，迟早要离开我们的，士元可不像我们，不会守着土地过一辈子。这也是我们给他念书的目的啊。他日后要在外面大城市闯荡的，你这个样子，他还怎么能够出远门啊？你要是把他拴在身边，那他不是白念书了吗？再说，要是和我们一道在黄山村，还有什么大出息？"

刘氏叹息道："这些道理我懂，可是就是舍不得士元现在就离开。他还小，住到学校，虽说不远，一个星期还能回来一趟，可是，我就是想天天看到他，听到他说话的声音。看到了、听到了，我心里就好受些。再说了，住学校一切都要自己做，虽说士元很能干，但是他可是从来没有干过，晚上离开家会不会想家啊……"母亲说不下去了，拿起手巾擦拭眼睛。

黄树青赶紧道："好好，依你依你，怎么又这样啊，好好的。"

站立一旁的姐姐见了，上前拿过手巾替母亲擦拭眼睛道："妈，您不要哭了，弟弟晓得了会伤心的。"

母亲点头道："晓得晓得，士元心善。"母亲看着女儿问："士元要住校，你同意吗？"

姐姐笑道："大大说得好，弟弟可是有大出息的，要是不能离开黄山村，那以后还能出息吗？"

母亲"哦"了一声，问道："你们姐弟非常好，愿意士元就这样离开，就不担心士元在学校住受罪？"

姐姐道："其实，我也不想弟弟离开，也担心，可是他是要长大的，还能跟我们在一起吗？妈，您要是不放心士元住校，我以后常去看看不就中了吗？"

黄树青接着道："大丫头讲的是个好法子，我也常去，那样，就是士元有难处，我们不都能做吗？"

母亲看着父女俩叹息道："也好，儿子迟早要离开家的，明儿就送他去学校吧。大丫头，多给弟弟准备着。"姐姐高兴地告诉母亲，一切由她安排，保证不让弟弟受苦。

士元听到这个消息，高兴地抱起姐姐转圈，连声感谢。姐姐为他准备了很多衣服等生活用品，千叮咛万嘱咐，生怕弟弟这一去会受尽苦难。姐姐说一句，士元应承一句，但他坚决反对姐姐和父亲隔三岔五地去看自己，说那样还不如不让自己住校。姐姐没有想到士元会如此反对这个事，问为什么。士元说学校有学校的规矩，还有杨老师的关照，你们都很忙，又没有时间。还有，你们要经常去会叫那些同学笑话我，说我是长不大的孩子，不能自立。士元保证在学校要是遇到不能解决的困难，一定回来告诉家里，这样才消除了姐姐的担心。

姐姐走后，士元将姐姐准备的很多用品和衣服都留下，只带上日常必备用品。士元嘱咐弟弟桂元好好学习，他每个星期回来要检查课业。桂元让他不用担心，自己会努力的。第二天，士元起了个大早，喂好了猪，煮好早饭，再向刚刚起床的叔婶辞行。免不了大家又是一番嘱咐，士元一一应承。

士元拒绝了父亲、姐姐和家人的相送，说自己只是上学，不要搞得叫邻居看到笑话。黄树青知道儿子的秉性，止步于大门口，目视士元背负着他那个年龄难以承受的被子和其他生活用品，走向上学的路。

来到学校，杨老师正在吃早饭，看到士元进门，放下饭碗，带士元去他早已为士元收拾好的单间。这是杨绳武特意为自己的爱徒准备的，本来这间房子留着给住校生做饭用的，因为学校还没有食堂，老师们的伙食都是三人轮流着做的。杨绳武将学生的做饭处合并到老师开伙的屋子里。士元看到了，婉拒着说："我不能搞特殊，和大家在一起还亲热，也能感受集体的氛围。"杨绳武见士元说得在理，忙说自己考虑不周到。随后，他带着士元进集体宿舍。其实住校的只有四个人，都是家在十几里外的隔山隔水的村子里，四个人睡在一个大通铺上。士元加入了，都很高兴，赶紧将士元的被子放到中间位置。从此，这个小集体以士元为中心，开始了他们的独立自主的新生活。

杨老师告诉士元，学校屋后有一块菜园，种着各种蔬菜，想吃就去摘。士元道谢，问有没有多余的地方。杨老师知道士元要自己种菜，笑着道："有啊，还空着两畦，我们三个老师用不了那些。怎么，你想自己种菜?"

士元笑着承认。杨老师问他会不会种菜。士元说："老师，您不是教导我们任何事情都有第一次吗?"

杨老师哈哈大笑，赞赏有志气，带着士元去看菜地，回来交给士元几样菜籽，又告诉他播种的方法。士元让老师放心，一定种好菜，要是有不懂的，会随时向老师请教。

室友听说学校给菜地让他们自己种菜吃，都非常兴奋。他们可是从来没有自己单独干过此类的活，个个跃跃欲试。中午，他们做了具体分工，五个人中除了值日做饭的，剩下的四个人于放晚学后，从老师那里借来工具，开挖菜地。铁锹只有两把，还有一张钉耙，但是他们人小力气小，用不了钉耙。他们采用两把锹四人轮流使用，歇人不歇锹。那三个同学虽说在家里也干过农活，可是基本没有干过如此高强度的活，没有几分钟就累得不行。士元虽说能吃苦，这样的累活也是第一次干，劳累不比其他人少，但是他能咬牙坚持，同学要来替换，他说自己还行，直到另外一把锹换第二个人了，他才肯让出手里的锹。

在挖的过程中，士元发现了挖土的技巧，告诉大家不要过快，反正我们不指望一次挖好，慢点就会不过于劳累。三个同学照着此法挖土，果然觉得减少了劳累，虽然进度慢点，但是还能坚持。

晚上，大家回来个个都叫苦连天，勉强吃了饭后什么都不想做，脱了鞋子就上床睡觉。士元虽然也很疲倦，在家里养成的爱干净的好习惯支持着他去灶间烧水。水烧好了，将同学们脚上的袜子全部收集起来洗。因为挖土要用脚蹬踏，脚汗是免不了的。洗好后，士元又把袜子拿到院子里水井旁用盆漂洗一次。士元干这些活是轻车熟路。杨绳武从窗户里面看着孩子们做事有头有尾，微笑着点点头。

晚上，同学们都拖着疲倦的身躯沉沉地睡去。士元将同学们的袜子洗好后，放在锅炉旁烘烤。早晨起床，大家都感到奇怪，自己的袜子怎么干净了?互相询问都没有结果，忽然发现士元的被窝空着，他们断定是士元洗的。大家都纳闷，士元起这么早干什么呢?值日做饭的同学出去了又跑回来惊喜道:"早饭好了! 早饭好了!"其他人都不相信。值日同学告诉大家说，早饭是黄士元做的，大家都感到惊讶。他们加快动作，穿好衣服来到灶间，见士元正在往每个人的脸盆里舀水，更加惊诧了。士元见他们惊愕的样子，笑着请他们赶快洗脸吃早饭。

从那天起，士元和大家订立了具体的作息时间，说："自己的事情决不要家里人动手，要学会自立，将来我们五个人是要走出去的，不能独立生活那怎么能行呢？"他提出一个口号：自己的事情自己做。大家都认为士元说得在理，在士元的示范下，他们都逐渐实现生活基本自理。

经过他们三天努力，菜地终于被翻完土。这三天里杨绳武一直在暗中观察，看到他们在士元的带动和指挥下完成翻土任务，他心里十分高兴。

接着，杨老师又指导他们平整菜畦和播种。播种下去的菜籽在孕育萌发中，有人迫不及待地天天去查看。士元笑他心太急，哪有刚刚播种了就会出芽的？

士元的到来，不仅让室友学会种菜、洗衣服等其他事情，还丰富和提高了平常的生活内容和品质。由于士元的多才多艺，四个人中有两个人学唱京剧段子，一人学画画，一人对体育感兴趣。士元和他们每个人都成了亲密的伙伴，只要是他们有所求，他必然热情回应。

士元还建议他们每天跟着杨老师晨练，吃过晚饭散步，回到寝室就着蜡烛围坐复习功课。每到晚上大家复习功课时，士元最轻松也最忙碌，因为他基本不需要课外温习功课，更多的时间花在书法和画画上，还有就是帮助四个室友解答作业中出现的难题。

士元住校后，每一个星期背一次米。每次回家背米，母亲都给他带上两三个鸡蛋。每次回家总是要在母亲床边伺候，告诉母亲自己在学校的情况，让母亲安心高兴。每次离开的时候，士元总是和姐姐将家里地扫干净，将母亲给他的鸡蛋偷偷放回再走。

　　杨绳武虽说是旧式文人，但是他思想活跃、眼界开阔，除了给学生教学常规的文化课外，还开设了让学生全面发展的体育、音乐、画画等课程。杨绳武很关心国家大事，爱看报纸和杂志，每隔两三个星期就给学生讲述一次国家当前的动态。由于当时处于旧军阀时期，得来的消息都是叫人失望和担心的。他拥护共和，十分痛恨军阀争斗，说一切灾难都是军阀混战引发的。说他们不知道团结一致，共御外辱，而是热衷于争夺地盘，扩充势力，不顾民族大义。杨绳武还经常鼓励学生长大了要担起复兴中华的大任。

　　士元最早接受爱国主义教育是从杨绳武开始的。杨绳武不但在课堂上慷慨激昂，而且在私下里着意培养士元的爱国思想。由于士元住校，有了更多的时间接触杨老师。杨老师和他谈论最多的不是如何学习文化课，而是体育、音乐、绘画和天下兴亡之类的感悟和体会，并鼓励士元要做一个有国家情怀以天下为己任的人。

　　士元将老师的教导铭记在心，从此爱国思想在他心里筑巢。也因此，士元不仅仅把杨绳武当成一个纯粹的老师看待，在他心里，杨老师更是他的朋友、引路导师。他对杨老师的尊敬已经超过了普通意义上的师生关系。在杨老师这里，他获得了很多未知的东西，接受了新思想的最初熏陶。加上幼时父母的教育，士元更加感受到当时社会的黑暗，更加同情被欺压的民众。

　　住校后，杨绳武和士元约定每个星期都要去老师房间一次。开始的时候，杨老师主要关注士元的住校生活和学习上的事情，询问画画上的事。后来，他们之间谈的基本是谈社会、谈国家大事。这个时候，杨老师已经不把士元当成纯粹的学生看待了，而是当成朋友、同志对待。

杨老师给士元讲了鸦片战争，讲八国联军入侵，讲了各种丧权辱国的条约和清政府的腐败无能。士元听到这些，两眼圆睁，义愤填膺。

一次，杨老师讲到了孙中山领导辛亥革命推翻了清政府的统治并建立了中华民国政府，士元高兴得两眼放光，拍手叫好。杨老师乘机问士元道："你认为孙先生的政府能不能改变中国？"

士元想都没有想便说："那是一定的，只是时间要长点。"

杨老师看着士元点头道："对，干任何一件大事都不是一蹴而就的，必然要经过长时间的改造才能够成功，但是你知道吗？孙先生的临时政府只存在了几个月。"

士元惊愕道："为什么？清朝不是被推翻了吗？"

杨老师说："孙先生虽然领导辛亥革命推翻了清政府，但是，孙先生没有掌握为实现革命主张的军队！军队依旧掌握在那些军阀首领手里。清政府垮台了，正好留给他们各自为政的机会。他们表面上拥护共和，实际上是在竞相争着上台，谁有足够能力打败对方，谁就能当总统。这样的总统、这样的政府能为大众着想吗？"

"不能，绝对不能！可是，这样政府不就更加混乱了吗？"士元不无担心道。

杨老师看着士元笑道："你悟性很高。对，现在的政府就是处于混乱中。"杨老师叹息，眼光暗淡道："孙先生这几年做了很多努力，也牺牲了很多人，可是，可是，唉——"杨老师眼里充满了失望。士元看着杨老师失望的样子，问道："老师，难道就没有办法了吗？"

杨老师笑笑："办法总是有的，只是不知道这个办法来自哪里？或许孙先生能够最后成功，可是仅凭现在的力量似乎太难了。"杨老师突然低声道："听说北方在闹布尔什维克。"

"哦，老师，什么是布尔什维克？"士元不解地问。

杨老师道："其实我也不清楚，听说是从俄国学来的。具体有什么主张，我更不清楚。"杨老师叹息道："看着吧，孙先生都不能扭转局势，其他人或许更难。"

这次师生俩的谈话以沉闷的气氛中结束，各自都带着沉闷和复杂的心情告别。

自从那次谈话以后，士元更加关注国家大事。除了读从杨老师那里拿来的报纸，还私下里和室友谈论国家大事。有人送给士元一个"参议员"的绰号，士元也不把它当成戏谑，居然还说出"舍我其谁"的豪言。当然，这些都是几位同学之间的笑谈。

14 /   帮助同学

士元的热心和平等待人，源于家庭的熏陶和父母的言传身教。可以说，父母是士元学习做人的楷模。

士元帮助同学体现在学习、生活和对人对事的态度等三个方面。

在学习上，大部分同学都得到过士元的帮助。士元给予同学学习上的帮助，不拘泥于时间、场所和形式，只要有需要，他就尽自己的能力给予帮助。解疑、释惑本来是老师的功能，士元把它当成了自己的分内事，凡是有人遇到难题，他总是设法给予解答，虽然不够全面、完整。

有一次，黄位中提出孔子遇到的两小儿辩日的尴尬，问早中晚不同时间，到底什么时候太阳距离我们近。徐子行说早晨近、中午远、晚上近，他是根据早中晚太阳给人的大小感觉出来的。很多同学都附和徐子行的看法。黄位中问士元同不同意徐子行的看法。由于当时条件有限，学校没有开设与天文地理相关的课程，士元无法得到那些知识，他又不好只根据感觉做出判断，便承认自己不知道。这下叫黄位中和徐子行等找到了凭据，他们一起挤对士元。

徐子行道："明显的小孩子都知道的事，你怎么就不知道呢？"

士元笑着问："黄位中，你觉得答案是什么？"

黄位中不假思索道："徐子行说得在理，那可是我们大家每天都实实在在看到的，还有什么好讲的？"

士元微笑道："亲眼所见也未必是真实的。大家都看过玩魔术的吧？"很多同学摇头，问什么是魔术。徐子行说他知道，还说那是演魔术的故意设置机关迷惑人，但早中晚的太阳可是真实存在的，两者不能比。

士元问他们知不知道盲人摸象的故事。黄位中道："这个故事老师上个星期才说过，你是考我们记忆力吗？"

士元笑道："既然大家都知道这个故事，那一定知道大象不是那些盲人根据各自所摸得出的那些局部样子了。"

徐子行急道："那不同，盲人因为看不见，只能用手摸，所得极其有限，所以才得出忽视整体的局部结论。而我们现在是看到全部而不是局部。"

士元笑道："其实吧，如果孔子要是真的那样，我觉得他还是坦诚的，也实践了《论语》里的话：'知之为知之，不知为不知，是知也。'我觉得有些事情仅凭我们眼睛所见是靠不住的。"士元的话一出来，就遭到众人的反对。士元只好笑着举手做投降状。这个事情后来由杨老师出来给予了科学解释，大家才知道士元对待事物认识和看法是实事求是的，就更加信任士元。

在学习上，士元对几个成绩不好的同学十分关照，每次上新课都要和他们交流，从中发现他们的不足，在闲谈中为他们解疑释惑，让他们感到轻松。为了鼓励后进同学，士元还跟杨老师私下里定了一个约定，让杨老师每学期不要给他发奖状，而将奖状发给成绩相对较差的但肯学习且进步比较明显的同学。

在生活上，士元主要是对室友进行帮助。自从士元入住后，寝室被整理得井井有条，室友间有好多不好的习惯慢慢得到纠正。室友董志强是个孤儿，是族人的接济让他进入小学，其性格比较孤僻。士元知道后，主动和他睡一个被窝，将董志强的破被子放到下面作垫被，用自己的被子作盖被。他还把自己身上穿着的夹袄脱下，送给董志强穿。米不够，士元提出他和董志强单吃。

大家问为什么。士元说："董志强一个星期的米只能吃四天，如果跟大家在一起吃，每顿又米量不足，会拖累大家。"

董志强道："我一天吃两顿，你来之前就是这么做的。晚饭我可以不吃，多喝点水就中了。"

士元不再说话，等董志强离开，他和其他人商量道："董志强家里的情况你们都晓得，既然是同学，我们都应该伸把手。"

室友黄友宝问怎么伸把手，说："我听你的。"

另外几个都表示赞成。士元的办法是每星期开头将他们四个人的米过秤，取同等重量的米，再加入董志强带来的不足秤的米，计算出每天的用量，每天三顿匀着做。每个人少吃几口没关系，这样董志强晚上就不再饿肚子了。大家一致赞同。董志强知道后感动得不得了。这件事情以后，大家都相处得非常友好。

15 /　　帮扶穷人

同情和帮扶穷人，是士元自小就在父母的教导下养成的美德。

士元在五年级暑假里的一天，天空突然阴云密布雷声隆隆，一场大雨即将来临。此时稻已经割倒后放在田里快要晒干了，要是叫雨淋着不仅以后要多花时间晾晒，时间长了还会导致稻子霉变甚至发芽，那样损失就惨重了，于是，全村大人小孩齐上阵，来到田里争分夺秒抢收稻谷。

士元和姐姐随着家人跑进自家田里抢收。可是隔壁田里只有一个中年妇女带着一个和士元差不多大的孩子在抢收稻谷。中年妇女是寡妇张嫂，带着一个孩子艰难度日。眼看大雨快要降临，张嫂急得直喊儿子快点，声音里还带着哭腔。士元再看自己家田里，父亲、叔父、二婶、姐姐，还有两个二叔家的妹妹都在抱稻铺，于是，士元跑进张嫂田里大喊："张嫂，不要着急，我来了。"说着手脚不停地干起活来。张嫂看到连声道谢。士元道："不要说了，快点干。"士元手脚不停，进度大大加快。

士元家田里人多，半个时辰不到稻铺子归拢。黄树青这时看看周围，只见士元在张嫂田里忙乎着，感到惊讶，问女儿是怎么回事。女儿说士元一来就去了张嫂田里。黄树青对正在给稻堆盖顶的黄竹青道："老二，你们盖着，我带大丫头去张家。"黄竹青扫一眼张嫂家的田，道："去吧，我们的也快好了。"

由于黄树青父女俩的加入，张家的稻子很快收完。盖好顶，大家还没来得及喘口气，大雨降临。

回家换过衣服后，黄树青叫来士元问道："在那紧张时候为啥不给家里干？"

士元笑笑说："咱家家境好些，损失一点不打紧。她家很穷，又少劳力，损失不起啊！"

父亲听了，看着士元微笑的脸庞微微点头，拿起放在桌上的旱烟袋装黄烟。士元赶紧凑上去点火。父亲吸了一口黄烟，吐出，道："你能这么想，很好很好。"

这件事情后，张嫂逢人就夸士元好，说要不是士元从中帮忙，她们家肯定过不了冬。村人听到，大多数人赞士元有菩萨心肠，也有个别人说士元傻。士元听到付之一笑。

过年，对于那时候的穷人就是一个考验。大人能忍着，小孩子看到人家为过年置办吃的穿的，眼馋是小，叫人看着特别可怜。有少数人家不但买不起那些过年的东西，连过年吃饱肚子都是奢望。这些人家门上没有红对联，晚上早早地关门睡觉。这样的穷苦人家十有八九大人孩子都饿着肚子，多有哭声传出。这个现象士元见过很多次了，有时候跟着父亲和二叔给他们送点米让他们过个好年。

自从士元送给这些人家年画被别人买走后，他就萌发了画画卖钱接济他们的想法。此时士元的梅花图已经不在杨老师之下了。他将想法对杨老师和父亲说了，他们都赞成。杨老师说他可以帮着联系买家。于是士元提前画画，一部分交给杨老师推销，一部分交给父亲带到横埠街上去卖。可是他们没有想到两方面推销均受阻。杨老师只卖出两张画，父亲连一张都没有卖出。原因是买主看到是杨老师兜售，嫌十文钱一幅画贵了。看着辛苦画出来的画，士元也是一筹莫展。幸好此时得到徐子行的提醒，让他放假去横埠摆摊当场作画。士元回家跟父亲说了，父亲不同意，说那样会叫人笑话，而且士元一个人去，他也不放心。士元软磨硬泡，终于让父亲勉强同意，但还是不放心他一个人去。士元没法子只好找来黄位中，说有位中陪着一定不会有事，父亲只好同意。

正好黄位中在横埠有亲戚。他们从亲戚家借来一张竹床摆到大街的十字路口，将画好的梅花图放置竹床上，展开半张宣纸当街作画。他们的举动招来很多上街置办年货的人。黄位中使劲给士元做介绍，说士元年纪小，但画技高，远近闻名。众人看着士元画画都感到很惊奇，对士元的画赞不绝口，可是就是没有人买。士元看到这样下去不行，便搁下笔，干脆从画好的画里拿出十幅画，当众免费赠送，让收到画的人回家做个宣传。

士元这个举动确实惊动一些大户和文化人，但是他们只看不买，有几个想买的嫌贵想杀价。士元和黄位中都不愿意。一上午没有卖出一幅画，两人不免失望。黄位中早晨没有吃饱，吆喝了半天，坐在路边一块石头上垂头丧气。士元看到心里着急，搁下笔看了一眼垂头的黄位中，知道他饿了，自己肚子也开始咕咕叫。摸摸口袋，只有买一只烧饼的钱。早晨出门太过自信，以为去了横埠就一定能够卖掉画的。士元叫黄位中看着摊子，自己去对面烧饼铺子买一只烧饼给黄位中吃。为了让黄位中不怀疑自己没有吃，故意在铺子里逗留些时间，和伙计搭话。此时，烧饼铺不忙，伙计正好闲着，见士元问他，说："我晓得你，你就是在对面画画的，怎么样？画卖得好吗？"士元见问，来了兴趣说："一张没卖出去，还送人十幅画。"伙计不相信说："我们老板去看过你的画，说你画得很好，怎么会没有人买啊？"士元说自己也不知道是怎么回事。伙计想了想让士元不要在街上卖了，现在上街的大多是农村人，他们对你的白纸画不感兴趣，还有他们兜里都没有多余的钱，去大户人家看看。士元以为值得一试。

士元回来将烧饼递给黄位中吃，说自己在烧饼铺子里吃过。黄位中信以为真，一个烧饼三口就吃了。士元看着道："位中，让你饿肚子了。"

黄位中道："说这个没劲了，你为谁啊？要不是为了我们这些……"士元打断他的话不让说，告诉他自己准备上那些大户家里卖画。黄位中犹豫道："大户人家都很抠门，我不想去。"士元知道黄位中的性格，对黄位中说："你看着摊子，我自己去。"士元带着十幅梅花图和十幅菊花图去大户人家碰运气。时间不长，士元回来了，告诉黄位中只卖掉一幅画，只得了五文钱。黄位中叹息。士元将卖画的五文钱交给黄位中让他去再买烧饼吃。黄位中不肯。

下午，士元又画了好几幅梅花图，还是和上午差不多没有卖出一幅，连看热闹的人都稀稀落落的了。两人眼看不行了，提前收摊子回家。父亲、母亲得知画没有卖掉，让他不要再去了。母亲说："你已经尽心了，那些人家也是命不好。位中回家会讲的。"

士元说反正这几天家里也没有什么大事，还是去看看，能卖几张算几张吧。父亲让他不要再去，说："有几家，我准备跟去年一样，保证他们三十晚上能吃饱。"士元笑道："大大，这不仅是给他们凑钱办过年货，也是试试我的画到底能不能卖得掉，以后假如遇到困难，能不能靠卖画过活。"父亲母亲见他看得这么长远，也就同意了。

第二天，士元没有叫黄位中一道去，自己担着八十多幅画独自上横埠。担着画，士元心里一直问自己一个问题：要是今天还卖不动怎么办？他咬牙做好了决定，就按照刘家给的价钱五文钱一幅卖了。他计算过八十来张画，最少能得四百文，都买米能给五六家过年用。想到这里信心大增，一扫忧愁。等他来到昨天摆摊子的地方，看到好几个衣着光鲜的中年人站在那儿。对面烧饼铺子老板陪着他们说笑。士元不知道发生什么事，有心躲避看看发生了什么事情。正要往人后面躲，眼尖的烧饼铺子老板看到，大喊："卖画的，过来。"士元脚步迟疑。老板再次喊道："过来过来，高先生买你的画。"士元听了顿时来劲，赶过来高兴地对一个戴金丝眼镜的五十上下、着灰色西服的男子道："先生，是您要买画吗？"西服男子仔细瞅着士元，似乎不敢相信。老板笑道：

"高先生，我说的就是他，别看他年纪小，他可是在我们这里是大大有名的，他……"老板还想夸赞下去，高先生抬手。老板停止了推介。高先生让士元打开画让他看看。士元高兴地放下担子，拆开外面包着的破布，打开画。高先生看到梅花图，眼睛一亮，看一眼微笑的士元，蹲下身子仔细翻看。士元将另一头的菊花图也打开，让高先生看。

高先生又看了三幅菊花图，站起来问："是你亲手所画？"

士元微笑道："是。"

高先生回身让一个随从将背后背着的画夹放下。高先生指着画夹："敢当场画吗？"

"可以。"士元熟练打开画夹。另一个随从从手提箱里拿出毛笔，将砚台、瓶装墨汁和颜料摆放整齐。此时，围观的人们早已将他们围得水泄不通。士元知道自己遇到高人了，心里不免有些紧张，但是还是咬牙画下去。他在心里做好准备，就是自己的画他不买，也要让他说几句好话，这样围观的人会更加相信。他断定高先生是个非同一般的人，只要他说话了，比自己叫卖好多了，即使不行，顶多和昨天一样。士元放开胆子运笔作画，在宣纸上挥洒自如。不大一会儿，一幅《寒雪傲梅图》画就，看得围观者惊讶不已。士元正准备写落款，高先生突然道："慢，落款我来。"士元惊讶。高先生拿过士元手里的笔写下落款。落款里称呼士元为"东乡灵杰"。士元连说不敢当。

高先生叫人收了画第一次笑道："好，很好，你的画我都买了。"

士元张着嘴巴说不出来话，以为自己听错了。老板赶快笑道："还不快给高先生下礼。"

高先生道："不用！"看着还不说话的士元道："怎么了，不愿意吗？"

士元醒悟过来连忙道："愿意愿意，只是只是……"

"说。"高先生笑道。

士元道："先生要买这么多画干吗？它又不是年画。"

高先生道："带回去，送给同志们。你的梅花和菊花很有傲气骨气，我们现在正需要这样的斗志，另外，你还是这么小的年纪就有此等高远的志向，更能砥砺士气。"

"同志们？您是……"士元真的惊愕了。一个随从对士元耳语道："先生是孙先生的谋士，不要声张。"士元点头，站好了双手合十朝高先生躬身行大礼，道："不瞒先生说，我这个画卖了，是给我们村十几户过不了年的人家置办年货的。得遇先生收购，我代那十几户人家给你谢恩。"说着便要下跪磕头。高先生一把拉住，朝士元耳边说了几句。士元点头站立。高先生从随从手里拿过一张银票递给士元道："这是二十元的银票，够不够？"

士元哆嗦道："多了多了太多了。五块钱就足够了。"

高先生道："剩下你自己处理，你能这样替乡亲们着想，可见你的心地很好。希望你将来长大了是个有用的人才，我们国家需要你这样的人。"

士元第一次感动了，目送着高先生等人带着自己的画离开。直到烧饼铺老板提醒，士元才醒悟。士元委托老板花了十块钱购齐了十三户的年货，每户二十斤米、两斤油、两斤肉和其他过年用的杂货。给老板一块钱感谢，老板收了半块钱。剩下的九块半，他用半块雇了挑夫，两块留给黄位中供他开年上学用，七块换成铜钱平均分给村里十三户贫困人家，自己没有留下一文钱。置办好所有货物，挑夫把年货送到黄山村时已经是下午五点多了，士元还没有吃过一口饭、喝过一口水，但是，他满心喜悦。对村人的感谢，他一概不受，告诉大家要感谢就感谢高先生，是高先生给的钱让自己采办的。

这是士元人生第一次靠自己的能力赚来的第一笔大钱。这一年，这个村的十三户贫困人家，终于过了一个像样的年。

16 / 志趣广泛

士元由于小时候就跟姐姐放牛，跟父亲串门，长了很多见识，再加上他的聪颖和热情，便生发了广泛的爱好。舞板凳花是他的自创，其他那些孩童玩的游戏他也无所不精。

士元的家乡流行唱黄梅戏，士元跟姐姐放牛时候学会了唱很多山歌和黄梅戏段子。上学后，他又跟杨老师学会了唱京剧段子，初中以后能达到票友的水平，只要有聚会，他就会亮一嗓子。

学唱京剧不同于学唱黄梅戏，因为当时的黄梅戏还没有登上大雅的舞台，只作为地方戏流行于有限的地域，在演唱技巧上也没有得到雕琢打磨，基本属于粗放型。而京剧早已成为国粹，不仅出现很多流派和大家，剧种本身也非常成熟。每个角色的唱腔不尽相同，每个人学会一两个行当就很知足了，士元却将几个角色都学得有模有样。开始杨老师也不敢相信，但士元每次学习，加上士元拥有一副好嗓子，杨老师不得不相信，像教士元画画一样倾囊相授。小学毕业时候，士元特地组织了一场感谢师恩的联欢会。会上，士元尽其所能，将能表演的角色一一展现。他的表演才能让杨老师都惊讶，认为士元将来可以在绘画和京剧表演两方面选择其一就能作为安身立命的资本。

士元除了爱画画和演唱以外，还爱好体育。由于当时的小学条件有限，学生只能练练短跑、跳高、跳远之类的项目，没有篮球、乒乓球等球类项目，不过跳绳、踢毽子倒是常有，士元则是这两个项目的高手。

书法是士元从私塾时候就开始练习的，经过杨老师的调教和指导，他小学毕业时已经能够书写条幅了。毕业的时候，士元给每个老师都送了两幅条幅、两幅画。杨老师还特意将他们装裱起来，一直挂在家里。

在杨老师和其他老师的鼓励和指导下，士元还和黄位中、徐子行、董志强、黄友宝等十一人组成了"柳芽诗社"。起初他们只是为了更好地学习历朝历代的诗歌，后来居然萌发了作诗的想法。黄位中首先提出作诗，徐子行嘲笑他是邯郸学步，董志强也觉得不可能，士元却坚决支持。有了士元的支持，徐子行和董志强也改变了态度。他们在另一位古体诗写得很好的秦老师的指导下学习诗词格律。为了尽快掌握那些格律，他们分成四组，每一组掌握一种格律，能够熟练运用了再交流。每天课下一有时间就互相提问格律知识。董志强学习很刻苦，洗脸时候都在背诵平仄，都有点着魔了。

　　大家掌握了格律后开始写诗，但是由于格律诗难写，只有士元、黄位中和徐子行写得还不错，其他人写得就不怎么样了。于是，士元提议写自由诗。写自由诗的提议得到大家一致赞同，连本来对文学不感兴趣的同学都来凑热闹，"柳芽诗社"一下子扩编到二十七人。杨老师在学校进门处的墙壁上让瓦工修了一块大黑板作为壁报，供他们发表诗作。这个举动无疑进一步促进了整个学校学生的业余创作活动。

　　壁报不单单发表诗作，还发表散文。这是后来士元和黄位中提出的，杨老师觉得很好。壁报一个星期就更换一次，由士元、黄位中、徐子行等七个同学轮流主持，后来扩大到全体诗社的同学轮流主持，最大程度锻炼了每个同学。

少年黄镇

1 / 　为友解难

一九二一年，士元以优异的成绩小学毕业。毕业后士元面临着是留着家里干活还是继续升学，是摆在全家人面前的难题。父亲黄树青快六十岁了，由于积劳成疾，体弱多病，田里的农活主要靠士元姐姐来做。一般人家的男孩子小学毕业了就要在家里顶个劳力了。但是黄树青深深知道没有文化就会被人欺，大儿子士元聪明好学还志向远大，将来一定有出息，便决定再苦再难也要送儿子继续上学。继续上学更是士元的理想，他从杨老师那里知道桐中是个培养人才的好地方，那里出过不少有大学问的人，他早已向往，父亲的决定正好合乎他的心意。可是又很担心家里，担心姐姐的负担太重，因此心里很矛盾。姐姐看出了士元的犹豫，力促士元上中学，说如果士元不上中学她一生都不会甘心，也不会原谅士元。二婶二叔也都力促士元上学，士元只好下定决心，继续上学。

早春二月，大地万物复苏，春意盎然，激荡得士元心花怒放。士元乘着大好的春意做着进城赶考的准备。这次远赴桐城赶考是士元第一次出远门。父亲担心士元年纪小、路途远又是山路，要亲自送士元去。士元心里明白，父亲身体不好，从家里去桐城县城，路途遥遥，怎么能吃得消。自己这么大了，也应该独立生活了，而且自己有在小学独立生活的经历，应该没有大问题，于是谢绝了大人的护送陪考。士元打算邀约黄位中一道同行，他认为黄位中不继续学习太可惜了。在他眼里，黄位中是一个肯吃苦学习又是极聪明的人，将来会成大才的。父亲听了士元的打算，心里稍微安心，毕竟有人陪同，而且他对黄位中也是看好的，同意了士元的主张。

黄位中自从毕业后也陷入两难，一是家里缺少劳力，家里父亲常年疾病缠身，只有母亲和妹妹支撑着家庭，里里外外都是母亲一把手，不到四十岁，人却像五六十岁了；二是家里太穷了，一日三餐尚且不保，又怎么能供黄位中上中学呢？何况家里没有一文钱了，士元给的钱早已用尽，就是现在想去桐城，路费都没有，考试报名费更无着落。黄位中小学毕业，母亲很高兴，从此家里劳力有了质的改变，日子好过多了。母亲知道儿子成绩很好，人也很孝顺，虽然比不了士元，但是除了士元在这十里八乡还没有哪家孩子比得了自己的儿子。黄位中太清楚家里的现状，家里太需要自己了，尽管内心想继续上学，权衡再三还是决定留在家里，没有在母亲和父亲面前流露半点不甘心。可是黄位中母亲发现了，向黄位中保证家里有她，让黄位中和士元一道去考中学。黄位中坚持不去，说自己能够小学毕业已经很好了，比村里很多没上过学的同龄人好多了。黄位中叫母亲不要再为自己操心，自己在家里帮着干活，有了钱日子会好过的，还能给大大看病。黄位中母亲十分感动，怎么劝儿子，儿子就是下定决心在家里干活。黄位中母亲将儿子的决定告诉了自己的丈夫，两人抱头痛哭。黄位中父亲说自己成了累赘，拖累儿子了。

士元来到黄位中的家，黄位中和妹妹去田里干活了。听到黄位中父母的哭泣，忙问怎么了。黄位中母亲啜泣着将情况告诉了士元，说："小大爷啊（当地称呼，相当于大伯、大叔，因为黄位中比士元低一辈），位中死活不愿意考中学。他是顾惜家里太穷了，就是上学了，我们也拿不出一分钱，唉。"黄位中母亲边说边抹眼泪。

士元让他们不用着急，他来想办法，接着问清了黄位中劳动的地方，出门找黄位中去了。

士元找到黄位中的时候，黄位中正在给麦田开沟沥水，妹妹在挖猪菜。士元让黄位中停下。黄位中继续开沟，说："我知道你的来意，是不是要我和你一道考桐中？"

士元拿起搁在一边的锹帮着开挖，道："你不觉得你不上桐中是你一生最大的遗憾吗？"

"是又怎么样？我家的现状你可是一清二楚的，连一日三餐都保证不了，哪里有钱供我上中学？再说，我妈妈实在太累了、太苦了，我不能不管。"

士元道："你在家里干活，能减轻你妈妈的劳动负担，日子也会好转。但是，你能从根本上改变你家的状况吗？"

黄位中叹息。士元接着说："听我的话，我们去读桐中，凭你的聪明和成绩考上不成问题。你家苦也不是今天一日了，小学那些年都过来了，何况你妹妹也一天天长大了，也能减轻你妈妈的劳动强度。其实，我家里现在只有我姐姐在顶着，我大大不能干重活，二叔身体也不行。我们两家情况差不了多少。"

"即使能放开家里，可是，要考桐中我连路费都没有，还有报名费和以后的吃饭的钱，这些从哪里来？总不能日日喝西北风吧。"

士元低头想了一会说道："吃饭的事情到时候再说，真的不行，我们俩喝稀饭也要保证能上学。"

"那不行，你对我已经帮助太多了，现在你们家日子也不好过，我不能再继续拖累你家。"

士元生气道："什么你家我家，几代前我们是一家——"黄位中惊愕。士元缓和一下语气，继续道："说到一家，我有办法了！"士元脸上现出喜悦的表情。黄位中惊讶地问道："你有什么好办法？"

士元兴奋道："走，我们找族长去！"

"干吗？"黄位中惊讶道。

士元道："借钱啊！你是我们家族的希望，将来还要光宗耀祖，这个时候家族应该给予帮助啊！族里有一些钱，是专门用于公共事务的开支的。"

黄位中叹息道："那些老爷是不会答应的，他们是帮富不救贫的人，见到我还不躲着？向他们开口借钱，门都没有。"黄位中根本不相信，继续干手里的活。

士元将锹插进泥土里，走过去拿下黄位中手里的锹插进泥土，道："别干了，事情办好了，回来我帮你干完。走！"

黄位中还是不肯，说："就凭我们两个小孩子吗？他们恐怕连面都不让见的，就是见了，开口也是白说。"

士元发怒道："你怎么知道不行？小孩子怎么了，只要有理，照样走遍天下！"黄位中拗不过，只好随着士元去族长黄鲁山家。

黄鲁山正在和族中人说话。一进门，士元和黄位中很有礼貌地拜见黄鲁山。黄鲁山见到士元很高兴，因为士元这些年可为黄家长脸了，小小年纪美名在外，在家族内和家族外，他这个族长脸上沾了不少光。尤其是在外边，知道的人说起士元，那可是一个字——赞。黄鲁山停止和族中人说话，笑着让士元就座，问士元来有什么事情。士元见黄鲁山态度很好，谢绝就座，微笑道："族长，我们今天冒昧了。"

黄鲁山警觉起来，让士元接着说。士元将黄位中的学习情况和家庭情况详细对黄鲁山说明，特地指出黄位中是家族中的希望。黄鲁山看了一眼站在士元身边一直没有开口说话的黄位中，确实英气逼人，心里产生一点喜爱之情。于是，他呵呵笑道："哎呀，你说这些好话，到底为了什么事啊？"

士元看到黄鲁山眼神里有了对黄位中的好感，道："位中现在没有钱考桐中，我们来求助族长，希望族里能借点钱给位中考试。"

黄鲁山脸上没有了笑意，低头思考。士元和黄位中都很紧张。那个族中人面带嘲笑。黄鲁山抬头问："要多少钱？"

两人心里一阵喜悦。士元道："至少两块银圆。"

"什么？"那个族中人惊呼。黄位中也惊愕，拉拉士元的胳膊小声道："太多了，顶多一块就够了。"

士元小声道："你傻啊，以后不是还要吃饭吗？别担心，听我的。"黄位中生怕钱数多了，族长不同意。既然士元这样开口了，黄位中只好等着。

黄鲁山道："两块银圆，这可不是小数。"

士元惊道："怎么，族长不肯？"

黄鲁山道："不是不肯。"对在座的族人道："你去请仰山二太爷过来，我一个人做不了主。"族人离座。士元和黄位中紧张心情得以缓解。黄鲁山笑着道："这回你们俩能放心坐下了吧。"

士元笑着道谢，和黄位中坐下等待。黄鲁山兴致很好，和士元聊起了天。

士元尽其所知回答黄鲁山所问。黄鲁山也是见过世面的人，如今士元所说让黄鲁山惊讶，因为士元所说超出了他的所闻，见解也非同凡响，心里更加喜爱。士元在回答时候不忘推介黄位中，说黄位中学习很刻苦，成绩很好，是族中子弟里出类拔萃的人物，将来前途不可限量。黄鲁山笑问："比你任何？"

士元毫不犹豫地回答："伯仲之间！"

黄鲁山十分惊愕，看着微低头的黄位中，道："啊，真的吗？"

士元肯定道："确确实实，只是位中说话比较少而已。"

黄鲁山再次看看黄位中，道："怪不得你会如此推荐。"

正说着，那个族中人和黄仲山到来。黄鲁山说明了情况。黄仲山道："如果确实是个有出息的，可以考虑。"

士元起立，正色道："二太爷，族长，黄位中学习好，是个好族丁。如果族长大人不资助他去桐中读书，实在可惜。这样埋没了人才，对我们黄氏家族也是个损失。"

黄仲山呵呵笑道："好好好，你小小的年纪就这样为族人着想，说得很有道理，难得难得，我们黄家有你们两个人是我们家族的荣耀。"黄仲山将烟袋敲了一下桌面，道："鲁山，你怎么看？"

黄鲁山笑道："这两个孩子确实不容易。这么好的族丁，我们要是不帮，那就太没有道理了。"

黄仲山道："好，就给你们两块银圆，不是借，是送。但是，要是考不上，秋后要还来。"

士元和黄位中同时道："多谢！"

士元道："那是自然，考不取还有什么资格享用这两块银圆啊！"

黄鲁山问："这两块银圆只够位中考试，以后怎么办，还要住校、吃饭，还有其他的，钱够吗？"

士元道："他家确实没有，但是我有，我和他一起吃我的一份，吃稀饭，晚上可以不吃，多喝点水就中了。饿点没关系，饿点正好时时提醒我们，读书机会难得，得努力学习。"

黄鲁山、黄仰山惊愕，面面相觑，眼里含着眼泪。黄仰山唏嘘道："士元啊，孩子啊，老听说你侠义心肠，见识远大，如今我算见识了，还这么体谅人，这么有志气，我们族中人都像你这样，我们黄氏家族一定会鼎盛的。这才是真正的好孩子，是能上贤士榜的！现在你家里大不如前了，家里的劳力就你姐姐了，唉。"看着黄鲁山道："鲁山，我看这样吧，位中的念书费用以后由公堂里出，你看怎么样？"

黄鲁山叹息道："我也是这个意思。"

士元和黄位中连声道谢，两人感激得流下眼泪。士元和黄位中同时跪下给两位德高望重的族长磕头。黄鲁山赶紧离座拉起两人，分别给两人擦拭眼泪道："好孩子，真正的好孩子，黄家的希望都落在你们俩身上了。你们将来都是干大事的人，是光宗耀祖的人，要记住哟。"两人连连点头。

黄仰山摸着士元的脑袋，道："士元啊，好好念书，我们看着你们。"

两人郑重地保证一定好好读书，决不辜负他们的希望。

黄位中父母得知问题彻底解决了，激动得不知道说什么好。

2 / 　百里徒步

听闻士元和黄位中要远赴桐城考中学，同学们都赶来相送。那些家里比较殷实的同学，多多少少将攒了的为数不多的钱送给两人；那些家里较贫穷的孩子从家里拿出舍不得吃的鸡蛋或拿出过年用的土特产送予他们。两人收了几个家里条件好的同学的钱，其他同学的钱物一概不收，那些拿来鸡蛋和土特产的同学，士元嘱咐家人等他们走后送还他们。

头天下午，士元和位中拜谢了两位族长，再挨家打招呼。

第二天，两个人起了大早，天还没亮就背着行囊、书包，拿着雨伞，带着士元姐姐准备好的干粮上路。士元的姐姐、父亲和二叔一直将他们送出横埠。

那时候，从横埠去桐城没有大路可走。他们只有行走在人烟稀少的深山小路上。山路崎岖，他们的行走很费时。他们沿途问路，翻山越岭。由于求学心切，他们俩情绪高涨，一路上心情很好。随着路途的延伸，他们都觉得身上的行李越发沉重，每走一步都很费力气。由于山道难走，又因为行李沉重，他们先后摔了好几跤，每次爬起来都坚持着继续赶路。实在不行了，他们才就地坐着休息一会。太饿了，他们吃几口干粮，喝小溪里的水。

山道险没关系，只是深山常有野兽出没，确实叫他们担惊受怕，走起路来还要小心提防。路上的第一天，大约在中午时分，他们翻过一座山后，还没来得及喘口气，黄位中忽然发现前方不远处的竹林旁边的岩石上，躺着一条花斑豹子。两人全身绷紧，疲乏顿时被紧张代替。两人立即趴伏在路边草丛里，眼睛盯着豹子，不敢走动。那只豹子旁若无人地躺着晒太阳，没有离开的意思。黄位中急得满头大汗。士元握住黄位中的手，示意不用太紧张，朝黄位中耳朵里小声说："生死有命，就看我们的运气了。真要是命该如此，害怕也没有用。"

黄位中点头。其实士元也很害怕，但是他知道害怕没有用。深山老林里，似乎没有行人，就他们两个孩子，还手无寸铁，真要是豹子发威，他们是没有机会逃命的。目前唯一的办法就是尽量不让豹子发现他们，再静等豹子离开。他断定豹子还没有发现他们，这就是存活的机会。

他们努力让自己轻微呼吸，生怕惊动豹子。由于他们太累了，发现豹子时候初期的紧张过去后，疲劳重新回来占据整个身体，再加上长时间的趴伏，眼睛皮直打架，结果在不知不觉中两人先后趴在草丛里睡着了。一觉醒来，发现太阳已经偏西，眼前的岩石上早已没有了豹子了。两人欣喜若狂，赶紧上路，飞跑着离开危机四伏的那片竹林。走出很远，他们回头看那片影影绰绰的竹林，还心有余悸。黄位中大笑，士元赶紧制止，说："我们还在山里，说不定什么时候会出现什么情况，还是小心为好。"黄位中赶紧噤声，准备和士元开始翻越眼前的山梁。

山梁虽然不是很高大，但是因为他们身上背了已经不堪重负的行李，上山后两人已经累得不行了。稍事休息，他们开始下山。俗话说上山容易下山难。因为下山时候人的精神都比较松懈，用力虽然不似上山时候的大，但是要努力保持身体平衡，否则稍不注意就会前冲摔倒，所以下山时候一定要小心加小心。可是，他们俩却嬉笑着下山，因为他们都是山里人，下山对他们来说就是家常便饭，比上山时候省力多了。快要到山脚的时候，士元突然停止说话，对黄位中做了噤声手势。黄位中往下看，眼前是一个十几米宽的小溪，大小十几只野猪正在溪中戏水。两人立马就地躲在一棵大松树后面窥视。他们有了不久前的历险，懂得了规避危机的办法，因此躲起来耐心地等待着。

太阳已经下山了。溪水里的野猪群或许觉得没有阳光照射的溪水凉了或许已经玩够了，由一头强健的野猪领头沿着溪水逆流而上。

野猪走了，他们赶快踏着露出溪水的石头过去。路上他们不敢再停留。经历过连续两次的危险，他们感觉到这片地方多野兽，必须尽快脱离。

他们一口气走出去六七里路。此时山里已接近夜晚，四周高大的树木更加增添了恐惧的气息。这是他们有生以来第一次经历这样的情景，尽管他们的家乡也是有山的，但是山没有这里的大和多，树木也没有这里浓密。他们现在迫切希望尽快找一个山里的人家住下来。

可是他们失望了。自从进入山里以来，一路上他们只见两处有人居住的房子。现在除了山和树木还是山和树木，根本看不到有人居住的迹象。他们彻底地落在前不着村后不着店的深山里了。黄位中开始害怕了，士元也有些害怕，但是看到黄位中如此，他壮着胆子道："位中，不用怕，既然进来了，现在就是想退回去也是不可能了，我们只能向前了。"

黄位中道："我懂，就是，就是……"

士元道："不怕，我们的命还是硬的，两次遇险都过来了，这说明我们还是有红光的。我大大说过，路上有一座老爷庙，不行我们晚上就住庙里。"

黄位中说："只好如此了，只是不晓得还有多远。"

"我大大说了，只要到了老爷庙，离桐城就不远了。"

"那我们加把劲赶到老爷庙。"

两人披着星光，似乎是蹲在地面摸着山路前行。一路上，夜鸟鸣叫，知名的不知名的野兽吼叫，特别瘆人，可是在他们心里只有一个愿望：赶快找到老爷庙，其他的什么都不管了。老爷庙是他们现在唯一的希望和寄托。

夜已经很深了，他们还在摸索着行路。好在山里的月光格外明亮，这给他们带来了便利。他们终于来到一个比较宽阔平坦的地方，能够直腰行走了。看着天上的月亮，两人张嘴深深地呼吸几口空气，四处查看。士元指着前方左侧路边的一处朦胧的地方道："位中，那里可能是老爷庙。"

黄位中道："近前看看。"

两人几乎跑着赶到朦胧处，果然是一些大树簇拥着几间庙宇似的房子。两人大喜，赶忙跑向房屋处。由于他们跑动的脚步声惊动了树上夜鸟，夜鸟惊叫着呼啦啦飞走，着实让他们再次受到惊吓。士元安慰道："没事，是猫头鹰，我们进屋去吧。"话音没落，突然从庙门里窜出好几只蝙蝠，尖叫着窜向密林里。黄位中"妈呀"一声要晕倒，士元赶紧搀住。

士元安慰好黄位中，两人小心试探着接近庙门。士元带着颤抖的声音道："别怕，位中，里面没有野兽了，要是有，早就跑了。"还真让士元猜中了，庙里确实没有野兽。士元掏出洋火划燃，将四周看了一遍。这是个用石头砌成的小庙，正面立着一尊叫不上名的塑像，在火光里格外显得阴森恐怖。士元赶紧熄灭洋火，怕黄位中看到害怕。士元壮着胆子对黄位中说："位中，我们俩就在塑像后面休息。"

黄位中声音颤抖道："这，这……能行吗?"

士元拉着黄位中的手道："我们没有干过不好的事，菩萨一定会保佑我们，没事。"黄位中哆嗦着随着士元摸索到塑像背后，在黑暗里卸下行李，两人背靠塑像基座休息，手里各拿着一把伞，以防万一。

由于过度紧张、劳累，两人一合上眼睛就很快进入梦乡。

第二天天亮，他们在老爷庙里吃过了干粮，起身继续赶路。走到午时，路途上出现了一户人家。他们十分欢喜，跑到屋前，坐在门外石头上吃干粮。一个出门的老人看到他们一惊，问他们是从哪里来，干什么的。当听到他们来自横埠的黄山村，晚上在老爷庙里住宿，惊讶不已，感叹道："你们真是大胆，那么远的路，就两个孩子，那里就是大人都要好几个一起走，还要提防野物。你们就没听说前不久豹子和野猪吃人的事情吗？"两人摇头。

老人道："谅你们也不晓得，要是晓得了，怎么敢走啊。你们是有福气的，你们一定能考中。"两人道谢。老人给他们端来水喝。喝过水，老人告诉他们这里离桐城只有十几里路了，路也好走多了。

两人辞谢，接下来的路果然多了。

他们赶到桐城时已经是下午四点了，这个时候两人才发现手上、脚上、脖子上、脸上到处都有荆棘划出的血口子，衣服多处被划破，脚上的布鞋也被石棱或者树桩给划破，但是他们已经不在乎这些。他们现在要赶紧报名。他们问了好多人才找到桐中报名处。他们是最后的报名者，报完名字，报名处就关门了。报名缴费后，他们拿到两张写着他们的姓名、年龄、考场、考号的准考证，顿时心花怒放。

3 /　　贵人相助

报完名，士元他们再也走不动了，便就地坐在报名处的走廊上，背靠着墙壁休息。

惊恐后的精神松懈下来，被疲倦替代，腹中的饥饿让他们全身乏力，因为剩下的一点点干粮在那家农户屋前休息时候已经吃光了。除此以外，身上的伤口使他们的皮肤、肌肉处于撕裂的疼痛中，过度的劳累使骨骼有了一种似乎散架的感觉。这些他们能够忍受，最不能忍受的是两人双脚都走出了很多血泡，坐下后再想站起来，那是钻心的疼。他们就这样躺着，虚汗淋漓，眼神呆滞。

第二天就是考试的日子，来自省内外各地的学生都汇聚桐城，这些人都是慕名而来。外地学生都是有家长或者亲戚朋友送考的，一时间小小的桐城县城一下子来了上千人，仅有的十几家饭店人满为患。有些没有住上饭店的学生花高价住进居民家中。

此时的士元和黄位中还不知道他们晚上将面临无处可住的困境。过度疲劳还有饥饿在啃噬着他们，他们脸上和脖子上的汗水早已结成盐末。忽然士元从睡梦中惊醒，推推还在沉睡的黄位中，道："位中，醒醒，醒醒。"

黄位中很不情愿地睁开眼睛问干什么。士元道："天快黑了，赶快找饭店，要不然我们晚上住哪儿？今晚可不能再住外边了，一定要有一个休息的地方，不然明天我们怎么考试？"

黄位中不屑道："既然进了桐城了，还怕找不到饭店吗？"

"危险。你在街上没看见吗？今天来考试的不是只有我们俩。"

黄位中一惊坐起来道："是啊。那我们快点走。"黄位中双手扶墙壁要站起来，可是刚刚站起，又"哎呀"一声重又坐下。

士元惊问："怎么了，位中。"黄位中疼得龇牙咧嘴，摇摇手道："没什么，就是脚板疼得厉害。"士元赶紧站起来，但是也和黄位中一样，站了一半又疼得坐下。士元脱掉鞋子，看到两只脚板布满了血泡。但是他强忍着穿上鞋，对黄位中故意道："没事，就是我们还不习惯走长路，脚板打了几个血泡而已，起来，忍一忍，等我们找到了住宿的地方再说。"士元暗中咬牙扶着墙壁努力站起来，疼痛使他的冷汗直流，即使如此，士元还是忍着站起来，强撑着走了两步，回头对黄位中微笑道："走两步就适应了，起来。"

一直看着士元努力站起来的黄位中，看到士元如此顽强，也咬牙往起站。士元过来挽住黄位中的胳臂往上拉。在士元的助力下，黄位中终于站起来，但是双腿颤抖，身体摇摆。士元赶紧道："坚持住，脚板上就是几只血泡而已，就算是破了也没关系。"黄位中不能说话，咬牙勉强站住。士元扶着黄位中站住，说："先站一会，然后再慢慢走几步就适应了。我开始的时候也不行，走几步就好了。"黄位中点点头，站了一会试着走几步，疼得还是龇牙。士元问："怎么样？好点了没有？"黄位中不敢说话，又走了几步，然后站住。黄位中苦着脸道："真是的，你就不疼吗？"

士元笑道："都是一样的皮肉，如何不疼？但是，只要想到我们来此的目的，就能克服了。这里可没有我们的亲人，一切都要看我们自己的了。"黄位中默默点头，接过士元给他拿起来的行李背上。两人一步一捱地走出报名处来到街上，双脚的疼痛被麻木代替，脚步比刚开始时候踏实些。街上行人逐渐稀落，有的临街铺子前面点亮了灯笼。两人沿着街面寻找饭店，因为他们太饿了。

他们来到一家很有规模的名为"兴隆"的饭店。饭店此时最热闹，里面坐满了食客。食客大多数是十几岁的少年和大人。士元进去问忙着招呼客人的伙计，有没有住的地方。士元看到眼前的情况，也不指望能够住上正式的客房了，希望在店里一个角落里安顿就行了，可是伙计那句"就差茅房没有住人了"让他们十分失望。

他们只好再找，可是一连问了四五家饭店，情况基本一样，都是人满为患。他们不死心，挨家询问，几乎将整个桐城县城问遍了，都找不到一家能够住宿的饭店。他们重又回到那家规模大的"兴隆"饭店，因为这里距离桐中最近。

此时已近晚上十点，饥饿等又重新回到他们身体折磨他们，再加上居住无着的沮丧，士元建议他们就坐在饭店大门旁露宿一晚。士元笑着说："这里总比昨晚住老爷庙好。那里还担惊受怕，这里可是有灯笼照着呢，安全不成问题。"黄位中只好点头，一句话不说。士元知道黄位中想家了，设法拿各种开心的话转移黄位中的注意力，可是黄位中还是沉浸在自己的哀伤里不能自拔。士元搬出孟子的话道："我们古人都推崇成才要经历劳累、要吃苦，只有锻炼后才能成就自己，你怎么遇到一点挫折就这样呢？你想想，我们能来桐城容易吗？你坐着，我去买烧饼，你肚子肯定饿了。"

黄位中一把拉住士元说："还是不要买了，饿，对我不是难事。我就是有点想家，没事的。"

士元说："那就好，我们不要说话，养体力，养精神。"

黄位中赞同。两人将所带的物品放到两人之间，各自坐到行李上准备就这样过夜了。

士元他们在说话的时候，饭店门口却有一位老人看着他们很久了，看到两个少年眉清目秀的样子还带着行李，已知八九分。老人见他们准备就这样露宿街头，十分不忍，于是走过来问道："两位小哥可是从东乡过来赶考的？"

两人立即站起来，都疼得龇牙。士元强撑着微笑道："是的，老人家。"

老人看到他们痛苦的样子忙问："怎么了？"

士元道："可能是走长路的原因。"

老人问："你们家在哪里，走了多少路？"士元告诉老人家，他们的家在横埠东边的黄山村，距离桐城一百多里路。他们走了两天一夜，现在想住宿却没有房间了，只好在这里过夜了。

老人问："你们露宿外面就不怕吗？"

黄位中突然笑了，说："老人家，我们俩昨天在深山里路上遇到豹子拦路，又遇到野猪群拦着小溪，晚上住在无人的破庙里，还有什么比那些更叫人怕的？"

老人惊讶道："真的遇到那些了？"

两人同时道："是的。"

老人叹息道："好孩子，有出息，有志气！"老人叫他们跟自己走。两人惊讶，站立不动。老人回头道："怎么，不相信我吗？"

士元笑道："不是，好，我们跟您走。"

士元与黄位中提起行李跟着老人走。

老人进入这家饭店，两人惊讶，但是又不敢问，跟着老人七拐八弯深入饭店内，来到一个比较偏僻的小屋子前。老人打开锁，点燃油灯。老人让他们进屋。进了屋，他们才看清，这里是一间独居室，里面除了几样必备的家具和用品外，就是一张能够两三人睡的木床和一张小躺椅。老人让他们放下行李，坐到床上，脱下鞋袜。两人有些不解，只好按照老人所说脱下鞋袜。老人手拿着

少年黄镇

油灯，蹲下身子查看。只听老人惊愕出声，怜惜道："孩子啊，真是难为你们了，你们家大大妈妈要是看见你们脚板成这个样子，还不晓得有多心疼呢！这么多血泡，我还从来没看到过，难怪你们俩在外边站起来时候那样痛苦。"

士元笑道："没事了，老爷爷。我们能忍。"

老人连连点头，动情道："好好好，就冲你这句能忍，就晓得你是个能吃苦的孩子，能吃得苦中苦，方为人上人啊！你们俩一定能考中。别人家都是大人前呼后拥地送孩子到学校考试，你们俩小小的年纪就……还走了那么远的路，还差点……唉，确实是好孩子。你们等等，先洗脚，我给你们挑血泡。不要讲话，坐着等着。"老人不等他们说话，将油灯放小桌上，转身出门。两人互相看着，都感觉遇上了贵人了。他们也实在太累了，连说话都觉得负担，老实地坐着等待。

过了不久，老人端着一盆热水进来，放下木盆，让他们将脚放到水里泡着。老人从抽屉里拿出穿了线的大针给他们挑血泡。老人眼里含着眼泪，边挑血泡边擦眼睛。挑完血泡，老人嘱咐他们不要穿袜子上床，先睡会儿，他给两人弄饭吃。士元他们不知道说什么好，连声道谢。士元问老人姓名，老人只说自己姓夏，人家叫他夏老头，但老人不肯说名字，也不说自己的事。士元他们不好多问。老人叫他们不要多说话，先休息，再吃饭，然后洗澡。两人只好遵照老人的安排上床进入被窝。

他们很快睡着，是老人叫醒他们。老人给他们端来了热乎的饭菜，两人不再说多余的话，顺着老人的意思吃饭。老人坐在一边，看着他们狼吞虎咽，眼里满是怜爱，等他们吃完后再打来热水洗澡。

两人在感动里完成这一切，没有了睡意。老人让他们赶快睡觉，自己则躺在一张躺椅里，不停地抽烟、喝水，还给他们讲桐城派创始人著名学者方苞、戴名世少年求学的故事来鼓励他们。两人听着听着，呼呼地进入了甜蜜的梦乡。

4 / 喜录桐中

第二天一早，老人喊他们起来。两人起来一看，躺椅上有被子，地上落了很多烟蒂。老人晚上就躺在躺椅上睡觉，而将床让给他们睡。再一看，桌子上放好了粥、油条和大饼，还有脸盆里冒着热气的水。

两人眼泪止不住流出。老人看到了，笑呵呵道："傻孩子，快点起来洗脸吃早饭，要不然就要迟到了。"

士元擦一把眼睛道："好，我们起床。"

两人快速起床，洗脸吃早饭。老人坐在一边抽着香烟，看着他们微笑，那眼神就像看着他最亲爱的孩子那样慈祥。

吃过早饭，老人让他们跟他走。

士元问："夏爷爷，我们带上行李吧？"

夏爷爷不悦道："怕我扣着不给你们？"

黄位中道："不是不是。"

士元道："那好，我们跟您走。"

夏爷爷笑了，说："这就对了，以后，要是你们有困难就来找我。我们马上走。"

由夏爷爷带着，他们很快来到考点。考点设在桐中内。校园里到处都是人。夏爷爷问明了他们在几考场，再次领着他们寻找。老人不断问人，终于在最后一排砖瓦房一个教室门口找到了属于他们俩的考场。夏爷爷像吩咐最亲的人那样吩咐他们俩不用着急，要好好考，凭你们俩的那个志气一定能考中的，说他在家里等着他们，殷殷之情溢于言表。两人不知道说什么好，连平时能说会道的士元都说不出话来，眼泪成串滴落。夏爷爷小声埋怨他们："瞧，这么多人看着，赶快不要哭了。我走了，等着你们的好消息。"夏爷爷突然转身大步走去。夏爷爷是不想再让他们心里难受。

预备铃声响，熙熙攘攘的人群逐渐平静。每个考场都有两老师，开了门，让考生排好队，一个一个地勘验准考证，放考生入场。旁边站着送考的家长。士元和黄位中站在考生队伍里显得分外显眼，因为所有的考生衣着光鲜精神抖擞，只有他们俩衣着寒酸，还用针线缝补着。昨晚，夏爷爷乘着他们熟睡时候亲手就着昏黄的油灯缝补的。脸上尽显菜色，只是他们俩英俊挺拔，看上去不输他人。黄位中看着自己和士元都是一身土布大褂，寒碜极了，不禁嘀咕道："这些有钱有势的人，考不上也能走门路。我们算白跑了这一趟。"

士元理直气壮满怀信心地说："人不可相貌，海水不可斗量。别看有钱人阔气，往往是金玉其外，败絮其中。听说桐中校风正，重在人才。我俩一定要冷静，凭真本事，考出好成绩，让族人高兴。"黄位中觉得有道理，心情也平静下来。他们随后进入考场。

一入考场，所有考生顿时换了一个人，没有一个人说话，都在等待着发卷考试。考场静得出奇。根据规定上午考国文，下午考算学。

士元和黄位中只是在等待中有些紧张，一旦国文试卷发到手，看了一遍后，两人都先后进入答卷中，忘记了所有的一切。两人似乎都是一口气答完试卷。士元最先停笔，抬头看看考场，所有考生还在埋头答卷，嘴角浮现出了一丝微笑。一个监考老师走到士元身边弯腰轻声问士元怎么了。士元小声告诉老师说自己考完了。老师有点不相信说："才开考不到一个小时，作文做了吗？"士元翻开考卷指着写好的作文给老师看。老师看了一眼，又拿起考卷重新细看。看完，盯着士元，似乎是感到不可思议。士元有些惊讶。老师放下考卷，让他再检查一遍，走到讲台和另一位老师小声说话。那个老师也看着士元，一脸惊讶。

士元重新仔细检查了一遍试卷，觉得实在没有问题了，按照考试规定将考卷翻过来放置桌面。此时，坐在斜侧面的黄位中抬头看着士元。士元朝他微笑点头，站起来离开教室。

从考场出来，士元不免轻松了许多。此刻，整个考试区域内没有一个家长和考生。他是第一个离开考场的考生。巡视的老师误以为他在考试的时候出了什么问题，上前问他怎么回事。士元说自己考完了。老师有点不相信，看过准考证后，让他不要走，自己小跑着去士元的考场。时间不长，便跑回来，笑着向士元伸出手道："黄士元同学，祝贺你，你是这次考试最先结束的人。"士元笑着和老师握手。

由于考试区域不准人员停留，士元来到学校大门口准备等黄位中。他走到门口，大铁门对面黑压压挤满了送考的家长。这些家长看到士元一个人出来，都感到十分惊讶。士元避开疑惑的目光，站在门旁静静等待。大约等了半小时，黄位中也兴冲冲走来。两人高兴地互相询问，得知他们的答案基本一致。对于不同的地方，士元没有当场细说，怕影响黄位中的情绪。两人随后从有人把守的小门出了学校。

来到街上，两人犹如两只出笼的小鸟，欢快无比，小跑着回到夏爷爷的房间。他们要第一时间把考试情况告诉夏爷爷。

夏爷爷正在屋外一个搭建的简易的巴掌大的棚子里给他们做饭，听到他们的报告，非常高兴，连忙叫他们不要多说，进屋睡觉，蓄养精神。

下午的算学，他们俩几乎同时考完，很早交卷。心情很好的他们在街上转了一圈，才回到夏爷爷的住处。夏爷爷听后很高兴，听说他们要连夜赶回老家，制止道："桐中很快就放榜的，你们应该等放榜后回家。"两人商量了一番，决定听从夏爷爷的安排。

桐中办事效率很高，上午的考卷下午就评改出来了。算学试卷也连夜改好，评定出来。

第二天，一早就有人说学校放榜了。两人听说，顾不得洗脸，便赶去学校看榜。此时，听到消息前来看榜的学生和家长将榜单张贴的地方围得水泄不通。他们俩只能站在人群外焦急。正在此时，两个老师在对面公告栏里张贴什么。他们俩跑过去一看，原来是桐中的公告。公告上说因为此次参加考试的人数过多，为了慎重起见，决定所有考生再进行复考。复考时间就定在明天，准考证还是原来的，有遗失的赶快到教务处办理新的。

士元笑道："还是夏爷爷高明，我们要是昨晚回去了，可就白忙乎了。"

黄位中道："就是，夏爷爷见多识广，听他的话没错。"

两人从榜单中间看去，此时看中间的人比较少点。可是一路看下去，他们俩心里紧张起来。他们看了五六张榜单就是没有看到他们俩的名字。士元道："干脆，从头看。"

黄位中道："可能吗，这么多人？"

士元道："不要这么没有信心，走。"拉着黄位中挤进前面人群里。士元一眼就看到自己的名字，居然高中了第五。他有点不敢相信，揉揉眼睛再看，却叫来看榜单的家长给挤走。黄位中同样被人挤出来，他还没有看到自己名字，急得什么似的。士元安慰道："别急，等他们看完了再看，好饭不怕晚。"黄位中只好耐着性子等待。

等到半上午，看榜的人渐渐减少，两人终于看清各自的名字和考试成绩位次。士元第五，黄位中第十一。两人高兴异常，担忧、委屈叫兴奋代替。

复试中，士元考了第七，黄位中第十三。入学后，士元才从美术老师那里听到预考成绩情况。在一千多份考卷中，黄士元考了第五，黄位中考了第十一。这个第五和第一的分数相差不过四分，还是因为答卷的字体大了点，叫阅卷老师给扣了两分。此外，作文有些内容言辞激烈，老师觉得不够平和，又被扣掉了三分。两人算学都是满分。复考，士元是第二，但是后来报到教务处莫名地变成了第七，黄位中陪着降到第十三，两人同时下降两个名次。老师让他们不要放在心上。

正式放榜后，夏爷爷听到他们俩都高中了，高兴得不得了，握住两人的小手说："我早就说，你们有志气，有出息。你们看我这老头子会看人吧！"此后，老人逢人就夸他们俩有出息。

他们谢过夏爷爷，将行李等寄存在夏爷爷屋里，只在街上买了够他们吃两天的烧饼，就立马动身回家。夏爷爷送他们出了城关，嘱咐他们一路小心。他们谢过快步行进，边走边吃烧饼。

回到横埠，两个后生考上桐中的消息不胫而走，不仅两家人喜气洋洋，乡亲们也都为他们高兴。族长听说后特地赶来祝贺，正好黄位中也在士元家。族长黄鲁山掏出几块银圆亲手交给黄位中道："这个是我们族中筹措的，希望你好好读书，为家族增光。"黄位中感动得哭了，表示一定不辜负希望，好好读书。黄鲁山慈祥地笑道："好孩子，真争气。"拉过士元的手道："士元啊，振兴黄氏家族就靠你们了。"

士元正色道："放心，族长爷爷，绝不辜负家族的希望!"

5 / 　锋芒初露

桐中前身是吴汝纶于1902年创办的新式学堂。吴汝纶是桐城人，桐城派后期作家，曾国藩四大弟子之一，同治年间进士，官冀州知州。后充京师大学堂教习，赴日本考察过学制。因支持孙中山，被召回国，寓居安庆，借巡抚衙门南院，筹建桐城学堂。他创办学堂时，曾题"勉成国器"四个子，勉励到这里来求学的学子。经过五四运动，这里已成为桐城一带传播新文化的摇篮。学校内古木参天，环境优美，重要的是教学质量不仅在安徽，乃至在全国都享有盛誉，很多学子慕名远道而来。

桐城作为历史悠久的文化古城，拥有许多名胜古迹，如文庙、六尺巷、左公祠、谷林寺、试剑岭、披雪瀑、吴樾故居等，可供游览凭吊；附近龙眠山林木葱茏，风光秀丽，历来是文人聚会之地，令人景仰；最负盛名的是桐城派之风气，自方苞之后，刘大櫆、姚鼐都是桐城（今铜陵市枞阳县）人。吴汝纶则是桐城派后期传人，桐中又是在桐城派的故乡。因此，这里读书求学的氛围特别浓厚。

开学之日，士元仍和黄位中一道上学。

他们俩背了十斤香油、十斤花生作为礼物，感谢夏爷爷。夏爷爷一边表示感谢，一边告诫他们今后不要这样做，并和他们约定，以后凡是遇到生活上困难可随时来找他。夏爷爷再次送他们进学校，住进寝室，嘱咐了好多话才依依不舍地离开。

第一次过大规模的集体生活，让士元他们俩兴奋不已。其他同学和他们的心情基本一样。大家见面很快熟稔，互相道姓名说家乡，兴奋不已。

上午安顿好，下午参加学校的开学典礼。由于士元和黄位中考试排名靠前，被请到会场第一排就座。第一排坐着的都是这次录取的前二十名学生。

此时的桐中校长是新派人物孙闻园。孙闻园讲话激励人心，其中特地指出黄士元和黄位中两人百里赴桐城赶考的事迹，号召同学们像他们那样肯吃苦，努力学习，最终学有所成。孙校长还特地请黄士元和黄位中两人登台亮相。因此，士元和黄位中一下子成了桐中的楷模，人人瞩目的对象。这可是连他们自己都没有想到的。

开学典礼后，士元和黄位中分到两个不同班级。此后，他们见面机会相对来说少了很多，但是感情依旧。

士元在新的班级里，大家不免重新相识，气氛友好。在新班级里不爱说话的方苞后人方向明和淳朴的武继周成了士元日后最要好的同学和朋友。班主任老师为了融和新同学的关系开了"同乐会"，目的是让同学之间互相认识，增进友谊。"同乐会"上，除了让同学们各自自我介绍外，还让大家表演节目。

士元在这次活动中最活跃，他一个人表演了三个节目，一个是黄梅戏《观灯》选段，一个是京剧《铡美案》中包拯的唱段，最后表演了拿手的独创的"板凳花"。黄梅戏《观灯》那种戏谑情态叫士元模仿得惟妙惟肖，师生们无不捧腹大笑。《铡美案》包拯的唱段庄严凝重，士元把包拯冒死秉公执法、主持公平正义的形象表现得淋漓尽致，获得满堂喝彩。最后手舞的独门绝活"板凳花"令人眼花缭乱，一只小板凳在士元手里随着手指滴溜溜地转动，还围绕着脑袋、身体上下抛接，前后翻飞。士元时而就地翻滚；时而手脚支地胸腹抬高形成拱桥，小板凳穿桥飞越，转动不停；时而将小板凳高抛空中，身体就地前滚翻，伸手空中接住小板凳，转动依旧。这一切让师生看得目瞪口呆，竟然忘记了叫好和鼓掌。一趟"板凳花"舞下来，士元脸颊绯红，气喘吁吁，但是面含微笑，手执小板凳拱手作礼。只听班主任老师大喝："好!"掌声和喝彩声爆响。在"同乐会"上，凭着自己的才能，士元初试锋芒，征服了全体师生。

此后，士元由于善于言谈交际，品行好，热心助人，与人为善，学习刻苦而且成绩优秀，深得同学喜爱和佩服，班主任更是依为股肱，委以班长重任。

方苞后人方向明此时家境贫困，一日三餐几乎都躲着同学们吃，不爱说话，不爱参加集体活动，但是学习刻苦，成绩很好。士元暗中观察，主动和方向明交朋友。得知方向明的家境和实际情况，发动有能力的同学们给予帮助。因此，方向明日后的生活得到很大改善，一改以前的沉默寡言，能够融入集体之中。方向明把士元看成自己最要好的同学和朋友，士元也将方向明看成挚友。

士元的所作所为不仅获得了班主任和授课老师赞赏，连其他班级的老师都知道新生里有一个叫黄士元的优秀学生。那些班主任很是妒忌，但是他们一旦和士元接触都很快喜欢上了士元。校长孙闻园和教务主任朱伯建都将士元视为桐中的骄傲。

在新学期的第一期校园墙报上，刊载有一篇小通讯，内容是写黄士元和黄位中百里赶考的故事。文章结尾有一小诗赞曰：

东乡少年志气豪，驰骋百里试宝刀。

金榜题名识雏凤，国之栋梁乃尔曹。

6 / 惜时如金

士元进入桐中后更加发奋读书，特别珍惜时间，并且善于安排时间。他和黄位中制定了一个共同遵守的作息时间表。

早晨

5∶00—5∶10　起床、洗漱

5∶10—5∶40　早操或跑步

5∶45—7∶00　早读

7∶00—7∶30　早餐、交流

7∶30—7∶25　处理个人或者同学之间的事务

8∶00—11∶30　上课

11∶30—12∶00　午餐、交流

下午

12∶00—1∶00　午睡

1∶00—1∶50　作业

2∶00—4∶00　上课

4∶00—5∶00　兴趣课

5∶00—5∶30　晚餐

晚间

5∶30—6∶10　锻炼或出校办事

6∶10—8∶30　晚自习

8∶30—8∶50　自由活动或处理事务

8∶50—11∶30　个人兴趣发展

后来由于学校安排了统一作息时间表，上述时间表各节点有所变动，但是项目没有改变，而且严格按照作息时间表执行。可以说士元是个惜时如今的高手，也是时间的吝啬者。

班级事务大多数在就餐时间完成，课余时间在最爱的爱晚亭诵读，晚自习多数在图书馆里度过，兴趣课多在画室里进行，自由活动多在运动场跑步或者在篮球场打球。士元从没有一天放松，也没有一天偷懒，很少误点，这点同学们最佩服，戏称他是一架准时的闹钟。

夏爷爷那里是士元经常去的地方，每次去都要和老人说说自己的学习和生活情况。从谈话里，士元知道夏爷爷是个孤寡老人，无儿无女，年轻时候读过书，还进行过诗词和旧体小说写作，去过大上海，见过大世面，由于生活的颠簸，最终没有成就自己的理想。后来，由于夏爷爷最爱的一个歌女不幸死亡，他对什么都心灰意冷，决意终身不娶，漂泊了大半生，最后回到家乡桐城进入远房亲戚开的这家"兴隆"饭店做了一个看护兼杂工。但是夏爷爷的文学情结依然留存，对于像士元这样争气又有前途的学子很爱惜。夏爷爷把士元和黄位中当作自己的孩子看待，也把他们当成自己未能完成的寄托，愿意倾力帮助。士元和黄位中得知这些情况，隔三岔五地总来夏爷爷的住处和老人交谈，一来汇报自己的情况，二来关心宽慰老人。每次来，老人都格外开心，像是自己过节似的，为他们忙这忙那。士元制止，说要是这样他们以后就不再过来了。

尽管和老人谈得很开心，但是时间一到，士元就马上站起来告辞，说要立即回学校。开始老人不高兴，等士元解释清楚，在经过多次验证后，发现士元非常守时就不再责怪，反而生出无限喜爱，常常在士元走后叹息道："我年轻时候要是这样，何愁大事不成，又怎么能落得现在这副潦倒的模样。"

在外诵读时，常会遇到高年级男女同学谈恋爱的场合，士元总是避开他们，于行人稀少处继续他的诵读。

士元惜时如金，但是也有例外。逢上节假日，士元有时会邀请三五好友游览桐城周边地区的名胜，往往一玩就是一整天。

上初中后，学校开设了正式的西洋画课程，士元非常感兴趣，作画认真。

如果遇到外出游玩，他总是背着画夹随行。遇到好景致或者是好构图，立马停下来就地展开画夹画速写。因此常被同学们戏称是"葛朗台第二"。士元总是笑呵呵地接受，还自嘲道："有人是偷情的高手，我只做偷时间的'盗贼'。"

有一次，一个同学得了急性阑尾炎。士元和同学们紧急地将他送进桐城医院，同时让几个同学一道连夜赶往三十多里外的这个同学家里通知其家人。士元和两个同学忙活了大半个晚上，等这个同学做完手术，让其他同学回去，自己独自守着，直等到天色微亮，家人赶来才离开。回去后也没有就寝，用冷水洗把脸，拿起笔做完拖下来的作业。中午休息的时间也取消了，继续追回昨晚耽误的时间。下午放学后的例行自由活动也被取消，还是在补偿丢失的时间。就是这样一直等废掉的时间被彻底追回，他才再次回到正常。有人让他不要如此严苛自己，时间有的是。士元正色道："虽然时间是无限的，但是个人的生命是有限的。一个人从出生开始就进入死亡的倒计时，所以我们不能浪费时间，一定要主宰时间。主宰时间就是主宰自己的生命，主宰自己的将来。"第三天，他又去医院探视同学，亲自给他补课（士元此时的学习成绩文理科发展平衡，成绩拔尖）。补课完了，士元让他做抄写好的作业，自己坐在床头自习，以备同学随时询问。家长看到十分感动，要给士元报酬。士元坚持不要，说："同学如兄弟，兄弟之间帮忙难道还要斤斤计较？"同学父亲说："士元同学啊，我儿子能够和你同学是他一生的好缘分，将来国家一定多一个前途无量的大才。"

士元说："哪里哪里，这些都是我应该做的，同学的事就是自己的事。"就这样，每天晚自习后，士元都来给同学补课，直到同学出院。

夏天蚊子多，很多同学做完了作业赶紧回寝室躲进蚊帐里。士元却从食堂师傅那里借来一只水桶，装上水，将双脚插进水桶里，这样蚊子就对他脚没有办法"下口"了。士元上身穿着长衣，脖子上围住毛巾，脸上用纸板做了一个假面具带着，四周贴上纸条，手背缠上破布，这样蚊子彻底对他没有办法。一个晚自习下来浑身湿透，但是，他仍然坚持，从不早退。往往到最后，教室里只有怪模怪样的士元在灯下自习。第一次，不知情的巡查老师看见了被吓了一跳，急忙叫来班主任，说他们班上出现鬼怪了。班主任也被吓着了，大着胆子在门外大喝问是谁。士元知道老师们误会了，赶紧摘下假面具，笑道："老师，是我，黄士元。"

两位老师这才放松下来，进入问士元为什么这样恶作剧。士元微笑道歉道："老师，是我冒失了。我不是有心的，这样，蚊子就干扰不了我了。"两位老师听了非常感动。那位被吓着的老师感叹道："黄士元同学，像你这个样子的，我还从来没有见到过，你真的让我刮目相看了。还是孟子说得好啊，要想成就自己，必先苦其心志，劳其筋骨，饿其体肤，动心忍性，磨炼自己，然后才能成就自己啊。我不知道孟子当初是不是能够达到你这样，我却有幸亲眼所见了。士元同学，就凭这样刻苦，这样能想办法，将来必将超越你所有的同学！"士元连说不敢当，这也是没有办法的办法。班主任含着眼泪亲自将假面具给士元重新戴上，还小心地将纸条蘸水封在假面具四周，拍拍士元的肩膀道："不要搞得太晚了，注意身体。"

士元答道："是，谢谢老师。"

两位老师为了不打扰士元自习，立即离开教室。在路上，两人感动得不得了。班主任老师道："还是寒门子弟刻苦啊！"巡查老师道："黄士元不是一般的刻苦可以界定的，他是无与伦比的刻苦。平常光听说黄士元是多么的优秀，我还只当是夸大的栽培，没想到居然如此……真正的楷模，真正的楷模啊！这样的学生就是我们桐中的灵魂所在，将来一定会留名青史。你我有幸成为这样学生的老师实在是荣幸至极！"

下自习后，士元没有浪费水桶里的水，就着还温热的水洗澡。回到寝室，那些同学们热得睡不着，还在聊天。他进来了，进入蚊帐后一会儿就睡着了。夜里不翻身，往往是人有多长，留在席子上的汗浸染出来的人形就有多长。

士元的做法感动了老师和学校领导。老师们在各自的班级宣传士元的事迹，后来不少刻苦的学生都学着士元的办法防备蚊子。一时间学校食堂的水桶不够用，士元想出用报纸围拢腿脚的办法。学校领导很支持，将看过的报纸挑选不重要的分发给那些刻苦的学生，供他们防御蚊子。后来，士元在外出中看到墙上贴着的过时海报、布告、标语等，都揭下来充作防蚊盾牌。

冬天，教室里寒冷异常，很多同学匆忙结束作业就早早离开，躲进被窝里看书。士元则坚持在教室里学习，实在冷得受不了时，站起来做俯卧撑或者在教室里快走等，通过剧烈运动暖和身体。等到身体暖和了重新坐下来学习。

当然，士元的所做所为也招来有些学生和老师的质疑，有人说他哗众取宠，也有人说他是少年心性，图一时之快，属于三分钟热情，过后波纹不显。士元听到这些，都付诸一笑，他要用持久的行动和优异的成绩来解释同学们的猜疑。大多数同学对他刻苦学习的精神表示敬佩，整个班级在他的带动下，学习风气正，成绩优。

7 /　　沙龙侠士

桐中校长孙闻园是个新派人物，他积极倡导进步，倡导文明，推崇科学民主和自由。因此，桐中不仅文化底蕴深厚，还具有传播新思想的风尚。为了培养学生开阔的视野、关注民生的态度和敢于质疑的精神，桐中创办了很多种课余兴趣小组、沙龙（二十世纪初，"沙龙"一词由留法人士传入中国成为时髦的社交方式）。这给士元提供了驰骋思想和寄托情感的"园地"，他很快成为"沙龙侠士"。

当时，有一个很活跃的"小我世界"兴趣小组，讨论个人和时代，个人与社会、国家的关系。创办者用意很好，想通过讨论让同学们提高认识，树立正确的人生观。可是，不久这个小组却被几个高年级学生把持，他们宣扬享乐、利己和庸俗的爱情观。黄位中等人反对，被几个高年级学生群起而攻之。黄位中非常生气，但也很无奈，找到士元告知情况。士元听后，约定下次与他一道参加讨论。

聚会于周末晚上进行。黄位中、士元等进入的时候讨论已经开始了。主讲是一个高年级男生。黄位中悄声告诉士元道:"他叫施淼,高二的。上次就他……"士元点头,几人悄悄坐在圈子外。施淼正在兴头上,继续道:"……我认为'人为财死,鸟为食亡'是从人性意义上,从人的根本上,阐明了人性本质,即人性本质是自私的,这是万古不变的定论,任何人力都无法改变!在世界范围,没有哪一种思想和制度不是自私的,只是形式不同,对象不同,表现方式不同而已。"黄位中听不下去,站起来要反驳,叫士元拉住。士元悄声道:"再听听。"黄位中的举动叫施淼看到,他指着黄位中,带有挑衅意味道:"你不是黄位中吗,刚才是不是想说话?好,给你说。坐下干什么?是不是面对如此高深的哲学问题觉得自己才智短缺?"那几个拥护他的同学一起哄笑。有人大声道:"既然想露脸,干吗又当缩头乌龟啊,哈哈哈!"

士元忍不住站起身来道:"各位,大家来到这里是为了探讨学识、交流思想、增进知识、提高认识的,请不要搞人身攻击!"施淼微惊,道:"哦,我以为怎么了,原来是请来了大名鼎鼎的黄士元啊!那好,黄士元,那就说说你对自私的高见吧,如果说不好可不能诬陷我们搞人身攻击!"

黄位中怒道:"请问什么叫缩头乌龟?怎么认定别人是不是搞人身攻击?"

施淼笑道:"缩头乌龟只是一个比喻而已,说明想出头却又不敢为之,岂能认为是人身攻击呢?如果你不想当缩头乌龟,那就请说吧!没人封了你的嘴巴。"有人起哄。黄位中想争辩,士元按住黄位中,微笑道:"话说得确实不好听。如果你们认为是合理的、好听的,那在家里你们的父母遇到类似情况,你们也会对父母这么比喻吗?"施淼语塞,盯着士元。大家都看着士元。施淼眼睛一转道:"不会。父母的智慧如高山大海,我等只能仰视。"

士元笑道:"哦,我知道了,能让你们仰视的人你们就尊敬,其他的就能肆意践踏!这个就是你刚才所说的自私理论的运用吧?"

施淼:"对!这个社会难道不是这样吗?这不是无数事实证明的真理吗?难道你还想推翻它吗?你有那个能力吗?"身边的学生再次哄笑。黄位中等气愤不平,士元用手势示意他们安静,面对施淼微笑道:"你是学长,我要尊敬你。你让我对自私发表看法，我不能推辞。推辞了就是不尊敬。"

施淼笑道："好好，你说！看你怎么推翻。"

士元微笑："我不想推翻什么，我只想说说我的看法，对与不对请学长和同学们指教。"

那个说黄位中是缩头乌龟的学生道："有话快说，啰唆什么！"

士元微笑道："好。你用'人为财死，鸟为食亡'和世界范围内的私有现象论证自私是亘古不变的真理。如果引申下去，就是私有和私有制存在的合理和必然，任何违逆由自私而生发的事件、制度都是不合理和反动的。是不是这个意思，学长？"

施淼看看士元，点头道："是。难道你还能推翻？现实社会就是如此，我们每天都在重复经历。"

士元微笑道："我认为自私是人类处于生存危机阶段时必需的，因为这个阶段下人类认识自然的能力和利用自然的能力有限，生存时刻受到自然的制约，自私带给他们的是维持保护和延续。"那个侮辱黄位中的学生大笑："你黄士元说了半天，不还是证明我们老施同学理论的正确性？既然没有新东西，还废什么话？"

士元微笑道："不然。我只是说自私是人类处于生存危机阶段时必需的，其他的还什么都没说。你也太心急了一点。现在，社会严重贫富不均，洋人肆意欺凌我们，从根本上说，就是自私作怪。自私就是为己不为人，弱肉强食。这个可是达尔文进化论里的观点。我也引用我们老祖宗的智慧来说明。《三字经》大家都读过，第一句就是'人之初，性本善'。我想在座的没有几个反对吧？"

施淼："性善和自私没有关系！"

士元说道："谬误！性善包括平等、爱人等诸多因素。如果人人都性善，自私就会失去存在的土壤。当然，那要等到社会发展到一个物质产品极大丰富的时代，人们的思想意识回归性善的时候。那时候，人们不再只为自己不为别人。其实，在我们的现实社会中，就存在和自私对立的事实，只是我们习以为常，没有注意到罢了。"众人看着士元，显得惊讶。

施淼反问道："那你说说和自私对立的事实。"

士元道："其实，这些事例很多。比如邻里间的互相帮助，路人给问路者指引路径，生活中其他一些平等待人、同情别人、关心别人、舍己为人等的小事，大家可以好好想想，看善是不是存在于我们生活的方方面面？这些优秀因素的潜移默化影响正在慢慢改变着自私，正在慢慢改变着我们的生活状况，最后自私终将留在历史长河里成为记忆！"士元说完，微笑着坐下。

众人一片沉寂，突然爆发出热烈的掌声。施淼在愣住几秒钟后，也跟着鼓掌。

有个学生站起道："停停停。"众人惊讶，掌声渐止。学生怒道："黄士元，你巧言令色，我就看不到没有人不自私的！"

"哦，那难怪你说话就会开口伤人了！这也从侧面证明自私存在的时间阶段性，还有自私会存在于低素质人群之间的必然性！"

施淼赶紧阻止他的冲动，道："黄士元，尽管你刚才所言还不能令我信服，但是，就你刚才思辨能力和见识而言，确实让我佩服。一个初中学生能够有如此见解力，你是我所见的第一人。另外，你在辩论中所表现出来的从容和气度更是让我们这些人自愧不如。还有在从容中的辛辣讽刺叫人哭笑不得，试问今日桐中，有几人能与黄士元比肩？难怪说黄士元很有侠士风度，今天我可是开了眼！"

说着他转过身来面对全体同学道："就叫黄士元'沙龙大侠'如何？"

有人高呼："好！"

众人齐道："沙龙大侠！"鼓掌声此起彼伏。从此，"沙龙大侠"成了士元在桐中的第一个绰号。

8 / 精力旺盛

士元的另一绰号叫"永动机"。

士元喜欢参加社会活动，但是这些活动基本安排在节假日里进行，就是纯粹游览名胜，士元都要带着问题去，还随时随地了解当地的民风民情。进行专项社会调查时，他总是事前做好详细的计划，罗列好调查的问题。调查时除了按照计划进行外，还能随时根据变化的情况做调整。调查时不是一般的走过场，而是将一个问题弄清楚后再进行下一个问题的查访。调查的时候能够根据调查对象的实际情况或者当地的具体情况做调整，有时候还帮人家干活，基本做到"到什么山唱什么歌"，"看菜吃饭，量体裁衣"。因此，他的社会调查成果颇丰，调查所得的资料真实性最高。孙闻园时常在国内大报发一些社会民情的文章，里面的相关方面材料有些就来源于士元的调查资料。

有一次，孙闻园交给士元一个调查"女人裹脚"的专题任务。孙闻园只给了一个题目，其他的什么都没有说。士元知道是孙校长有意为之，什么都没有问，回来做计划。士元首先确定调查范围，选定调查对象的年龄段、文化层次和所处的家庭地位及经济差异等。由于调查的涉及面广，涉及的问题多，士元动员了十几个同学参与，将他们分成两人一组。士元将自己制订再经过同学们讨论后的计划送给孙校长审阅。孙闻园看后很惊讶，说："考虑周全，既全面又深入。"孙闻园还赞赏士元发现问题和解决问题的综合能力是很多成人都缺乏的。

每次调查结束后，士元都要对所得材料进行梳理、分析，除了写出调查报告外，还写出自己的感受和启发类的文章，这些都会被刊登在成立不久的校报上。

尽管士元参加了很多活动和兴趣课，但是文化课一点也没有放松。

此时，桐中文化课除了传统的国文、数学以外，还设有物理、化学、地理、历史、自然、时事、美术、音乐、体育、德育和外语等。外语设有英语、日语和俄语，学生可从中选学一种。这么多的课程对很多学生来说就像一座座难以逾越的山峰，他们只能终日苦学苦读，基本抽不出多余的时间来从事其他的活动。在这些课程中，最让学生烦的就是外语。外语他们一开始感到新鲜，但是经过一段时间的学习后，光那些单词的背诵就让他们头疼。有些刻苦的同学连上厕所时都在嘴里默默地背诵单词，有人晚上睡在床上还在默写单词。除此之外，地理、历史中需要大量记忆的内容也叫他们不堪重负。

士元对这些背诵游刃有余，因为他的记忆力和背诵能力在私塾就显示出超人的能力。士元除了在课堂上记忆后，只需在晚自习中巩固一下就可以了，早读时候基本就是默诵验证。所以，凡是涉及记忆的课程对他来说很轻松，但是他没有轻视，总要求自己将这些内容熟记于心。

对于理科，士元的分析能力、推理能力和记忆能力帮助他比较轻松地掌握所学的课程。他的理科成绩一直保持在前三名，多数时间处于第一。不少同学自初二开始就出现偏科，而士元始终保持文理科的平衡发展，而且成绩特别优秀。

体育和美术，很多同学把他们当成附带的课程，重视不够，而士元却非常重视，重视的程度有时候还超过其他课程。

士元将体育当成强健身体和磨炼意志的手段，上体育课从来不马虎，总是细心领会老师说的和示范的要领。凡是体育项目都认真学习、认真练习。每天的锻炼以中长跑为主，课间休息，只要有时间不忘举几下杠铃，或者拉吊环，或者上单双杠做几个动作。下午的兴趣课前总要去操场跳远或者跳高，睡觉前或者起床后忘不了在床上做几十个俯卧撑。每次外出游览或者写生都要顺带着练习中长跑。他告诉同学们这样好处，既锻炼了身体，又缩短了到达的路程、赚了时间。他玩篮球，除了在手指上滴溜溜转动外，篮球还能围绕着身体、四肢上下翻飞，旋转不停。当然，这些得益于他的绝活"板凳花"。

美术课开设了中国画和油画两类，大部分同学不予重视。士元却非常重视，这是因为士元从小就喜欢绘画，小学老师杨绳武的培养为他奠定了中国画笔法基础和扎实的基本功。一方面，他继续加强对中国画技法的吸纳，努力提高绘画水平；另一方面，他也十分重视对油画的学习。由于西洋画对他来说是一个新画种，因此，他所用的学习时间超过了中国画。他认真画素描，反复练速写、临摹。

画油画需要购买颜料。士元通过夏爷爷的关系，在饭店打临时工挣几个小钱，并从自己本来不多的伙食费和书费里省出一点买颜料。教美术的高老师的房间和画室是他常去的地方。渐渐地，士元和高老师建立了亦师亦友的关系。

除了体育、美术不怎么受学生重视外，自然和德育课也被很多同学列入不被重视的课程。但是在士元这里，根本没有主课和副课之分，他认为世界上万事万物都有规律，学生就是要了解和掌握这些规律，否则我们还学什么？任何知识都有用处，今天不会用到，不等于以后不会用到；现在不需要，将来未必不需要。

在学习上，士元不仅自己学习，对那些肯学习却又有困难的同学都会伸出热情之手。这是士元在小学就养成了的习惯。进入中学后，他依然帮助和带动了不少同学。在他的帮助和带动下，至少有五个同学摆脱了困境。

对于一些学生来说，时间总是比较富裕的，而士元却是常常感到不够用。但是士元会合理利用时间，会挤时间，还会切割时间。

在桐中学习期间，士元一直保持旺盛的精力和各种事物的兴趣，不偏废不停顿，是架永不停歇的"永动机"。

9 /　　修建公园

一九二三年秋，校长孙闻园提出将校门前的荒废的垃圾场改建为公园的设想。那年，士元已经十四岁了，农家出身的他正想着如何用自己的力气和能力为社会办事呢。他获知这个消息，先和方向明、伍继周、黄位中等几位同学私下商量接手修建公园的事情，大家都十分赞同。黄位中说，要干就完全由他们自己独立干，用不着学校参与其中。黄位中的意思是脱离校方的控制，独立自主地展示学生的能力。士元没有表态，让大家发表意见。方向明和伍继周表示反对，理由是这个公园是学校的，光靠学生自己干，学校是不会同意的，也很难干成。士元综合他们的意见，提出自己的看法，认为要在学校的领导下，以学生为主体，利用闲暇时间来修建公园。大家都很赞成士元的打算，从而在思想上达成了统一。

士元乘着放晚学的时间直接去了校长室，汇报了他们对修建公园的看法，提出由学校领导，以学生作为施工主体来修建公园。孙闻园自然很高兴，把自己的担心提出，士元一一给予回应。于是，孙闻园决定当晚召开校务会议，并邀请士元参加。士元愉快地答应下来。

孙闻园在校务会一开始就说明请学生代表参与讨论修建公园的事情，说修建公园势在必行，请大家发表意见。反对者提出他们的主张。孙校长问士元有什么看法。

坐在末座的士元微笑着站起来道："各位校领导、各位老师，学生以为校长的提议很好。第一，学校给了一次让我们学生劳动和锻炼的机会，也就是参与社会实践的机会，让我们尽快成长；第二，我们将来都是要离开学校的，能够在学校期间尽我们的努力为母校做点事情是我们的荣幸，也是增强我们爱母校的感情；第三，我在这个平行班算是年纪最小的之一，但我是干农家活长大的，对于干活我基本是内行，何况那些比我大的同学，他们应该更具备劳动能力；第四，至于公园的设计，我想我们学校老师一定能设计好的。如果可能，希望我们学生也可以参与设计，表达我们对学校的热爱；第五，我们可以将修建公园的时间放在节假日进行，不会影响我们的学习；第六，社会上如果有人说闲话，我们可以说，我们是出自自愿的，想为将来的母校做点事情，不枉我们接受母校教育多年；第七，由我们建设，学校不用花钱，将可能用于公园修建的钱用到教学上，那样不是更好吗？那也是方方面面所期待的；第八，公园构筑可以体现我们学生的设想，就是我们离开学校了，以后回来看看公园会特别亲切，老师们看到也会高兴的，那毕竟是你们学生的劳动成果，是你们学生表达对母校和老师们的一份情谊啊。"士元说得很动情，似乎是一口气说完的。

这时，会议室突然爆发热烈掌声。士元鞠躬道谢。掌声停歇，老师迫不及待地站起来握住士元的手，动情地说："黄士元同学，了不起，太了不起了！

你的思维，你的口才，尤其是对学校的这份感情，让我们这些老师感动。"他们对孙校长道："孙校长，我赞同由学生担任主角修建公园。"会议室再次爆发热烈的掌声。

会议最后决定，由校长、老师和士元共同设计公园图纸，士元领头组织施工队，准备材料和工具。

在设计上，士元提议在公园里造地图模型，将清水引入公园，修建的假山上设置有寓意的雕塑。他的提议得到校长和老师们的赞成。提出设计建议后，士元回来找黄位中和方向明等商量组织工程队的事情。黄位中提出由各班干过活的大龄学生组成。方向明则提出每个班各出十个人，轮换投入工程，说这样每个同学都有经历。士元综合他们的意见说："工程分两期进行，第一期清理场地，可以让所有同学参加，可以采取轮换制。等清理完毕，还是抽调有能力的同学进行，毕竟修建公园的活不是每个人都能胜任的。"两人觉得士元考虑周全。随后他们三人分头通知其他班班长开会。

会上确定每个班抽五人参加工程，如果有合适的可以抽六人。最后六个平行班一共抽调三十余人正式组成施工队。士元被推选为队长，黄位中和刘全有担任副队长。将三十几人分成三组，士元、黄位中和李全友分别担任一个小组组长。工具由家在桐城本地的同学负责筹借。此时，设计图的初稿已经完成，士元提出一些修正意见，并亲自设计了假山及某些雕塑，得到大家的一致认可。

经过学校的动员会，士元他们领着第一批同学进入学校门前清理垃圾。他们将整个场地划分成六块，每个班负责一块。让体力弱的学生负责装垃圾，体力好的学生负责挑垃圾。那些娇柔的女生没一会就喊累。士元鼓励她们，让她们慢点，不要急于一次完成。女生开玩笑地问士元，要是我们干完了，总队长有什么犒赏？士元呵呵笑道："肯定有，现在保密。"

高个子女生赵子晴道："切，还保密。黄士元，我不要什么犒赏，哪天你有空，给我画个素描可好？"士元看看赵子晴，笑道："那要看有没有时间了。"

"哎，你个黄士元，就这么一个小小的要求你都不答应啊？真是抠门！"赵子晴道。

另一个大眼睛女生闪着大眼睛笑道："黄士元，你傻啊，我们赵姐这可是信号哎？"

刚刚走来的黄位中呵呵笑道："什么信号啊？谁给谁发信号啊？说来听听啊。"

赵子晴恼怒着要追打大眼睛女生，几个女生笑着拦住。士元乘机开溜。这么一闹，女生都开心起来，接着装垃圾。一个上午清理大半垃圾。

中午休息的时候，士元召集黄位中和李全友议事。士元说："看来，我们对同学的干劲和热情估计不足，本来准备两个星期日时间完成的劳动量今天下午就能完成了。"两人都肯定这个判断。李全友说："如果今天下午完成了，那第二批、第三批同学不就不能尽心意了吗？"

黄位中道："这个还真是问题，要不立即通知家住附近的同学赶来下午接着干？"

士元笑道："不行，家在本地的同学不是太多，让他们干了，其他同学知道了一定很有意见。"

黄位中道："那怎么办，你总不能不让他们尽一份心意吧？"

士元道："要不这样，第二期的平整场地的事情让后面的所有同学都上。"

李全友道："这个办法好！"

下午果然如士元所料，不到五点全部垃圾就清理完毕了。大家欢笑着回到宿舍。士元来不及洗脸，拿上画夹赶到被清空的场地，他要用手中的画笔记录下场地最后的情形。士元将画夹支在学校门对面的一处小树林里，对照场地，专心画场地的速写。速写很快画好了，士元长长松了一口气，仿佛完成了一件得意之作。没想到这时背后响起一个清脆的女声："哟，真是大画家的手笔，这么快啊？"

士元一惊，回头看到赵子晴笑微微地走来，眼睛里蓄满了柔和的色彩。赵子晴微笑道："怎么了，黄大画家，不认识我了吗？我是三六班的，姓赵，叫赵子晴。"

士元笑道："赵姐，你好。"

赵子晴道："谁是你的赵姐啊？"

士元道："上午，你们班同学不是那么叫你吗？"

赵子晴笑道："她们的话你也听啊。哦，不说这些了，大画家，现在有空吗？"原来赵子晴还将上午的话当真了。士元微笑道："好，我们那边去。"

士元还真给赵子晴画了一张漂亮的素描。

后期的施工很顺利。三十几个人热情十分高涨，干劲十足，没有一个人说累。由于士元的合理组织和大家的积极参与，原本准备在年底前完工开年后开启公园的计划大大地提前了，年终一个完整的公园呈现在人们面前。

从校门开始，一条马路直通街道将公园分成东西两块。在路两边紧挨着分别建成的桐城县、中国和世界地形图，意在直观教学，使大家了解地理知识，蕴含爱乡土爱祖国放眼世界之意。东区砌台阶，竖华表，挖水池，造假山。水池通小溪，清澈见底，池中竖立锌管，上端设置鹬和蚌，水从鹬的嘴里和蚌壳中喷出，相对舞动，有相争之势，栩栩如生，是以"鹬蚌相争，渔翁得利"之喻警示，寓意当年军阀混战，民不聊生，强邻窥视，国有危机。假山由石头筑城，山路呈螺旋式上升，顶峰竖立大理石，刻有"劳工神圣"四个大字，涂上红漆，字迹更加清晰，寓意"劳动创造了世界"。

10 /　　艺术才华

桐中开设美术课主要是为了让学生开阔视野，培养兴趣，以期提高素质，因此平时不考试，只在期末才要求学生作画进行评分。美术课开设的西洋画，主要指导学生画油画。画油画必须以过硬的素描功底为基础，绘画者需要很好地掌握人体、物品的各部分比例，光影对人和物体的投影关系，有了这些基础，学习者还要学习写生。

由于当时大多数学生认为美术不是主课，对上美术课都不够重视，而士元却非常认真。士元重视西洋画来自从小对美术的爱好，他把西洋画当作一门有用的艺术。对于老师说的光的投影、物体比例等基础性知识，别的同学听了只当耳旁风，士元却认真地做笔记。开始素描练习时，士元的静态临摹画得最好，不管是从比例分配、各部分投影分布，还是明暗处理都十分到位。高老师看他临摹后还怀疑他原来是不是学过。得知士元从来没有学过，他感到十分惊讶，断定士元如果将画画作为他的主要发展方向，一定大有成就。

有一次速写课，高老师让同学们画他挂在黑板上的人物头像。高老师笑着说："黄士元，我给你当模特儿，你敢不敢画我的人物头像？"

士元微笑道："老师，如果我画得不好，您可不要责怪。"

"没事，画丑了不要你负责，我本来就长得困难嘛。但是，你可不能将我美化了，要是美化了，那就是在寒碜我了。"高老师自嘲道。同学们哄然大笑。士元身旁的方向明小声道："士元，还是画黑板上的吧，要是把高老师画走形了，高老师心里肯定不舒服。"

士元小声道："没事。"

方向明惊讶道："你真有把握吗？"

士元微笑道："画过了不就知道了吗？"

高老师微微侧着身体，问："准备好了吗？"

士元道："好了，老师。"

"那就开始，不要再说话了。"

同学们投来各种眼光。士元不理睬那些目光，专心画高老师的肖像。高老师一直保持着坐姿。士元在画纸上运笔如飞，时间不大说画好了。同学们惊愕，高老师也不相信，让他再好好审查。士元对照高老师仔细看了一遍确认画好了。

高老师站起来朝士元走来，道："我还是不敢相信，一幅人物图像，对你们初学者来说，一堂课画好就不错了，怎么你——"高老师突然停住，因为高老师看到士元画的肖像栩栩如生，赶紧拿过了细看，再看看士元。士元脸上显出惶惑。高老师没有说话，拿上画走回讲台坐下，将士元的肖像画放置讲台仔细看着。方向明小声说："看来有问题，高老师可是一句话都没有说啊。"士元低下头没有说话，手里的笔不停地在画着挂在黑板上的人物头像。直到下课，高老师也没有对士元说一句话。

士元闷闷不乐地走进寝室，躺在床上。这可是他到桐中之后的第一次表现失常。方向明开玩笑说士元也有脆弱的时候。士元笑笑说："不是，我是在懊悔自己过于自信了。"他们正在说着，只听伍继周在寝室外边大声道："黄士元，你中状元了！"士元和方向明大惊。寝室里其他同学问什么状元。刚进寝室的伍继周一脸兴奋道："士元的人物肖像得了冠军了，这不就是中状元了吗？"

"真的？"好几个声音同时道。

"骗你们有用吗？要是不相信，你们可以去学校办公室门口看看。他画的高老师肖像张贴在门口展示呢。"伍继周看着士元笑。方向明拉起士元道："走，看看去。"

办公室门口聚集了很多人，有学生，也有老师。士元停下道："你们去，我就不去了。"

伍继周惊问："为什么，那可是好事啊！"

方向明道："算了，这叫回避。我们走。"方向明和其他同学朝办公室走去。士元走向食堂。

办公室门口人头攒动。很多人称赞画得真像，就像照片一样。有个老师道："这个黄士元还真是了不起，将来肯定是个大画家。"另一个老师说："幸亏我们学校开设了美术课，要不然像黄士元这样的天才很可能被埋没了。"

这下子，全学校的人都知道黄士元的画画得好。士元第一次成了大家心里的名人。

到学期期末考试时，高老师美术课要求学生画一幅画作为评分的依据。同寝室的同学都央求士元替他们画。士元本不想画，要是画了就是作弊。方向明私下说："这个也不记入成绩，谈不上作弊，你要是不画，大家心里可不高兴了。只要将范围严格控制在同寝室人和几个私密好友之间不就可以了吗？还有，你也不要认真画，认真画了，老师会看出来的，达到一般水平不就将问题解决了吗？你画得也快，用不了多少时间。"士元想想也对，说让他们严格保密，不能扩散。大家保证坚决不向外面透露。士元为他们每个人画了一幅肖像画。

士元的肖像画画得好，静物画也画得好。他的中国画在这期间也得到长足的进步，更为成熟，水平很高。高老师认为士元的国画已经达到举办画展的水平了，这让士元信心倍增，更加喜爱绘画。

士元的中国画常画的还是梅和菊，在他寝室的墙壁上贴满了"喜鹊登梅"等画稿。高老师自认在这方面画不过士元。在学校范围内，无人不知道黄士元是画梅和菊的高手，因此，常有老师和同学请他画梅和菊。他挤出时间满足他们的要求。后来，有社会名流也慕名向士元求画，并给予相应的报酬，缓解了士元生活的窘迫和买绘画颜料和工具的问题，甚至士元还有余钱帮助家庭经济困难的同学。

那次给赵子晴画肖像画，就是在士元名声大噪后的事。那天，赵子晴始终摆着微笑的姿势给士元画，眼睛里充满了清纯和甜美。赵子晴是桐中的校花，主动请士元给自己画肖像传达的是对士元的爱慕。由于有了这次单独的零距离相处，他们在心里都种下了彼此爱慕的种子，后来得到进一步发展，但是他们始终保持在理性的距离内。这让赵子晴更加喜爱。

方向明请士元为自己画画，士元为他花了梅花松树，并说："梅无适俗韵，松有拿云志。"

有一位同学在一次同乡会后请士元为自己画牡丹。士元摇摇头说自己不画牡丹。同学问为什么。士元道："这是个人所爱，在别人眼里，牡丹是天姿国色，但在我看来，牡丹有妖媚之态，没有松、竹、梅的气质，也不像菊花那样高雅。唐人不是有'牡丹妖艳乱人心，一国如狂不惜金'的诗句吗？"大家听了，都击掌称赞。

伍继周非常欣赏士元画的梅花，但是看到那么多人让士元画画，士元忙得不可开交，自己不好意思让士元给自己画画，但是羡慕之情溢于言表。士元破例给他画了四副不同姿态的腊梅，下款题名："梅吾。"伍继周笑着说："梅吾者，顾名思义，梅象征着吾也。"并问："你可真爱梅？"士元答道："吾爱梅，吾尤爱梅之风格。"伍继周大为感叹："哦！我知之矣。梅占花魁，梅花香自苦寒来。"后来，伍继周将这四幅画拿去装裱后，珍藏了起来。

这个时期，因为士元的绘画小有名气，曾应邀为小学教绘画课。他自己非常希望毕业后进美术专科学校学习，希望将来成为一个画家。他将自己的想法告诉高老师，高老师非常支持，说自己为士元留心打听。后来孙闻园知道了士元这个希望，特地给以肯定和鼓励。

士元在光影和色彩的世界里漫游，不仅提高了自己的画技，还学到了对一些问题的看法和认知。

11 /　　邂逅曼丽

一次，士元在试剑岭写生时，偶遇海外归来的少女余曼丽。

那天是个风和日丽的日子，士元独自一人背着画夹踏着露水早早登上试剑岭画群山。朝阳照耀下的群山像刚睡醒的处子，带着睡意蒙眬的惺忪，那慵懒和妩媚让人心醉。士元禁不住对着群山兴奋地高声大喊："剑岭侠女，我来了！"叫喊声伴着青春的激扬在群山中回响。此时，旭日已经将群山勾勒得非常清晰，士元赶紧将画夹支到一处突出的巨石上，面对群山审视取景，进入忘我的写生中。

哪知士元的一声呼喊，惊动了也是清早攀缘试剑岭的一群男女。他们刚刚行至半山腰，就听到了士元呼喊的回音。其中一个十八九岁身着西式装束的娇媚女子微笑道："爸，您不是说我们今天是第一个上山的人吗？听这声音似乎有人比我们还早呢！"走在前面着一身白色西服戴白色礼帽的中年人停住脚步，仰视山上，回身微笑道："是啊，曼丽，莫道君行早，还有更早人。在这旭日初升的时候有人早早登山了，这说明此君必定是志趣高雅之人。"

曼丽身后中年美妇笑道："你就喜欢寻找山野乐趣，可累坏我和曼丽了。"

中年人微笑道："我们离开家乡也有十几年了，巴黎虽好，但是怎么可能有故乡的热土亲啊，何况这试剑岭、披雪瀑、吴樾故居常在我梦魂里萦绕，不来看看不是白回一趟故乡了吗？"

曼丽笑："爸，我支持您。妈，我拉你走。"

美妇笑："我就是那么一说，还没到走不动的时候。走吧，别站在这儿了。剑青，你不是要会会先于我们登山的君子吗？"

剑青笑："是啊是啊，还是梅影理解我，走。"

巨岩上，士元的画稿轮廓初成，正在皴染涂抹细部。朝阳的辉煌印染在士元柔和的脸上，越发生动、明媚。剑青等人于士元身后不远处几棵松树下停留。剑青问大家是不是累了，要是累了，先坐下来休息一会，吃点东西，再好好欣赏剑岭之美。大家同意，卸下背包，准备休息、进食。突然，曼丽惊呼："爸、妈，看，那个大石上好像有人在作画。"大家朝曼丽手指的方向看去，果然看到正在专心作画的士元，不免惊讶。曼丽笑道："爸，他一定就是你嘴里的君子了。"

剑青道："不会吧，看他的样子肯定是个学生。"

梅影："我在半山腰就听出了那个喊山者声音稚嫩，不是他还是谁？"

曼丽微笑："爸、妈，你们休息，我去打探一下。"

梅影："可别吓着人家，中国学生都很温和，别用你法兰西的方式惊扰人家。

曼丽笑："放心，我现在是中国的小家碧玉，不是法兰西风情。"说罢走出树下。

曼丽踮着脚步来到士元身后，屏息看士元作画，脸上神情不断变化，惊讶、震撼、欣赏、佩服、默笑。画面基本完成，士元放下笔，端详画作，并和对面山岭比照，露出满意的微笑。曼丽忍不住赞道："你画得真好！"士元猛然大惊，一回头更是让他惊骇，他连连后退两步，就快要撞到画夹上了。曼丽变色道："停！"同时伸手抓住士元的手制止士元的后退。士元惊道："你——"曼丽微笑："我什么我，我是人。你看快要碰到画夹了！"士元回身，看到画夹似乎贴着衣服了，稍微侧身离开画夹，羞赧一笑："谢谢！"曼丽松开士元的手笑道："谢什么啊，我也没有帮助你什么。"说完她大胆地盯着士元，士元低头躲避。曼丽盯着士元笑意连连。士元抬头看她，有些惊惶。

但是，士元毕竟是交游广阔、反应机敏之人，短暂的慌乱之后，迅速恢复了镇定。他发现眼前这位穿着带有异国情调的女子脱俗、大度、不拘小节，微笑道："谢谢你及时制止我的后退，才没有将画夹打翻。"

曼丽笑道："哦，这个理由还不错。哎，我发现，你并不像我爸爸所说的中国学生那样腼腆啊，你很能说话呢。"

士元笑道："哦，是吗？那你一定是从外国回来的吧？"

曼丽笑道："是，从法国回来。我们一家都回来了，我爸爸有一笔大生意在上海，回来就是为了生意，顺便回家乡看看，没想到遇到你了。哎，你叫什么名字，在哪里上学？哦，我叫余曼丽。"

士元笑道："余曼丽小姐，你很热情，也很能说话。我叫黄士元，桐中学生。"

余曼丽笑道："很好，很好，那我们坐下说吧，别站着了！"士元微笑，和余曼丽相对坐下。两人从绘画谈到游山，再说到彼此的喜爱，最后说到社会现实。两人谈兴浓厚，一见如故，似乎有说不完的话。

松树下，曼丽父母和几个随行的亲戚等得有些不耐烦了，让一个亲戚前去打探。亲戚回来报告说曼丽正和一个画画的学生在交谈，看样子很投入。

梅影建议一道过去看看。

剑青和梅影悄悄来到他们背后，投入的他们并没有感觉到有人在偷听。

只听曼丽说："士元，我比你大几岁，你应该叫我姐姐了，呵呵呵。"士元没有立即回答。曼丽道："怎么，你不愿意？"

士元道："不是，我们萍水相逢，这个来得太突然了，我一点准备都没有。"

曼丽笑道："那好，我们不说这个，就说说你的画。你的画画得很有灵气。"

"哦，是吗？"

"是，我也学过画，但是，我没有你的灵气。巴黎是全世界艺术家向往的圣地，很多外国搞绘画的人都去过巴黎学习，中国画家也不少。怎么样，你想不想去巴黎提高自己？"

士元心想，巴黎可是绘画者心中神圣的殿堂，自己当然想去学习，但凭现在自己的状况，去巴黎学习，不等于是痴人说梦吗？他便笑道："那当然想了，可是，我现在只是一个初学者的水平，哪里能够去巴黎啊！"

此时，身后发出咳嗽声。两人回头，看到剑青和梅影同时站在身后。曼丽娇声道："爸、妈，你们怎么这样啊？"

梅影笑道："哪样啊，我们看你迟迟不回来，来看看不行吗？"

剑青盯着士元微笑。曼丽笑道："那好，我给你们介绍一下，他叫黄士元，桐中学生，画画得不错，你们看。"曼丽指着画夹上的画。剑青上前几步专心看画。梅影笑道："难怪你们说了这么长时间，是在说画啊。"曼丽和士元都知道梅影是在掩饰彼此的尴尬，也就就势下坡，说了些敷衍的话，气氛立时改变，大家的话题回到画画的内容上，谈话自然了很多。

剑青看罢士元的画作，回头问士元学画多长时间了。士元告诉他，自己很小就喜欢画画，但是没有正式学过，来桐中才开始的。

剑青问道："正式学画有多久了？"

"一个学期多，两个学期不到。"

他们说话时，母女俩看着他们微笑。剑青惊讶："真的就这么长时间？"

"是，先生，是我画得太幼稚了吧？"

"不不不，是太好了。你的画作似乎有专业气息了，这么短的时间，是有点让人不敢相信。"剑青盯着士元，一脸的迷惑。曼丽笑道："爸，他才十五岁，有什么不相信的？"

剑青道："你家是书香门第吧？"

士元笑道："我们家除了母亲读过几天私塾，还没有人进过学堂。怎么了？这和画画有关系？"

剑青摇头道："不敢置信，不敢置信！"

曼丽道："有什么不相信的，您平时不是说我们中国人杰地灵吗？现在事实摆在眼前反而不相信了？"

剑青笑道："士元同学，你愿不愿意去法国深造？要是费用有困难，我可以资助。"

曼丽笑道："刚才我们正在说这个事情呢。没想到爸爸这么大方。"

梅影道："曼丽，说什么呢！你爸可是华人圈里有名的侠士。"

曼丽笑道："那是。"她转身看着士元笑道："黄士元，这下你应该相信了吧？"

士元笑道："非常感谢先生，这可是大事，我没有想过。"

剑青笑道："那好，你好好想想，回家跟你父母说说，决定了，就去曾家岩找我，我们住那儿。"

士元拱手作礼："谢谢余先生、余太太。"

曼丽道："怎么不谢谢我，我可是牵线人哦。"

"谢谢余小姐。"

梅影呵呵笑道："好了，我们不打扰你了。"说完她拉着曼丽回转。士元和他们道了别。

他们走后，士元看着画夹上的画，有点魂不守舍，干脆收起画夹准备下山。他刚刚背上画夹，一回头却看到余曼丽微笑着走了回来。

"你怎么回来了？"

余曼丽微笑道："怎么，意外吗？"

士元道："是有点。"

余曼丽笑道："嗯，不错，很诚实。不问问我回来干什么吗？"

士元道："是不是重新说画？"

余曼丽道："有点关系，不过不是现在，现在是让你带我游玩，你愿意吗？"

士元看着余曼丽，有些不敢相信。余曼丽道："怎么，不愿意啊？"

士元道："不是。"

"不是，就走了。"说着，余曼丽挽着士元胳臂要走。士元道："你不是有爸妈在吗？"

余曼丽哈哈大笑："你诚实得有些愚蠢了。跟他们在一起游玩可是很压抑的，你不觉得吗？"

"也是。

"什么叫也是，就是！哎，黄士元，我们能做朋友吗？"

"你看着办。"

"什么叫我看着办啊，真是的。好好，就我看着办。从今天开始，我们是男女朋友了，走。"

士元此时心情很敞亮，陪着余曼丽一路游览，不断地解说各处景点。中午他们在披雪瀑吃了余曼丽带的食物，下午游览吴樾故居。这一天，是士元人生中的偶然，也是他的命运可能发生改变的一天，可是，他当时只在乎在桐中的学习，并没有出国的想法。

晚归途中，余曼丽一再邀请士元去他们家做客，士元借故推脱，但是答应了以后会和她多联系。分手时，余曼丽问士元为什么和她一见如故，士元不能作答。余曼丽告诉士元说，是因为士元的真诚和坦诚，还有士元的洒脱和才气。告别时余曼丽对士元做了喜欢他的暗示，士元答应今后一定好好珍惜这份姐弟情谊。余曼丽嘱咐他一定要和自己多联系，更希望能在巴黎和士元重新相聚。

12 / 　　以诚交友

要问桐中的学生中，谁的朋友最多，那一定是黄士元了。

孩提时代，那些玩伴是他的朋友，夏老二是他的朋友，李大爷是他的朋友，私塾的同学是他的朋友，那个极力质疑和反对他的大个子秋生最后也和他成为朋友，女同学徐清更是在后来表示出对士元的爱慕。小学里的同学个个都是他的朋友，杨绳武老师和他是亦师亦友的关系。到了桐中，夏爷爷是士元的第一个朋友。由于夏爷爷的关系，士元是"兴隆饭店"的常客，虽然基本没在饭店消费过，但是老板却成为他的朋友。士元还给老板画过画相赠。

他的同学室友方向明和伍继周是士元在桐中新交的两个最要好的朋友。

由于家道中落，方向明从小养成了少言寡语的性格，他不大喜欢与人交往，生活上也是非常节俭。士元由于和他住同一个寝室。每天和方向明接触，士元发现方向明的习惯后，着意了解方向明的一些情况。当知道方向明的家境后，士元主动接触方向明。通过接触了解，发现方向明为人朴实，只是不愿与人交往。士元凭着一颗真诚的心，把方向明从孤僻里拉出来。

方向明和士元住对面，都是下铺。每天起床，士元总是第一个喊方向明起床。方向明袜子有异味了，士元乘方向明睡着给他洗了。方向明遇到不开心的事总是坐在床沿一言不发，这时士元就坐在方向明身旁，陪着他说笑，直到方向明开笑脸才走开。在士元一次次的帮助和关心下，方向明脸上有了笑容，也会主动和士元上课下课走在一起，外出总是和士元一道。

有一天，士元外出写生回来晚了。去食堂时，食堂早已关门，心想："今晚又会节约一顿了。"进寝室准备整理一下去上晚自习，进门后看到的情形让他吃惊。寝室里只有方向明一个独坐灯下看书。士元以为方向明遇到什么不开心的事情了，来不及放下画夹，赶紧问道："方向明，怎么了？"

方向明放下书，抬头看着士元微笑，轻声道："还没有吃吧？"方向明指指窗前小桌子上盖着的搪瓷缸子道："晚饭我给你打来了，还有点热乎。"士元顺着方向明手指的方向，看到自己的搪瓷缸子上面盖着方向明用的蓝边海碗，眼里涌出泪花，双手紧紧握住方向明的手道："好兄弟，谢谢。"方向明笑了，笑得很开心，道："别说了，快点吃吧，要不冷了就不好吃了。"

"好，我吃。"士元放下画夹，掀开碗盖，又愣住了。他看到缸子里是米饭，米饭上面是他最爱吃的米粉肉。士元回头看着方向明不知道说什么好。方向明道："快吃！"士元知道此时不用客气也不用说话，一切都在饭碗里。方向明可从来没有打过肉类的菜啊，因为家里穷，而他却给自己买了米粉肉。这可是最珍贵的心意。这顿饭吃得士元非常感动又非常高兴，士元知道方向明性格已经有了大的转变了，尽管方向明说话还是不够大胆。

这顿饭以后，方向明和士元说话多了，基本上能做到知无不言，言无不尽。士元呢，凡是遇到活动，总是拉着方向明等人参加。讨论问题时总是要方向明发表意见。方向明也慢慢从不愿意说话到变得比较爱说话了。

士元和伍继周的交往是从开学的一个偶然相遇开始的。

伍继周比士元大两岁。那天分班后，伍继周便跑去上厕所。班主任进教室点名，发现伍继周不在，问有没有人知道伍继周同学哪里去了，可是没有人回答。来教室的路上，士元看到一个大个子同学跑向厕所的方向，估计那个同学一定是闹肚子了，但不知道他就是伍继周。于是，士元试探着站起道："老师，我知道伍继周去哪儿了。"

班主任："去哪儿了？"

"厕所？"同学们哄堂大笑。士元认真道："真的，伍继周闹肚子了。"班主任让士元去叫伍继周。

士元来到男厕所，看伍继周正在着急。士元问："你是伍继周同学吗？"

伍继周惊："我是，有事吗？"

士元："班主任让我来叫你，正在点名呢。"

伍继周急道："那、那怎么办？那怎么办？"伍继周连忙提裤子。士元道："别急别急，伍继周同学，反正都点名了，老师也知道你闹肚子了，我回去跟老师说。"

"嗯，好，谢谢你！哎，你叫什么名字啊。"

"黄士元。"

士元进教室跟班主任小声说了情况，还替伍继周美言了几句。班主任让他回到座位上。开始上课了，伍继周才匆忙来到教室，士元主动邀请伍继周和自己坐一块。伍继周很感激。后来伍继周和士元上铺的同学对调，住到士元的上铺。从此，伍继周和士元成为要好的朋友，几乎无话不谈。伍继周还和士元共同促成方向明性格的转变。

13 /   关注国事

士元从他父亲身上继承了耿直的性格和反抗的精神，同时富有正义感和同情心。穷苦的家世，使他深知贫富悬殊的不公正，并产生对旧社会的不满。士元少年时期，正是中国灾难深重的年代，内忧外患，民不聊生，革命的风暴已经波及靠近长江的桐城地区。从小学起，士元就经常听到先生讲国耻，讲帝国主义特别是日本帝国主义如何侵略中国的历史。参加游行示威，抵制日货。这些，对于士元爱国思想的启发，都有很大的影响。

小学五年级的一天，杨绳武老师结合作文课给大家讲鸦片战争和八国联军入侵中国的历史总结道："鸦片战争前，中国还是一个封闭的国家，鸦片战争后，英国人用洋枪洋炮打开中国国门，逼着腐败无能的清政府签订了第一个屈辱的不平等条约，从此，偌大的国家沦为任人宰割的羔羊。八国联军占据北京，烧杀掳掠无恶不作，盗我珍宝，毁我圆明园，让我们割地赔款，各国纷纷在华划分势力范围，肆意搜刮民脂民膏，中华民族陷入空前灾难。"杨老师两眼晶亮，悲愤不已。士元和同学们也义愤填膺。

士元站起来道："老师，洋人就那么点人，我四万万人一人一口唾液都能淹死他们，为什么就让他们那般横行？"

杨老师道："说得好，按照人数论，就是借给他们一万个胆子，他们也不敢来我中华横行霸道，但是清政府无能，老百姓不拥护，上下不团结，才致使强盗们肆无忌惮。还有，洋人用洋枪洋炮，我们的大刀长矛显然不是对手。"

士元似懂非懂，说："那我们也可以造洋枪洋炮啊！"

杨老师笑了，说："我们没有这样的技术，这是长期以来闭关锁国造成的恶果。"

士元"哦"了一声坐下，却又马上站起问："老师，那洋枪洋炮我们真的造不了吗？"

杨老师道："后来造了。"

士元兴奋道："那洋人就不敢欺负我们了。"

杨老师看着天真的士元叹息道："按理，我们有了枪炮，洋人应该退缩，可是啊——"

士元问："怎么了，我们的人不会用吗？"

杨老师笑了，同学们跟着笑。

杨老师笑后低沉道："人，还是人的问题。我们那些拿枪的是老爷兵，面对老百姓是强盗，可是见到洋人，却望风而逃，只恨爹妈没给他们多生一条腿。"

士元怒道："怎么会这样？怎么会这样？"

杨老师道："所以，我们中华一定要强盛，弱小只能任人宰割。那么，要强盛靠什么？"

同学们面面相觑。士元道："把洋人先进的东西学过来，振兴民族工业，全国民众团结一致对外，洋人就不敢欺负我们了。"

杨老师听了很高兴，击掌道："对对，我们是要学习对方先进的科学技术，用先进的理念武装我们自己。同时，我们还要勇于创造。如果我们四万万人能够团结一心，洋人怎敢欺辱我们！所以，现在你们要学好知识，祖国的将来就靠你们了！"

这堂课让士元印象非常深刻，也激发了他对国事的关注，后来班级开办了关于国情的报告会。杨老师讲得最多的是日本对中国的侵略。在杨老师嘴里经常挂着"小小的岛国""东亚病夫""甲午战争""二十一条""抢占胶东、大连、旅顺"等词语。通过这些词语，杨老师控诉日本帝国主义对中国的蔑视和侵略，让同学们从小树立国耻观念和强国信念。杨老师最鼓励人的话就是："救中华不能指望腐败的政府，要靠你、我和大家。"这句话成为士元爱国的座右铭，在爱国活动中经常引用。

五四运动爆发那段时间，杨老师十分亢奋，整天科学、民主不离口。杨老师说巴黎和会上的中国代表不签字，是中国外交第一次胜利。士元深受影响，那些日子里成天跟在杨老师身边转。士元带人张贴标语，宣传五四运动的伟大意义，在班里讨论五四运动，在壁报上写热情支持和赞美五四运动的文章。士元还带领同学陪老师去乡下宣讲五四运动，宣讲反帝爱国精神，宣讲中国的希望。

在桐中，学校开设了时事课，专门讲述最新的时事政治和国家形势。因此，士元有机会深入了解中国和世界，并积极参加爱国的专题活动。在类似的活动中，士元总能根据实例进行分析，他的观点看法比较深入，往往能够接触问题的本质，观点有独到之处。后来，老师将有些问题的讨论交给士元主持。士元不负众望，每次都准备充分，效果很好。他先后主持过"小我与大我""一家一户与国运""康拜因的未来""读书的去向""少年的使命"等政治性很强的专题活动。

由于士元在活动中注重锻炼了自己，独立思考问题的能力得到了极大的提高，洞察能力得到增强。

进行社会调查，更是接受的新思想在具体的社会实践中的体现。那次进行妇女裹脚的社会调查，士元深深感受到封建思想对广大妇女的残害是多么的深重。士元认为如果不从思想和理论两个方面彻底清算，中国人将永远不能摆脱腐朽思想的禁锢。调查回来后，他写了好几篇论及此类的文章，并刊发在壁报上。这些文章引起师生热议，还得到孙闻园的大力推崇。在孙闻园的支持下，桐中还就女人裹脚与思想文化的现状，在学生中开展了三个多星期的大讨论。在大讨论中，士元始终保持旺盛的精力，为那些思想保守和模糊的同学开导。当然，士元也遇到不赞同的、反对的声音。但是，士元不急不躁，始终保持诚恳的态度说服他们。就算说服不了，对方还是公开表示存疑，士元也没有将反对的人列为异类并孤立起来，而是让时间来证明一切。反对的同学看到士元是如此的讲理和大度，很是敬佩，似乎都成了好朋友。

在校期间，凡是新思想士元都积极吸纳。但是士元不是盲目接受，而是能够进行必要的分析，认为有利于社会进步的才会欣然接受，这和他从小就养成的独立和主见是分不开的。他积极接受新思想，也和有新思想的校长孙闻园关系很大。孙闻园极力主张和推行学生读书不能读死书，必须联系社会实际读书，那样才能做到学以致用。

善于接受新思想，造就了士元积极的进步的世界观、人生观和价值观，为士元今后走上正确的革命道路奠定了坚实基础。

14 /　　处变不惊

士元的处变不惊最早的表现就是冷静应对夏老二为难，再有就是智对刘家大管家的侮辱。还有上学山道的危机锻炼，面对洪水毫不畏惧设法冒险过河，面对秋生的质疑、威胁保持淡然，尤其是和黄位中那段赴桐城赶考路上的生死经历更强大了士元的心理，还有就是随着年龄和阅历的增长，进一步增强了他在遽然发生的危机面前的定力和迅速反应的能力。

士元在和同学们交往中就遇到少数性格怪异的人，他们说话很冲，往往叫人无话可说还下不来台。可是士元在他们面前从来没有常人的尴尬，再难听的再恶毒的语言或者粗暴的动作，他总是能保持淡定，谈笑自如。好像他从来就不知道尴尬和畏惧是什么样子，这连对方都感到惊诧，不得不佩服。

他在搞社会调查时，就遇到毫不讲理的人。那次是发生在他和赵子晴去距离学校十几里的张洼村调查妇女裹足的事。他们一路说笑着，一会儿便到了张洼村。

张洼村是一个被两山围着的只有北边开着口子的山村，村里只有三十几户人家。这里出生的女性从小裹足，她们很少读过书。听说他们要来调查女人裹足的事儿，村民们都感到好奇，可是好奇过后就是集体的拒绝。士元他们先后被好几家人赶出来。

赵子晴何曾受过这样的委屈，气得眼泪直流，坐在路边一块石头上不想继续调查了。士元陪他坐着，玩笑道："也是啊，让我们的赵大小姐受委屈了，那些人真是不知好歹。"赵子晴怒道："何止是不知好歹啊，简直、简直就是愚昧不开化，简直、简直是——"赵子晴气得说不出来。士元笑着代替她说道："简直就是愚不可及，对不？"

赵子晴看着微笑的士元，突然笑了，说："你啊，什么事在你哪里都是举重若轻，毫不在意。"

士元笑道："好了好了，赵大小姐，我们继续，这次我打头可好。"

赵子晴笑道："好，就让我做一回你的秘书吧。"

士元领头走进一个四合院。院里正好有一个老太太在晒太阳，一个二十左右的年轻人陪着说话，好像是老太太的孙子。士元进门很客气地招呼老太太和他的孙子。孙子对他们的进入很不满，态度很不友好地问他们是干什么的。士元说出他们此行目的。话还没有说完，年轻人暴怒，要赶他们走。士元笑呵呵地面对年轻人，坐到地上。年轻人惊讶，问士元是不是想讹诈他们。士元苦着脸说："大哥行行好吧，我们要是就这么空着手回去，老师一定要责罚我们，被老师责罚是小事，重要的是校长还要开除我们呢。"

年轻人怒道："你们怎么样不关我的事情,你走不走,要是不走我拿棍子赶你们走,要是再不走就尝尝棍子的味道。反正在这里谁也管不到。"士元仍然坐着苦着脸看着年轻人又看着老太太。年轻人真的要拿木棍,老太太忙叫孙子住手。孙子不乐意,老太太提高声音制止。孙子才罢手,但是气愤不平地盯着士元。士元不看年轻人,却盯着老太太,脸上露出可怜巴巴的样子。老太太心慈,让士元站起来近前说话。士元很高兴,但是脸上仍然保持着可怜巴巴的样子。士元走到老太太跟前好像很委屈道:"奶奶,孙儿给您叩首了。"士元给老太太稽首。老太太很高兴,问士元要问裹足是为了什么。士元不说大道理,问裹足痛不痛,什么时候开始裹足。老太太笑着说:"哪有裹足不痛的,你又不是女人问这个干啥?"士元指指赵子晴的脚说:"要是像她这样多好啊,想走就走,想跑就跑。"这句话触动了老太太心底埋藏很久的隐痛,流下眼泪。站立一旁的孙子以为士元的话侮辱了奶奶,过来抓住士元要打。老太太喝住,叫孙子走开。孙子很不服气地出了门。老太太说:"你可真会说话啊,奶奶最大的心病就是不能走远路啊。"其实,士元就是看准了老太太的慈悲,冒着被打的危险,用最简单、最直接的话语,直刺老太太内心最隐秘的痛处,终于得到了老太太的配合。

像此类事情,在士元的社会调查中似乎每次都遇到,他都习以为常了。

阳春四月,清明刚过,春暖花开,正是春光美好的时节,学校组织了春游。目的地为相邻的庐江县汤池镇,因为汤池镇的温泉是闻名的游览胜地。那天,全校师生四百多人黎明出发,排着长队浩浩荡荡,前面校旗招展,人人精神抖擞。一路春光明媚,绿意泛滥,山清水秀,鸟飞莺啼,田野里金黄色油菜花成片成片铺向远方,微风轻送,花海涌动,山坡上映山红争相开放。这青的山、绿的水和黄的海、红的坡,无不叫人心醉。师生们一路有说有笑,兴趣盎然,不知不觉忘记了行走之苦。

中午时分到达汤池镇外围一处田畈,已经看到街道和行人了。忽然,街上行人哄闹起来,接着听到枪声突起,响声激烈,如临战场。一时间,号哭声、呼喊声、关门声、跑步声乱作一团。师生们见势不妙,怕遇到弹雨,不少人纷纷奔逃。士元临危不惧，与体育老师呼喊大家："就地卧倒！就地卧倒！"大家纷纷卧倒躲避。

过了一阵子，枪声渐息，街上平静下来。师生们集合，来到镇上一家餐馆吃午饭。大家急切地问缘由，餐馆老板说："刚才是土匪抢团练部的枪。"士元不以为然，心想，团练部平常欺压老百姓，抢他们的枪的人不见得是坏人，便说："可能是穷苦人的正义行为。"大家都说讲得好。老板也说："对，我懂了。你真了不起！"

有了这一场遭遇，大家的游兴顿减，草草参观了温泉后回学校。

第二天，语文老师出了一道作文题，名叫《汤池遇险记》。士元在作文中写道："此次旅行遇到危险，受惊、受饿、受累、受苦，险阻艰难，已备尝之。正因如此，我们受到了心志的考验，受到了身体的锻炼，将来若做事业，动心忍性，无所不能。这是受了一次深刻的教育，必将受益终身。"对这篇作文，老师在班上给予了好评。同学们阅其文章，都称赞他有胆识，有新的见解。

还有一次，士元和两个同学一道搞调查，他们擦黑上路，返回学校途中要经过一片好几座山的地带。他们正走着，遇到了一只狼坐在道路中间，堵住了去路。两个同学十分害怕。士元小声安慰他们不用惧怕，狼是个鬼精的动物，一旦感觉到我们害怕，它就会攻击我们。士元让两个同学稳住心神，就地背靠背面朝三个方向蹲下，手里各拿一块石头。士元告诉他们："要是狼攻击我们，害怕就等于死亡，用你们手里的石头砸他的脑袋，不能将石头砸出去，那样你手里就空了。"两人依言照着做，和狼对峙了半夜，狼看到再也没有可乘之机，才懒洋洋离开。

15 /　　守时守纪

桐中以校纪严格著称，又具有很大的保守性。除了对学生有严格的作息时间规定外，还对学生的学习、生活做出了严格限制。在学习上，考试频繁，有周考、月考、期中考试、期末考试。规定月考、期中考试和期末考试记入总成绩，如果有一科考试成绩不及格，准予补考一次，最多不超过两科。如果补考仍然不及格，作降级处理。在降级处理的学生中，如果继续有一科不及格，将予以退学处理。作息时间上，采用累计积分考勤制，满分100分，第一次迟到或者早退扣十分，第二次扣二十分，以此类推；每学期迟到早退（特殊情况除外）不得超过两次，如果有第三次就会被累计扣除50分，本学期不予评奖，给予诫勉谈话，如果超过三次，直接开除。早操、晚自习必须准时进行（特殊情况例外，如夏天蚊虫多，可于寝室学习），迟到早退与上课考勤扣分相同。在生活上，定期组织卫生检查，要求地面干净，寝室内没有异味，衣物保持干净，床铺干净，被子叠好，日用品摆放整齐。学校还规定不得随地吐痰，外出保持整洁的仪表，在校期间不准谈恋爱等。

校长孙闻园虽然积极倡导学生思想活跃，独立思考，积极关心国家大事，但是面对业已形成多年的校纪校风，自己也无力改变，只是在某些方面做出变通处理。比如在高年级学生谈恋爱这个问题上，只要不影响学习成绩，不造成恶劣影响，一般不予追究。在参加学校活动时造成上课早退和迟到的，只要学习成绩不受影响，免于处罚。学校还提出了学习成绩上升可以抵消若干违纪数，还有某些单项成绩提升幅度大的，或者出类拔萃的，也可以对冲不足。孙闻园的变通措施，使沉闷的桐中变得活跃，学生整体成绩有所提高。

士元虽然豪爽洒脱，但是又是个守时守纪的好学生。士元在学习上从不含糊，各科成绩一直是别人看齐的目标；在生活上更是无可挑剔。他不仅自己穿着得体，衣物保持干净整洁，还经常督促提醒室友保持干净整洁。集体生活开始时，由于有些室友不习惯洗衣服、整理床铺等杂务，士元便主动教他们干或者亲自给室友洗衣服、整理床铺和衣物。他们的寝室，在历次评比中都是优秀等级。

为了弥补同学们接触社会少的不足，士元利用节假日带领他们外出，接触社会，了解民情民风。他们每次外出都是带着很强的目的性，要么游览某处名胜，感知当地的人文景观；要么春游秋历，感受大自然美好；要么写生，收自然为己所用；要么进行社会调查，了解社会实际；要么访贫问苦，尽其所能帮助贫困人家。

在整个桐中学习期间，夏爷爷让士元和黄位中最为惦记。他们经常去看望夏爷爷，汇报自己的学习生活情况，让老人放心开心；有时间就陪夏爷爷说话是为了抚慰老人。他跟黄位中说过："夏爷爷一生无儿无女，他看中我们是将我们当成了他的儿女看待，把我们当成他希望和寄托的延续，我们应该给予夏爷爷精神抚慰，让夏爷爷开心，让他不再孤独。"他和黄位中约定，他们俩错开时间，每人每个星期去夏爷爷那里一次，除了说话，还要为夏爷爷做些力所及的事情。

除了对夏爷爷的抚慰外，士元在搞社会调查中，发现桐城县城有十几户特别困难户需要照顾。他发动同学，两人负责一户，每个星期去一次这些人家，帮助做些家务，并帮忙解决一些困难。

如果遇到特殊情况需要外出，士元必定向班主任请假说明所要办理的事情。班主任也很善解人意，每次都准假，只是嘱咐士元回来后记得补回拉下的课程或者作业。士元事后必然按照班主任要求做，因此，班主任对士元很放心。有时候遇到意外情况，士元没有请假而缺课，班主任主动承揽责任，向负责考勤的老师说是自己批准的。

那次偶然的缺课是在星期一。头天士元和赵子晴去写生，因贪恋美景，他们很晚才回转。由于小路不好走，赵子晴崴了脚脖子。士元背着赵子晴就近找到一个老中医。经过老中医的处置,赵子晴的疼痛好多了。士元决定搀扶赵子晴连夜走回学校。赵子晴很为难,拖着不肯走。老中医看到赵子晴的状况后,让他们留宿。士元说自己没有带钱,赵子晴说自己有,于是两人当晚留宿老中医家。第二天他们起早回桐中。虽然他们以最快速度赶回学校,可是到校时候已经是上第二堂课的时间了。在学校门口,他们还是被值班的老师拦住,并接受询问。他们说了经过,老师不相信,怀疑他们俩夜晚留宿外边,必然会发生什么,那是校纪绝对不允许的。老师还怀疑士元搀扶赵子晴走路的真正原因。士元当即说:"老师,如果您不相信,可以调查。我们住的地方离这里也就十里左右,我告诉您地址和留宿老医生的姓名,您去查看一下是否真实可信。"

赵子晴也希望调查,省得被怀疑。值班老师看到他们如此,只好让他们去上课。随后值班老师通知了班主任,班主任根据值班老师的记录,果真去调查了,其结果证明了士元和赵子晴所说的是事实。但是,班主任对士元和赵子晴单独外出仍有怀疑,便找来士元,巧妙询问士元和赵子晴的关系。士元当即说:"老师,我和赵子晴之间的关系是正常的,她只是想在写生上得到提高,所以才和我一道去的。如果老师不相信我说的话,以后的时间可以证明一切。"班主任对士元其他方面没有不相信,唯独在男女关系上不敢完全相信。班主任总替士元担心,这么优秀的学生一旦陷入男女恋爱中会影响学习,但是士元既然这么说了,他也不好多说,只是说了些预防的话,警示士元。

士元和赵子晴在外留宿的消息因此公开化了,方向明等人出于关心,询问士元是否真有其事。伍继周则支持士元他们,说:"那是正常的、应当的,只要不影响学习成绩就好。"伍继周还说:"赵子晴可是校花哦,遇到机会千万不要错过啊。"士元呵呵笑:"我和赵子晴之间是纯粹的同学关系,什么都没有,希望你们不要多想。"士元这么说,其他人当然不会相信。

赵子晴也听到她和黄士元之间的风言风语,可是她并不出面辩白,也没有退缩,还是一如既往地和士元交往。但自从发生了这件事后,赵子晴看士元的眼光和表情和以前相比有所不同,时常在两人相处的时候表现亲昵,还时常拿话暗示。士元还是一副笑佛弥勒的模样,仿佛什么都没有发生,对赵子晴的暗示和亲密的动作视而不见。有时，赵子晴生气地笑着调侃，说士元"没有人情味"。士元听了呵呵一笑。赵子晴真正拿士元没有办法，只好将爱的火苗压在内心深处。

在生活上，士元从来都以朴素、整洁面对每一天，叫人无可挑剔。生活的节俭也是学校所提倡的。后来由于士元的画获得社会名流的欣赏，他的生活有了很大的改善。但是，他依然保持着粗衣素食，绝对不乱花一文钱，将所得都用于对贫困同学的帮助上，还有给予社会上特别困难的家庭以资助。因此，虽然那时他收入可观，但是到离开桐中时，身上很少余钱。

有些知道他的同学很不理解，问他为什么不给自己买一件像样的衣服，老是土布大褂不觉得太土气吗？士元还是以他的招牌微笑回应，说："我还是学生，能够读书就行了，那些钱应该给急需的人，自己的能力太小了，照顾不到许多人。"

对于和赵子晴在外留宿那件事，士元一直牢记很久。这以后，士元外出绝对不会待得太晚，出门总是三个人或者以上同行。

青年黄镇 (一)

1 /　　考入美专

　　临近毕业，班级举行了"毕业恳谈会"。班主任特邀校长孙闻园和相关老师参加，意在对毕业生进行报考指导。在会上，同学们畅谈毕业去向。由于当时国内大专院校很少，每年招生名额有限，不少同学们流露出前途灰暗的心绪。士元准备报考北京大学，攻读物理或者化学专业。因为他看到洋人凭着坚船利炮打开中国大门，肆意欺凌国人，而军阀也是凭着手里的枪炮混战。他还看到一个国家的科技落后必然要被挨打，要想强国必先掌握先进的科学技术。师生一致称赞士元的想法，并断定士元一定能够如愿以偿。

　　会后，孙闻园校长特地请士元去他办公室。士元到达时候才知道，高老师也在座，自然联想到校长的意图，但是没有说话，坐到他们对面微笑着等待。校长微笑道："黄士元同学，我们今天请你过来，想必你一定猜到是为了什么吧。"

　　士元笑道："是不是校长想让我考美术学校？"

　　孙闻园笑道："聪明。怎么样，和你的理想有冲突吧？"

　　士元坦然说："是，我认为在当今的中国，一个画家作用远比不上一个工程师，因为我们国家急需实业人才。哦，我不是轻视画家。"

　　孙校长道："这个我知道，就目前国内形势看，国家整体工业基础太差，工厂也严重不足，什么东西都是洋人制造的，比如我们日常生活的小物件洋火、洋钉、洋油、洋布等都是外国制造的，我们的民族工业根本起不了什么作用。如果你读理工科，毕业了很难有所作为。如若那样不如攻读美术，西洋画在中国来说是个新画种，刚刚来到中国时间不长，正需要推广，你如果学画那是大有前途的。你的国画水平很高，在美术学校也可以继续提高啊。"

高老师插话道："就是，如果你愿意，一边学习油画一边提升国画水平。你的国画水平很高了，正是需要很有影响力的艺术平台，提升你的知名度，那样你会很快成名。"

士元微笑道："谢谢校长，谢谢高老师，可是我听说学画费用很高，而且国内可供学习的大学很少，招生数就更少了，我怕没有多大把握。"

孙校长沉吟道："这还真是一个问题，不过，这个我可以写信给我在上海、北京的同学和朋友问问。不，我一会就发电报给他们。"

高老师笑道："不用问，我知道上海美术专科学校（简称"上海美专"）。上海美专目前是国内最有影响的美术专科学校，水平也最高，主要是教学西洋画，也有中国画。那里对于确实有才能的家境困难的给予适当的减免学费，还有奖学金。虽然报考的难度很大，但是凭士元同学现在的油画成绩考上应该没有大问题。还有，上海美专还有我的同学在里面，他刚从法国留学归来。"

孙校长高兴道："那太好了，这个事情就全权委托你了，如果黄士元同学要是能够考上上海美专，那他将是我们桐中走出的第一个西洋画画家啊！"

高老师道："没问题，一切手续我代为办理，我陪士元同学赴上海考试。"

"那是最好，要确保考上，差旅费我们学校出。"孙校长转眼看向士元，问道："士元同学，你还犹豫吗？"

到了这个时候，士元不好继续坚持己见，何况自己也是最喜爱绘画的，如果能够顺利进入上海美专，那也是夙愿之一。于是他微笑道："谢谢校长，谢谢高老师，这个事情毕竟不是小事，能不能让我考虑考虑？"

高老师道："距离报名所剩的时间不多了，你尽快拿定主意。"

孙校长道："考虑可以，但是要快。这可是你们这些农村学子千载难逢的好机会。"

士元说他会尽快决定，再次向他们表示感谢。

走出校长办公室，士元第一次犹豫不决，低着脑袋走在小路上。赵子晴的问话吓了士元一跳。赵子晴问他孙校长找他干什么。士元说劝他报考上海美专。赵子晴极力反对，说画画虽然你很有天赋，水平也高，相信用不了多久你会成名成家，但是，现在是实业救国时期，还是走实业报国的路好。赵子晴问士元："你不会忘记那句流行的口头禅吧。"士元说："学会数理化，走遍天下都不怕。可是……"

"可是什么啊，你不就是家庭困难吗，我可以资助你，我们一道报考北京大学或者清华大学。"赵子晴非常期待地望着士元。士元抬头看了一眼赵子晴，真的不好立即做出决定。方向明、伍继周也先后赶来。赵子晴匆匆交代一句"你要尽早拿定主意"，便转身离开。

方向明、伍继周听说校长和高老师都劝他考上海美专，都表示赞同。方向明说："我也正要找你说这个事情，上上海美专很好。"原来方向明也准备报考上海美专。方向明的油画水平虽然比不上士元，但是也是学校的油画高手。再加上方向明和士元朝夕相处、互相切磋，方向明对自己的油画很有信心。听到方向明的决定，士元的犹豫没有了，因为他理解方向明，如今方向明下了这个决心太不容易了，于是，两人立即返回校长室说出了自己报考上海美专的决定，都报了名。

孙校长派高老师陪同士元和方向明去上海应试。赵子晴虽然很不情愿士元报考上海美专，但是她还是尊重士元的选择，临行前，她特地来送别士元。那种殷殷之情和难舍难分无以言表，赵子晴极力忍受内心的不舍，微笑着嘱咐士元一定要考好。

由于高老师带队，考试的诸多杂务自然用不着他们操持。士元和方向明专心准备考试。考试后两人感觉都很不错，他们高兴地回家等待通知。通知来了，让士元一喜两忧，喜的是自己如愿考上，忧的是方向明却落榜。方向明虽然有些失望，但是说自己要继续好好努力提高自己，争取下届考上。后来方向明果然如愿以偿，和士元又成为大学的同学。还有一忧就是上海美专的一年学杂费、住宿费要四百元，士元担心家里负担不起。

上海美专由刘海粟先生于一九一二年创办，他自任校长。这是当时中国首家新式教学美术的院校，同时设有中国画和西洋画课程，教员都是著名的画家，在全国享有盛名。特别是刘海粟先生，他不顾保守势力的反对和打击，坚持在教学中使用裸体模特儿，首先冲开了中国美术教育的禁区，曾引起轰动。士元能考上该校，深感机会难得，于是决定说服父亲。

黄树青也是喜忧参半。喜的是儿子有出息，考上了上海的名校；忧的是家庭经济条件只够维持生计，哪有这么多钱供儿子上大学，而且当时正处于军阀混战时期，兵荒马乱，一个十几岁的孩子只身远离，很不放心。他权衡再三还是不同意儿子上大学。为了留住儿子，黄树青和妻子商议，想出一个办法，他们托人给士元说了一门亲事，要儿子成婚，想以此拴住儿子，让他留本乡谋职。士元却决不放弃这大好的机会，知道父亲坚决不同意，便说："如果不同意我到上海读书，我也不结婚，就去九华山当和尚。"黄树青知道儿子从小就有主见，凡是士元认准的事情没有半途而废的。黄树青可不想儿子去当和尚，再一想，觉得儿子的选择是对的，便叹了一口气说："就算我同意你去，到哪里去搞这四百块钱呢？"

士元上中学后家里发生了重大变故，二叔和二叔的孩子不幸去世，父亲年老体弱，母亲还是卧病在床，姐姐也出嫁了，家庭收入日渐减少，而且家里还要供弟弟桂元上学，日子愈来愈不好过。士元见父亲态度软下来，赶紧说："我去求族长想办法。"他想起四年前为黄位中考中学求族长的事。

黄鲁山一开始犹豫，但觉得士元的确是个人才，能够光宗耀祖，值得培养，于是，决定由公堂资助一百多元。黄树青见宗族都为儿子出钱了，只好忍痛卖了部分田地，勉强凑足了士元上学的钱，但有一个条件，就是必须结了婚再走。士元心里理想的爱人是赵子晴，赵子晴分手之前也明确表明她的态度，非士元不嫁，但是，到了这个份上，士元不忍心再让父母难受，只好让步，与比自己大两岁的本乡姑娘孙氏结了婚。

士元的选择，实属无奈，他牺牲了很多。上学前，士元去桐中和老师们告别，正巧碰上赵子晴。赵子晴兴冲冲地告诉士元，自己考上了国立安徽大学，但听到士元成家的消息，震惊得呆立许久。后来，士元亲自送赵子晴回家。一路上，赵子晴泣不成声，最后两人挥泪而别。

2 /　　宿亭子间

一九二五年三月，士元只身来到大上海。

轮船码头上熙熙攘攘，士元用在家里准备好的木棒，挑着行李用品，拒绝了黄包车夫的招揽，走着去学校，为的是节省一点费用。现在每一分钱都是延长他在上海生活的重要资源。来到学校，他没有立即报到，歇下担子想询问有关情况。

校园不大，但是很紧凑，正好赶上新生报到，校园里到处是人，说话声和呼喊声让校园充满了生机。士元立刻兴奋起来，当看到身前不远处排着长队的地方，微笑浮上脸颊，可是随后他的眼神暗淡起来，因为那里是报到的地方。按照通知书上的规定，新生报到要缴纳的费用中包括住宿费，因此，报到处现在对他来说就是一道烧钱的关口。士元收回目光，站立在路边。他想尽快找到熟悉学校内情的人问问，看看能不能不交住宿费。

士元的身前不断有陪着孩子报到的家长和学生走过。士元从小独立惯了，不在乎有没有家人陪同。他现在最急需的是了解学校情况的人。又一拨学生和家长说说笑笑走过来。士元避开他们，忽然听到一声呼喊："李先生，请等等。"

士元转过身，看到人群中，一个四十几岁着黑色西服男子转身面对呼喊方向，微笑道："乔老师，有事吗？"

乔老师走近，微笑道："也没什么大事，就是告诉你们，安顿好住宿后，不要离开，下午要召开家长恳谈会，不知李先生有没有时间参加？"

"有时间，有时间，这可是大事。放心，乔老师，李某一定准时参加。"

"那好，下午两点，学校小礼堂。"

"一定，一定。"两人握手，道谢后分开。士元哪里会失去这个机会，紧赶几步来到乔老师面前，微笑道："乔老师您好，我是来报到的新生。"

乔老师止步，有点惊讶地瞧着士元道："什么事？"

士元微笑道："老师，不知道我能不能不交住宿费？"

乔老师上下打量穿着一身土法印染的土布大褂的士元，微微点头道："你是不是经费困难？"

"是。"

"不交住宿费，你就住不了寝室了，你上海有亲戚吗？"

"没有。"

"没有？没有你住哪儿？"

士元降低声音问："老师，能不能在学校外面租房子住？"

"租房子住，那价格可不比学校的便宜。"

"我可以住亭子间啊。"

乔老师重新打量士元，眼睛柔和了，问："你叫什么名字，能告诉我吗？"

"黄士元……"

乔老师立即道："哦，你就是黄士元啊，是安徽人，对不对？"

"是，安徽桐城人。老师，我家里太困难了……"士元有点高兴了，因为乔老师居然知道自己是哪里人，一定看过自己的简历，说不定乔老师和自己很有牵连呢。他在心里庆幸问对人了，又害怕学校不允许住校外，所以赶紧说出家里困难。乔老师打断士元的诉说道："黄士元同学，我是你的辅导老师。这样，学校有规定，一般是不允许学生在校外租房子住的，不过看你的情况，我可以跟报到老师说说。"士元连声感谢。乔老师让士元跟他走。士元高兴地担起行李跟着乔老师。

乔老师敲开报到处的门，让士元进来。士元进门，一直挑着担子站立微笑面对报到老师。乔老师指着士元说："他叫黄士元，是安徽学生，刘校长亲自点的优等生，只是家里太贫困了，费用不够，能不能免交住宿费？"

"没钱就不要上上海美专嘛！"报到处老师不屑道。士元十分失望，目光暗淡。乔老师看到似乎不忍，带着士元出门，安慰道："黄士元同学，你不要难受，你等着，我去请示。"士元感动，连声道谢。乔老师走后，士元将行李担子放到报到处旁边坐等乔老师。排队报名的有学生有家长，但是他们很少穿着大褂，基本都是西装革履。那些人看着坐在一旁浑身土气的士元，脸上露出不屑一顾的神情。还有人拿士元的土气肆意嘲笑。士元只能沉默以对。

报到处前没有剩下几个人了。士元朝乔老师走去的方向眺望，哪里还有乔老师的人影？忽然报到处的电话铃声响起，报到老师接听，连说了几个知道。报到老师从报到窗口喊道："黄士元，去后面排队。"士元听到大喜，答应一声，赶紧排到两个报到的学生身后。

士元报到完，乔老师赶来。士元道谢。乔老师说不用，问他今晚住哪里。士元只好如实说出去找房子。乔老师道："这样，上海你不熟悉，我带你去找房子。"士元十分感动。乔老师带他将新发的书籍和用具寄存在门口的传达室。

学校门口的亭子间都住满了人，而且价钱不比学校的住宿费便宜多少，有的还贵很多。

士元十分失望，低头不语。乔老师不忍，问房东还有没有便宜的房子。房东说闵行那边有，就是太远了。士元听说闵行那边还有便宜的住房，忙说道："远不要紧，只要便宜，能住人就可以。"房东有点不悦，在乔老师的催问下，只得说出具体地点。

因为闵行距离学校很远，士元要一个人前往。乔老师不放心，说："你一个人，还是第一次来上海，迷路了就不好了。还有你这样，就是去了那里，房东也不敢相信你。"士元看看自己一身粗布衣衫，放弃了坚持，很难为情地说道："老师，真是带您麻烦了，带您劳累了。"乔老师道："赶紧的，落实好你的住处，别说没用的话。"

出门后，乔老师本来打算坐黄包车赶路，但他看到士元为难的样子，便让黄包车离开，对士元笑道："黄士元，咱们小跑着去闵行，我好长时间没有锻炼了。"

士元道："老师，您还是坐车吧。"

"傻话，走!"乔老师当先开跑。士元看着很难受，只好跟上去。

一路上，乔老师问了很多人，不断打听去闵行的路。一个当地老太太问他们去闵行干什么。士元说："租房子。"老太太笑了，说："租房子何必去那么偏僻的地方，这里就有。"她又问他们是干什么的。乔老师说他们是上海美专的，指着士元说他是刚刚来上学的来自农村的学生。老太太打量士元，笑了，说："我知道了，跟我来。"

乔老师跟着老太太走，可士元却站在原地不挪步。乔老师走了几步发现士元没有跟上，回身问："黄士元，你怎么不走啊?"士元犹豫道："老师，我们还是去远点的地方吧，这里的房子可能便宜不了多少。"他们说话间，老太太也停下看着他们。她见士元这样，笑道："学生，我晓得你没钱，租不起价钱贵的房子。我带你去的地方也是偏僻的，房租比闵行高不了多少。"士元听说后，马上欢喜起来。他跑到两人面前问有没有亭子间。老太太笑道："当然有了，我第一眼就知道你想住什么样的房子了。"士元满脸欢喜。

路上，老太太问了士元家中情况。士元一一作答，他那谦恭的态度让老太太非常喜欢。老太太告诉他们，房主是她一个远方亲戚，住的地方偏，附近没有工厂，路难走，所以很少有人租，租金相对便宜很多。士元说他要租亭子间。老太太说她知道。

老太太带着他们七拐八扭，终于在一个狭窄的里弄深处破旧的三层楼房门前停下。房主姓刘，是中年妇女。她听说了士元的条件后，皱着眉头说："亭子间是空着，但是价钱太低。"老太太拉着房主在旁边说了一会话。

房东勉强同意士元入住。她交代了士元一些入住须知。老太太嫌规矩太多。士元立马笑着说："奶奶，行，我都答应。我保证遵守刘阿姨的规矩。"

老太太叹息道："唉，可怜的孩子，这么小，一个人远离家乡来上海，真是难为你了。"

士元笑："奶奶，现在在这儿不是有您、乔老师和刘阿姨吗？我不孤单，很好，很好。"他一边说着，一边分别给房东、老太太和乔老师鞠躬。房东看到士元这样，脸上露出了笑容，说："那好吧，我看你这人很诚实，房租就按月交吧。唉，出来上学确实不容易。"

这样，士元来上海的第一个夜晚解除了睡大街的危机，还结识了老太太和房东。他无意间也和乔老师建立了信任和友谊。

3 /　　吃阳春面

除了省下一笔住宿费后，士元一日三餐不敢吃学校的食堂，因为食堂的饭菜都是不错的，价格自然贵。吃饭在学校门外的饭摊上买稀饭吃，菜以便宜的咸菜和黄豆为主，偶尔也吃一顿白菜，肉是不敢吃的。

好友马袖山等人得知士元一日三餐所吃的后，都很感慨。

一天下午放学，马袖山和几个同学邀士元一道外出，也没有说外出干什么。士元对同学们所请向来不拒绝，跟着他们外出。马袖山他们带他走进一家小饭馆，这时，士元有点紧张，告诉同学他忘记了乔老师的交代，要去乔老师那里。同学们知道士元因为看到是饭馆害怕出钱吃饭，说什么都不让他走。士元无奈，准备随着大家也"挥霍"一次。几人坐下，跑堂的过来问他们要吃点什么。士元不待同学说话，首先问有没有阳春面。跑堂的看看士元有点不乐意，勉强说有。士元高兴了，说一人一碗阳春面。同学要阻止他，士元却坚持这样，大家也就顺着士元的意思吃阳春面。士元吃相很贪婪，一大海碗阳春面几口就吃完，连剩下的汤都喝尽，而同学们还有大半碗面。同学们看到这样，都很难受，装着没有看见。士元看到大家碗里还有很多面，感到很不好意思。马袖山离席，回来不久，跑堂的又送来一碗面给士元。士元推拒。大家一致让士元吃，士元不得不接受，笑着说："我成饭桶了，我平时可不是这样的。"马袖山道："知道知道，你黄士元可是精细得很哦。"

士元这回没有饿狼似的风卷残云，而是极力放慢速度，可是没吃几口，不自觉地又开始了风卷残云。等他吃完了第二碗，大家还没有吃完。士元端着面碗离开桌子，是不想让同学们看到他已经吃完了。马袖山问他干什么。士元说："吃热了，凉快一下。"士元走到柜台放下碗，拦住跑堂的问要多少钱。跑堂的看了一眼不屑道："结过了。"他说完后，便不再理睬士元。

"结过了？"士元重复，愣在柜台前。士元转身看同学们。同学们也都在看着士元，还朝他招手。

这以后，每隔一段时间，同学们总要拉士元吃一回阳春面。士元明白，自己的情况大家都知道了，他自己就没有必要矫情。每到这个时候，吃过面，士元总要给同学们来一段拿手的唱段以回报他们。

4 / "自由布"衫

上海美专的学生大都是有钱人家的子弟，穿戴整齐讲究。士元穿着家造的老粗布不是出于性格使然，而是出于无奈。但是这不等于士元不喜爱新的漂亮的衣服，不等于不喜爱那些面料、做工、色彩和款式都很好的衣服，他可是专与造型和色彩打交道的人，对人体形态和色彩具有超出常人的敏感和欣赏境界。

不久，马袖山发现士元一个秘密，士元每天吃饭不和任何人在一起，打饭也不买菜。他打完饭就脱离人群，躲着独自一人吃。刚开始，马袖山认为那是士元独特的习惯，出于好奇暗中观察。这天，马袖山和方毅故意等着士元先去食堂打饭，然后他们混在人群里偷窥。只见士元打完饭，照例没有打菜，径直坐到餐厅门边供水桶前，四处看了看，拧开水龙头朝饭碗里放温开水，端着出门。马袖山将饭碗交给方毅代为打饭，随后尾随士元出门。

士元没有去寝室，也没有去教室，而是走到食堂后面一座人工垒就的土山上。山上栽种了树木。马袖山疑惑士元为什么来这里吃饭。于是，他便隐身于土山右侧的竹林里。士元坐到土山一个人工配置的石凳上，将饭碗放置面前的石桌上，从口袋里掏出一个纸团并展开，两根手指从纸团里夹出白色颗粒放进碗里。马袖山看着眼前的情景，惊叫了一声，因为他断定那颗粒一定是盐，心里有说不出的滋味。士元用筷子搅和，然后端起碗喝水，放下，再从纸团里夹出一颗稍小的颗粒放进碗里，搅和，用舌头试试碗里的味道。他微笑地将纸团包好揣进口袋里，端起碗吃饭。马袖山再也忍不住了，冲出竹林跑到士元面前夺下饭碗。

士元看着愤怒的马袖山，笑着问："怎么了，你怎么来这里？"

马袖山将饭碗放置石桌上，怒道："这句话应该是我问你才对。你为什么一个人来吃饭？"

士元微笑地说："怎么，有哪条律令不准许吗？这里风景独好，中午时候也没有人打扰，边吃饭边欣赏、领略景致不是很惬意吗？据说过去皇帝或者巨贾进餐时候用音乐、歌舞助餐，我没有他们气派，用美景陪伴进餐应该不会妨碍任何人吧？"

马袖山指着士元道："好好好，好你个黄士元，死鸭子嘴硬是不？那好……"马袖山突然端起桌面饭碗。士元急忙上前抢夺。马袖山转身喝了一口碗里的水，顿时愣住，盯着已经将饭碗抢到手里的士元，惊愕得说不出话。士元支吾道："袖山，不是像你想象的那样，我有一个毛病，医生让我吃几个月盐水泡饭，我怕同学们误解，需要多费口舌，所以才来这里。"他见马袖山不相信，又说："真的，马袖山，请你相信我。"

马袖山叹息道："士元，我们可是好同学，有什么不可以和我说的吗？穷困不是罪恶……"

士元急忙道："这个与穷富没有关系，纯属医嘱。"

马袖山说："黄士元，我虽然没有你聪明，但是也不至于如此愚蠢吧。还医嘱呢，你敢和我一道去看医生吗？"

一贯从容应对任何事务和问题的士元叫马袖山难住了。他将饭碗放置桌上，说道："袖山，我也不隐瞒你了。是，我是为了节约，不想因为这让同学们议论，并且可能带来同情和施舍。请你给我一点人格的尊严，可以吗？"

马袖山转身，眼里噙着泪花，嘴唇颤抖道："士元，不是我不尊重你，是实在……唉，你父母要是知道你是这个样子，还不……"马袖山说不下去了。

士元急忙说道："袖山，我向你保证，就三个月，三个月后我一定和大家一道正常吃饭。你不要把这件事让第三个人知道，可好？"

马袖山问道："你能不能说说，你这样做到底是为了什么？为什么是三个月？"

士元笑着说："我正在做一项社会实验，体会一下贫苦大众在没有菜吃的情况下机体和精神方面的变化。真的，过了三个月我一定恢复正常吃饭。"

马袖山无奈地说道："算了，我知道你总有说辞，我也不探问了，希望你不要拿自己的身体开玩笑，搞坏了身体可是一生的遗憾。"

士元这样做是出于一个说不出口的秘密，他想做一件"自由布"的长衫，外出参加活动和写生，不至于再接受那些以貌取人者眼光的审视和鄙夷。为此，他问了做一件"自由布"的长衫需要多少钱。他计算过，按照正常的吃菜标准，要将近三个月不吃菜才能攒够做长衫的钱。他没有将这个秘密告诉马袖山，确实是在维护自己的人格尊严。

马袖山虽然知道士元这样做是为了节省，却不知道为什么要如此这般。但他还是接受士元的请求，没有将这件事说出来。三个月后，他看到士元又和大家一道吃饭，才不再担心。当看到士元外出穿上了一件簇新的自由布长衫，他心里似乎明白了，暗地里说士元不该对自己那样苛刻。

三个月过去，士元终于节省出够买做一件大褂子的"自由布"的钱。他手里拿着机器纺织的浅灰色"自由布"，脸色发红，将它送到住的地方一个裁缝铺做大褂子。他一问手工费，不得不缩回手，因为手工费涨了，超过自己的预算。但是他又不好跟师傅讨价还价，因为他知道做手艺的人都是底层老百姓，他们辛辛苦苦为了养家糊口，他不忍心。师傅见士元犹豫的样子问他是不是钱不够。士元坦然说是。师傅问他手里有多少钱。士元说："还差五文钱。"师傅让他过来量尺寸。士元惊问："师傅，您不要那五文钱了吗？"

师傅叹息道："钱是越多越好，又不烫手，怎么会不要啊？"

"那您……我可是少五文钱啊？"士元还是不放心地问道。

师傅道："我晓得你，你是学生，就住在307的阁楼。"

"您怎么知道我啊？"

"我也住在307啊，顶楼。我们紧挨着，你没有看到过我吗？"

士元仔细看着师傅已经想起来了，阁楼下面有一家住户，家里有孩子，上个月房东还上门讨要房租。师傅请求推迟一点交。他们差点叫房东赶走。士元惊愕地问道："原来是您啊？"

"是的，是的。你放心了吧。"师傅露出难得的笑容，补充道，"我看到你很刻苦哦。料子放我这儿，都是穷苦人。"

士元道："不不，师傅，您做。那五文钱我下个月给您。我不能叫您受损失。"

后来士元果真又节省了一段时间，直到攒足五文钱补交给师傅，心里才好受些。士元终于有了能够示人的长衫了，但是他没有马上穿着它上学，只是在阁楼狭小的斗室里试穿，让心里乐和一阵子。他把它脱下来，小心叠好，他要等到需要的时候再穿它。长衫一直放在桌面一角。士元每天回来都要用手掌轻轻抚摸长衫，喜悦的微笑浮上了他年轻的面庞。他在学校里有时候想到亭子间还有一件新长衫，心里总是有点莫名的兴奋和温暖。

士元第一次穿新衣服是去杭州写生。因为杭州距离上海比较远，他没有搭车，而是去租车铺租了一辆旧自行车，准备骑车前往杭州。那天，他穿着新长衫，觉得格外精神。他背着画夹，骑车出了上海，一路上春风得意。但是，没多久路面变得坑坑洼洼，很不好走，自行车在坑洼间左拐右让。突然，车子踩不动了。士元不敢用力，右脚支地，从右面下车。可是长衫搅在后车轮的齿链间。士元顿时脸色煞白，小心地将车子支好，蹲下查看，心疼地差点流泪。他小心翼翼地倒转链条，终于将绞住的长衫后摆取出，但是长衫的后摆不仅印上一串齿轮印子，还叫齿轮绞裂一寸长的口子。士元双手举着长衫的后摆，一直盯着开裂的口子，心疼地溢出眼泪。他就那么在路上呆愣了很长时间，要不是一辆过路的卡车鸣笛，他还不知道痛惜到什么时候。他将长衫脱下装到背包里，才骑车去了杭州。

一次外出写生中，士元偶然给一位白发老人画像。画像画好后，他恭恭敬敬地用双手将老人的肖像画送给老人。老人看了自己的肖像画，觉得很满意，连声赞叹士元画技高，将来一定是享誉中外的著名画家。

士元微笑道："老爷爷，这个我可不敢当，我只是希望这张画给您带来长寿和洪福。"

老人很高兴，也很感动，问士元要收多少钱。士元微笑，说："老爷爷，我能为您画画是我的福气，只要您高兴就足够了，怎么可以向您要钱啊？"老人看着士元微微点头，说了几句祝福的话，说完后两人便分开。士元走出十几步远，听到老人喊他回来。士元忙向回赶，笑着问老爷爷还有什么吩咐。老人竟然要士元送他回家。士元先是一愣，但是马上愉快地搀扶老人行走。他一路上小心搀扶老人，遇到难走的路段提前提醒老人注意。老人好像不记得路了，一会让他走这边，一会儿走那边，还返回再走。尽管如此，士元总是笑着让老人不要着急，说他们一定会找到回家的路的。老人问士元："你不着急吗？"

士元笑道："人老了，难免记忆不好。我做晚辈的遇到这个事情一定要帮着解决，况且我还学了'老吾老以及人之老'的道理。老爷爷不用着急，今天我一定把您送回家。"

老人看着微笑的士元微微颔首，又问："你平时都是这样待人的吗？"士元微笑地说："虽然我做得不够好，可是我都是真心的。如果我做得不够好，请您老说，我一定向好的方面努力！"

虽然老人没有让士元搀着自己走，但士元仍然尽心尽力地搀扶老人行走。他一路上还给老人说上海的见闻，还说了自己在美专学习的情况。老人问他家庭情况，士元如实相告。老人问士元想不想发财。士元坦诚地说："想啊，发财了，就有能力为社会做更大、更好的事情。"

老人吃惊地问道："哦，你真是这么想的吗？不是为了光宗耀祖吗？不是为了让生活过得更好吗？"

　　士元听了后，笑了。老人问他笑什么。士元道："不瞒老爷爷说，我是想发财，但是如果发财只是为了自己，那眼光就太短浅了。是，我是穷苦人家的孩子。正因为穷苦，我才能体会那些穷苦的人需要救助，需要关怀！至少，我要是富有了，绝对不会做出为富不仁的事情。哦，老爷爷，您问这个干什么啊？"老人微笑地说："没事，随便问问。"

　　士元微笑地说："哦，那我们走吧，说不定您的家人正在家里着急呢。"老人微笑不语，由士元搀扶着自己走路。

　　走了一段路，老人站住，突然说饿了。士元在心里想："该死，怎么没有想到呢？"然后，他对老人说："老爷爷您坐这儿不要走动。我给您去买饭菜来。"老人拉住要走的士元，说道："我不吃米饭。"

　　士元问道："要吃什么，您说。"

　　"我要吃包子。"老人回答道。

　　士元答应老人，马上前去买包子。老人看着他匆匆前去的背影微笑，坐到路牙上等待。

　　过了没多久，士元手里拿着一个纸包匆匆赶回来，微笑道："老爷爷，您久等了吧，给。"他将纸包递给老人。老人揭开纸包，看见纸包里面有还冒着热气的四个包子。老人十分高兴，问士元："你吃没吃？"

　　士元道："我年轻，不饿。您吃。"

　　老人高兴地吃包子，可他刚吃几口，就不吃了，说："包子不好吃。"

　　士元表现出很不好意思，一边直搓手一边问："怎么办，怎么办？"他用手摸了摸口袋，愣住了。老人问他是不是没有钱了。士元说："我出门没带很多钱。真对不起，老爷爷。"他说完后，掏出仅有的两张分票，露着满脸的为难和失望。老人什么话都没有说。士元笑道："老爷爷，你坐着，我去和老板商量，把画抵押在这儿，一定能行。"士元说罢，拿上画夹匆匆跑开。老人大声地喊道："回来，黄士元！"士元站住。老人向他招手。士元回来问："老爷爷，您不用担心，一定行的。"

老人站立起来说："不用，送我回家吧。我现在不饿了。"士元搀扶老人走。这回，老人再也没有说错路了。到家后，士元发现老人是独居。老人让他稍等，自己去房间里。士元耐心等待。不一会儿老人捧出一个长木盒，交给士元并说道："孩子，拿着，以后你会用得着的。这个就算我们祖孙两人相见的缘分和我给你的见面礼吧。"士元道谢，要打开盒子。老人不让，只是嘱咐他一定要小心收藏。士元知道这里面一定是一件十分珍贵的物品，不敢要。老人愤怒地说道："古人就有'宝剑赠英雄，红粉赠佳人'之说。你是最适合接受此物的人了，我老了，时日不多，总不能让它陪着我入土吧。"士元听说后更不敢接受。这一回，老人真的发怒了，对士元一顿斥责。士元不得不接受。回来后，他在阁楼里打开盒子，发现老人赠给自己的居然是一幅极其难得的名画，震惊不已。他乘着星期天再次寻访老人，准备要交还名画。可惜，老人家里已是人去楼空。

士元平时自己生活再困难，都没有动过卖这幅名画的念头。但为了解决同学的困顿，他居然果断出手这幅名画。

那是一个连日阴雨的傍晚，迟一学期进入美专的方向明等几个贫困同学连吃顿饭的钱都凑不齐了。士元知道了，二话没有说，拿出珍藏的那幅名画交给方向明他们，让他们去当铺换钱。可是当铺的人看到方向明他们那种寒酸的样子，不相信他们手里拿着的是名画，拒绝典当。虽然名画没有出手，但是士元急人所难，肯将最珍贵的东西拿出来，这一举动还是感动了大家。

5 /　　九华写生

士元学习绘画兼收并蓄，注重写生，渴望从大自然和日常生活中汲取艺术营养。通过大半年的学习，士元的油画创作水平很有长进，在上海美专同届学生中名列前茅。他得到授课老师的赞赏和校方的关注，并被列入重点培养对象，其画作经常被画展主办方列入展览对象予以推介。

士元虽然取得了令人瞩目的成绩，但是，他始终保持清醒的头脑，不骄不躁、刻苦自律。放暑假后，士元谢绝在上海、杭州和南京的同学邀请，回到家乡安徽，去他很早就向往的九华山写生。

九华山位于安徽省青阳县城西南二十千米处，是中国四大佛教名山之一。九华山素有九十九峰之称，千米以上高峰二十多座，十王峰为首。天台、天柱如台似柱，耸入云霄；山间秀溪萦环，景色迷人。它以佛教文化习俗和奇丽自然风光享誉海内外，尤其在东南亚华人世界更具盛名。它是画者写生作画的理想之地。

士元每次出远门都要精打细算行程中的所需费用，尽量减少逗留中的花费，很少突破自己的预算计划，有时候还略有结余。这次去九华山计划待半个月，准备进庙宇借禅房落脚。临行时，他还带上了单人蚊帐，打算露宿寺庙旁，以防寺庙不能借居。

来到九华山，只见九华山山势绵延曲折，山峰形态各异，云遮雾罩，令人叹为观止，山腰和山脚下寺庙遍布，人文景观丰富。士元不胜欢喜，攀缘到一个古庙的后山，在一棵松树下支开画夹画群山、画巨石、画流水、画古庙，还画善男信女的虔诚。士元将最后一张画画完，将其题名为"朝觐圣地"。然后，士元将画笔插在画夹边沿，伸了个懒腰，再做一个旋风腿。他蓦然回首，看到身后站立一个忘情看着他的"朝觐圣地"画的十几岁小和尚，小和尚背着药篓，右手还拿着药锄。士元看着忘情的小和尚微笑道："小师傅也喜爱画画？"

小和尚一惊，回过神后，看着士元，似乎不敢相信。他问道："这个是施主画的？"

士元笑道："啊，你不是亲眼看到了吗？"

小和尚双手和尚道："罪过罪过，施主不要介意，是贫僧有眼无珠。"

士元笑道："小师傅，快不要这样说，你没有罪过，也不是有眼无珠，只是看入迷了，才有此一说。小师傅宝刹哪里？"

小和尚微笑，手指眼前下面的寺庙道："就在那儿，甘露寺。"

士元微笑道："小师傅，甘露寺有没有客房啊？"

小和尚道："施主想借住甘露寺？"

士元告诉小和尚自己来自上海美术专科学校，慕名来九华山写生，要待半个月，并向小和尚出示自己的学生证，问能不能借住贵寺。小和尚告诉士元，住持师傅最喜欢有文化的人，尤其是喜欢画师，经常留住那些文化人。说罢，小和尚高兴地邀请士元跟他走。士元得到这个信息，内心激动，赶紧收起画夹随着小和尚下山，准备夜宿寺庙。

小和尚让士元在庙门外稍等，自己进去报告。

已是晌午时分，士元站立庙门前觉得肚子有些不争气了，但还是坚持着恭敬地站立庙门旁。时间不长，小和尚重新出门，手指着恭立的士元道："师傅，就是他。"士元随着声音望去，看见一个穿着袈裟的五旬以上的老和尚。老和尚看了一眼士元，双手合十道："阿弥陀佛，施主远道而来，请入小寺暂歇叙话如何？"

士元微笑合十道："大师，小可有礼了。多谢，大师请。"

老和尚很高兴，执着士元的右手一道进入庙门。在知客房，士元才知道老和尚叫圆慧，正是此庙的住持。士元还得知圆慧是三十多岁时候半路出家的，出家之前曾是徽州一位小有名气的中国画爱好者，专画山水写意。他们谈得很投机。士元坦诚此来的目的和请求，再次将学生证递给圆慧大师。圆慧笑而不接道："施主，我们萍水相逢讲究的是一个'缘'字，那些身外的物事老衲向来不看中。"士元知道圆慧是位洒脱的人，便没有再坚持。圆慧让人安排一间最清净的客房给士元住，并明言士元吃住免费。士元很感激。圆慧叫他不要如此，说："有缘相聚，无缘不逢。"说罢，他带士元去吃斋饭。

饭后，圆慧邀请士元去他的禅房叙话。他们谈起了文学，谈起了绘画，当圆慧得知士元通晓中国画和西洋画很吃惊，请求士元让他一睹西洋画。士元当即打开画夹，一张一张翻给圆慧看。圆慧看着不断啧舌称道，叫来小和尚，对士元说："从今天起，就由净悟做施主的向导，陪伴施主作画。"士元对他表示感谢。圆慧让净悟带士元回客房休息，说下午亲自陪士元上山。

士元也许是旅途劳顿，一觉睡了一个多时辰。醒来时，士元看到净悟早将装着山泉水的木盆放置在士元住的客房外边，坐等士元醒来，心里十分感激。士元匆忙地洗了一把脸，回屋拿起画夹和净悟出门。士元经过知客房时才知道圆慧大师早已坐着在等他。两人说几句客气话后一道出门。

圆慧大师带士元登上最著名的十王峰。一路上僧俗老少两人谈兴很浓，好似多年的老朋友。士元本来就是一个活跃豪放之人，谈话可是他的专长。圆慧见士元谈吐不俗，见识高远，更加喜爱他，每到山道险峻处还总要提醒士元。一路上，他们谈得最多的还是各处景点的评说和感触，因为他们两人都是画者，在他们眼里，对那些景点的优美和险峻的理解与感受自然不同于一般人。一路上，士元俯瞰群山，极目远眺，兴致勃发，说要给圆慧大师画一幅肖像画。圆慧大师非常高兴，但是考虑到士元来一趟不容易，让他还是先抓紧写生，说肖像画可以下山到庙里画。

士元一旦进入写生几乎入迷，手里的画笔不断挥动。圆慧大师站立一旁观看，除了点头就是赞叹。不知不觉暮色降临，圆慧大师催促士元赶快下山，要不天黑了，他们就没有办法下去了。士元知道路途的险峻，立即收了画夹随圆慧大师下山。

吃过晚饭，士元忘不了自己在十王峰上的提议，敲开圆慧大师房门要给大师画肖像。大师感动，说夜晚光线不好，还是等白天吧。他还说士元累了一天了，也该好好休息了。士元坚持要画，说多点几根蜡烛就可以了。大师拗不过，只好加点蜡烛，摆好姿势让士元画。士元怀着感激的心情，为圆慧大师精心作画。

这幅画，圆慧大师非常满意，还特地下山装裱起来。

此后，净悟朝夕陪伴士元上山作画。士元原本打算借居半个月，结果却待了二十多天。净悟带着士元几乎跑遍了九华山所有值得作画的地方。士元作画时，往往会忘记时间的存在，错过了吃饭的时间。为此，净悟总是准备好素斋干粮，中午他们就在山上吃。他们有时候就近在别的寺院吃斋，因为净悟是和尚。后来，圆慧写了一纸知会各寺庙的文书，说明士元的所为，请求各寺庙给予方便和关照，因此，士元和净悟不需要再带干粮了。有时候，画得太晚了，他们就近住在附近的寺庙里。

士元在九华山写生期间，决不浪费时间，总是起早贪黑地作画。净悟对此印象深刻。士元作画时，净悟蹲在一边看着，手里拿着树枝在地面模仿作画。士元发现了，就教净悟画速写。净悟天资不错，居然在士元写生期间将速写画得有模有样。

在写生途中，士元所带来的画纸不够用了。净悟告知了圆慧大师，圆慧亲自下山买来宣纸和宜作油画的厚白纸。等到每天士元回到住处时，圆慧大师总要过来和士元长谈。

由于圆慧大师的鼎力支持，士元此次九华山写生作画，取得了丰厚成果。士元的老师还特地将他在九华山写生的所有画稿在学校举办了教学展览，给师生留下了深刻印象。

6 / 相知兰静

一九二七年暑假，士元父亲因为积劳成疾不幸去世。士元万分悲痛，抱住父亲的遗体大哭不止，水米不进。妻子孙氏的劝说根本无效。还是拄着拐杖的已经病体沉疴的黄鲁山一顿斥责，才止住士元肆意哀号。士元忍着悲痛为父亲画了张遗像，心里才稍有缓解，在族人的料理下，士元安葬了父亲。遗像成为士元对父亲追思的唯一纪念。

浮山号称中国第一文山，山上留下积年文人雅士的石刻题词。尤其是山上遗留大量的摩崖石刻，儒释道传统文化纷呈，让士元魂牵梦绕。其山雄奇险峻，让人流连忘返，是绘画爱好者理想的写生所在。

办完父亲的丧事后，士元不作停留，便乘着假期去离家很近的浮山写生。

士元经过考察，看中了途中山脚下的金谷岩。金谷岩位于浮山东部，岩内有古寺，因金碧辉煌的佛殿藏于山谷间而得名。殿后刻"胜集岩"三字。大殿之西，有一石刹，高三米，为明代高僧古庭禅师藏衣钵之所。滴水洞附近有"抱龙""回龙"美景，险峰对峙，野藤倒悬，高大轩昂，气势雄伟。岩前有木莲，花放如白荷，香气四溢；岩侧有古老的罗汉松，枝干如虬龙，盘踞石上。如此的人文景观和自然景观是吸引士元来此写生的根本所在。

士元去金谷岩写生的另一个原因是居所就近，十分方便。他临时居住在浮山脚下鲍庄杨老先生家中。杨老先生堂兄杨省初是士元在桐中的老师之一，士元又和杨老先生大儿子是校友，弟弟黄桂元还和杨老先生小儿子杨芝学是同班同学，兄弟俩和士元关系甚密，杨老先生本人此时协助乡贤房秩五先生创办浮山中学。由于有这些关系，士元住进了杨家，在生活上得到很好的照顾。本来杨老先生对孩子要求很严格，但自从士元到来，特许两个儿子抽出时间陪士元写生，晚上三人同处一室。

士元在杨家很勤奋，早晨天不亮起床，悄悄外出呼吸新鲜空气，活动身体，然后去乡间小路跑步。回到杨家院内时天色往往微明，这时他才打井水洗漱。此时，杨家人才起来做早饭。士元准备新一天的计划，或者看一些带回来的绘画著作。

士元投入绘画的时候全神贯注，兄弟俩就坐在旁边看带来的书籍。画累了，就用山泉水洗把脸，让脑袋清醒，然后少不了习惯性伸展拳脚，做一番谁也看不懂的自创的所谓体操。每到这个时候，杨家两兄弟才有机会和士元玩笑嬉戏。中午，士元时常忘记了吃饭，弟兄俩分工，一人陪伴士元，一人回家拿饭过来吃。为防太阳暴晒，士元就戴一项自己用树枝野草编就的所谓"自然帽"，雨天，他就隐身于岩洞内雨水淋不到的地方，画烟雨蒙蒙下的景致。

在士元的写生过程中，时有好奇的游客顺访他。士元便停下画笔和游人攀谈，从他们嘴里了解他不知道的事情。有时士元也给少女或者少妇画肖像速写，使得那些女子不知道如何感谢他。弟兄俩常拿这个事情和士元开玩笑，说士元到处拈花惹草。士元却正色道："美好的东西是人人喜爱的，女子是人类最能展现美的代表，欣赏、喜爱她们是自然的，只是不要想歪了就好。你们没有上美术院校，画模特儿裸体还是一门必修课呢。"

弟兄俩没有听说过模特儿，追问是干什么的。士元给予解释。弟兄俩十分震惊，也不敢相信，但是对士元所说的道理似乎懂了一点，以后遇到士元给美女画肖像，再也不开这样的玩笑了。

不过士元给美女画肖像，也会招来烦恼。一次，一个暑假回家的在天津读洋式学堂的女学生和家人偶游金谷岩，看到士元作画，要求士元为其画肖像。士元没有推脱，几分钟画好了她的肖像。女学生看到十分惊讶，支走家人和杨氏两兄弟，主动说自己叫刘兰静，庐江汤池人，是孔雀东南飞里主角刘兰芝的同宗后人，并告知自己现在的身份，并告知士元，自己还要在家待一个多月。这是刘兰静的主动示爱，士元心里自然明白。士元以前也遇到过好几次类似的事情，他都带着微笑委婉地推却，熄灭了对方心里的火苗。士元微笑道："谢谢刘小姐，天地很开阔，繁花自然香，但愿兰静小姐高飞珍重。"士元的话说得很明白，可是刘兰静却是神情迷惘。盯着士元一会，叹息一声便离去。

好奇心十足的杨氏兄弟俩自然不会错过这大好的猎奇机会，询问士元和那小姐都说了什么。士元只有一句："就是多问了几句而已。"两人不相信，可是士元专心画画，两人不好再行打扰。

士元每天准时出现在金谷岩各处景点绘画，引起了金谷寺僧人注意，当得知士元是上海美专的大学生，又见到士元的油画和速写非同凡响，住持特地邀请士元进入金谷寺作画。因此，士元在这里留下一幅让弟兄俩印象深刻的"金谷佛光"。

金谷寺内有一尊明万历年间太史吴应宾铸造的铜佛，立于殿中，高大庄严，人称"丈六金身"，于是"金谷岩"又名"极乐岩"。士元被铜佛像镇住，决定画铜像。士元用笔点出画稿的布局，标出佛像轮廓，用明、暗、深、浅不一的比绿豆还小的点和色调临摹佛像，画得惟妙惟肖，再配以岩内景色，令人叫绝，爱不释手。士元将此画赠予金谷寺，住持将它当作镇寺之宝对待。

此后，士元在金古寺周边写生，住持尽可能地给予帮助，送茶递水，留饭留宿，雨天送伞，晴天送遮阳帽。

晚上士元回住所，在灯下审视、修改画稿。有时候，士元也和杨氏弟兄俩说外边的世界。每当这个时候是杨氏弟兄俩最开心的时间，也是问题最多的时候。士元每晚都要到深夜才能就寝。

士元在金谷岩热情地为许多年轻女子画肖像画。在士元所画的十几个女子中，后来先后有两个少女瞒着家人来金谷寺找士元，让士元费了很多口舌，才将她们劝离。

最让士元内心不安的是刘兰静。那日，刘兰静回去后，在房间里看着士元给她画的肖像，竟然落泪了。此后几天她茶饭不思，人也神情恍惚，整个人在短短的几天内瘦了一圈。家人着急，遍请名医，可是刘兰静还是恍恍惚惚。后来，奶娘从刘兰静床里边发现了士元给刘兰静画的肖像画，后面刘兰静用钢笔写满了"黄士元"三个字。父亲打听出黄士元其人和所在之处后，马上派家人请士元过去。士元听刘兰静家人诉说，十分震惊，交代了两兄弟几句，随即启程赶往汤池刘府。

刘兰静父亲看到士元的模样、气质、举止，很高兴，交谈中得知士元家中已有妻室，心里凉了半截。刘兰静父亲许诺，要是士元能劝好女儿，他愿将家产的三分之一相赠。士元拒绝。

劝说刘兰静，对于士元来说，是一场前所未有的经历，其内心无比煎熬，因为此时，士元已经被刘兰静的痴情感动。士元进了刘兰静的房间，看到刘兰静消瘦的模样，内心很无奈，同时更加感动。刘兰静在迷糊中听到士元轻声呼唤她，马上有了反应，费力睁开眼睛，看着床边果真站着士元，激动得要坐起来。

士元赶紧制止刘兰静起来，让她躺着说话。刘兰静表示同意，脸上顿时绽放出笑容，微弱地问："你，你怎么来了？"

士元微笑道："来看你啊！"

"真的吗，我不是在做梦吗？"

士元抓过刘兰静的手道："感受到了吗？真实的。"

刘兰静满心欢喜，要再次起床。士元告诉她："你很少吃东西，身体还很虚弱，等身体有所恢复，再起床不迟。"

刘兰静道："好，我吃东西。但是，你能在这里待多长时间啊？"

士元微笑道："你想让我待多长时间？"

刘兰静痴痴地问："一生可以吗？"她马上又说："那是不可能的。"刘兰静合上眼睛。士元也不知道如何劝说了，只好沉默不语。良久，刘兰静缓缓睁开眼睛，看着士元轻轻叹道："不管时间长短，能说说话就好。你叫他们送吃的来吧。"

士元出门告诉刘兰静父亲。老两口震惊，连连道谢。

刘兰静吃了半碗稀饭，躺了一会，觉得好多了，便在士元的搀扶下坐起来靠到床头和士元说话。

此后几日，士元陪着刘兰静散步。家人看到刘兰静和士元亲密的样子，既高兴又难受。刘兰静是个通情达理的人，虽然十分喜爱士元，但是还是能够理智地对待他。几天下来，她也想清楚了，她和士元已经没有任何可能，何况这几天士元已经尽了最大努力陪伴她，她感受到了满足。士元最后确认刘兰静以后不再反复了，才放心离开刘府。

在刘府的这段日子里，士元为刘兰静画了十几幅刘兰静的肖像画和各种姿势的速写。临走，刘兰静对士元说："有了你的画，我不会再糟蹋自己，希望有生之年我们还能够再次见面。"

7 / 画肖像画

　　士元克勤克俭都是为了确保顺利完成学业，为此，他在学习中更是付出比常人更多的努力。士元的肖像画在桐中时候已经具有很高水平了，他的人物肖像画不仅形似，而且更具有神似的完美。这要归功于他善于捕捉人物静态和动态的神态特征，来源于他对事物长期精准的观察和把握。

　　在上海美专，一项重要课程就是画人体模特儿。士元和同时来画的其他同学不同，其他同学看好模特儿形体构架和特征就进入临摹阶段。士元总是长时间从整体再到局部细致观察、推敲，有时候在坐着的地方起身来到模特儿展示处，从前后、左右不同角度对比观察。

　　一次，一个二十岁左右的女模特儿裸身静坐让同学们临摹。士元观看了一会儿后，走上台来到模特儿近前蹲下身体平视。模特儿惊恐，脸色大变道："你要干什么？"士元没有微笑，他知道此时要是微笑一定让模特儿误会自己。他板着脸道："别动，看看你身体各个部位的角度。"听到他们的对话，在一旁作画的老师过来严肃地问："黄士元，这是干什么？怎么能这样？"

　　士元道："老师，我就是想细致地看看人体裸像各个部分的自然角度，避免生硬。"

　　老师道："不可以这样近看，这会让模特儿很不自然，会影响他人作画。"士元听了感到无奈，一脸的遗憾。女模特儿看到一脸无奈的士元，悄声说："现在不行，找个时间我让你单独画。"士元听了，看了一眼镇定的模特儿只好走回座位认真临摹。

　　下课后，士元在画室的举动很快传开了。传说的事情历来总是被不缺乏想象力的传播者不断加工，按照传播者的心里构想被赋予很多意义。没有参加画模特儿的马袖山、赵枕云、唐孝明分别问士元是怎么回事。士元知道自己在画室的举动欠考虑，引来这么大的误解，只能对他们三人分别重复自己在画室里所说过的话，说自己想细致地观看人体裸像各个部位的自然角度，绝对没有其他意图。三人似乎都不大相信，又不好不相信，因为他们都是士元的好同学，对士元比较理解。马袖山和唐孝明先后安慰士元不要再生气了。马袖山说道："那些人想说什么，我们也没有办法封住他们的嘴巴。"唐孝明还附加了一句："你毕竟有了那个举动。"赵枕云却没有多问，而是说："我相信你。我会为你找机会画裸体的。"士元笑笑，没当一回事。因为在当时的传统观念中，男女裸体是不能轻易示人的。上海美专可是顶着社会压力开设此课，而且画裸体机会很少很少。士元的举动也叫当时参加画裸体的其他同学侧目，士元的心情大受影响，临摹女体时自然不够细致到位。

下晚学后，士元没精打采地走向校门。身后一个柔美的声音道："黄士元，等等。"士元回头，见一个穿着高跟鞋、身材标准、笑容含蓄的年轻女子向他走来。士元没有想到模特儿那句话不是随便打发自己的，心里一阵扑腾，但是马上又冷静下来。他想到自己关于对这个女模特儿的一些负面传闻，心里不知道如何面对。模特儿走近微笑道："怎么了，黄士元，我是来履行我的承诺来了。不欢迎吗？"士元被动地"哦"了一声道："哪里哪里，就是感到太意外了。你可是……怎么可以为我一个人……那不是浪费资源了吗？也耽误你的时间了。"

模特儿笑道："没事，我是个为艺术献身的人，你可是高才生哦，不会也和那些死脑筋的人同类吧。"

话说到这个份上了，士元不好再说什么，就是很为难，因为他住的亭子间，不仅空间狭小，而且还光线暗淡，要是关上门，室内在昏黄的灯光下就更暗淡了。此外，一个年轻男人和一个年轻的女子独处一室，这在当时也是能够让人猜想的，何况这个女子还要赤裸整个身体呢。在画室的裸体可不同于私底下的裸体。模特儿似乎看出士元的为难，轻松道："我姓陈，我可能比你大，你就叫我陈姐好了，我给弟弟做模特儿是心甘情愿，不附带任何含义和条件。"士元的为难变成了惭愧，微笑道："谢谢陈姐。"

他们正要走，赵枕云来了。士元赶紧对赵枕云说了此事，邀请赵枕云和他一道画裸体。赵枕云盯着士元问："你是诚心的？"

"当然。"士元不假思索道，还目视陈姐。陈姐赶紧说："黄士元，有同学陪着你画，你该不会尴尬了吧。"陈姐这句话是说给赵枕云听的。果然赵枕云很高兴，拉着他们走。

由于有了赵枕云的陪同，士元画人体模特裸体时，心里没有任何障碍。赵枕云邀请他们来到自己在校园外独自租住的房间里作画。赵枕云的房间宽大，关上门，灯光明亮。他们分别画了陈姐的正面、侧面和背面的裸体，直到半夜时分。赵枕云邀请他们吃了夜宵，将陈姐送上电车。

士元要告别回宿舍，赵枕云问："你不是想成立画会吗？准备得怎么样了？"

士元告诉她要等等，等大家的画作上了一个台阶再说，而且现在也没有一个合适的场所。赵枕云说她可以提供房子，只是不在上海。士元笑道："现在说画会，我感觉为时过早。"

赵枕云笑着说："是早了点，但是也可以提前设想。走，去我那里筹划一下。"士元看看昏黄的路灯道："太晚了吧。"

赵枕云笑道："晚吗？我有时候也会到凌晨两点才休息。"

士元只好接受邀请。可是令士元没有想到的是，赵枕云进入房间后居然脱衣服。士元大惊，问她要干什么。赵枕云微笑道："别多想，你不是要掌握不同的女体结构吗？我来给你当模特儿。"士元不知道说什么好。在赵枕云的催促下，士元只有安下心，画赵枕云的裸体。这次，他只把赵枕云当成另一个陈姐来画。

有了画陈姐和赵枕云裸体的经历，士元后来在宿舍里根据她们的临摹画，又用不短的时间画了变形裸体画。至此，士元对女子裸体画有了很好的把握，但是还缺乏对男子裸体的把握。当时上海美专还没有开设男子裸体的临摹课，士元不好跟同学提要求。他特地买了一个大一点的镜子，摆放在小桌上，画自己的肖像。士元等对自己的肖像画得满意后，就脱开上衣，对照着画自己的半裸像，最后画自己全身裸体像。他经常一画就是到深夜。

由于士元晚上通常不吃夜宵，再加上秋夜凉爽，经常被冻得簌簌发抖。每到这个时候，士元就使劲喝热水，并用运动暖和身体。但是，他这样就让空虚的肚子更加空虚，而且还影响大脑的供血。在一个初冬的夜晚终于抵制不住晕倒了。好在那天晚上，马袖山等人来他的住所，准备商讨成立画会的事情，这才救了晕倒在地的士元。

经过刻苦学习，士元的人体素描终于有了扎实功底，而且具有灵气。但是，士元不满足现有的成绩，那些赞誉也没有让士元沾沾自喜，反而更加激发了士元欲望。他每天乘着别人休息的时候，上街给形形色色的路人画人物肖像速写，而且分文不收。后来，他常去饭馆给老板和伙计画肖像画，也不收钱。为了答谢他，饭店老板往往做些饭菜给士元果腹。

不久，士元参加了学校在上海、杭州和南京等处组织的画展，获得了好评。由于参加画展，他获得了一些收入，却没有将钱用于改善伙食，而是将钱用于周济和他同样贫困的同学，还有一部分用于筹办画会。

8 /　　集云画会

画会主要发起人是士元、马袖山和赵枕云，成员由不同班级和年级的二十多个志同道合者组成。

暑假前，他们就成立画会的事情基本达成了一致，会址也确定设在赵枕云位于南京市的家里，因为赵枕云说自己家里住的是独立楼房，空置的房子多，大房间不少，父母也赞成。可是，画会的名字还没有正式确定下来。原来大家提了十几个名字，最后落实在三个名字上，其中一个是士元提出的"集美画会"，它最有希望成为新画会的正式名字。可是后来，连士元本人都觉得这个名字太普通了，还有俗气的嫌疑。这天，他们七个主要发起人在赵枕云的住房里开会，讨论画会成立相关事宜。听了士元的分析，大家都陷入了为难之中。正好从街上买菜回来准备给大家加餐的赵枕云听说此事，开玩笑道："要不将我的名字贡献出来，你们看好不好？"大家看着赵枕云呵呵笑。士元一拍脑袋，笑道："妙啊！高啊！赵枕云，赵枕云，里面可是有一个云字啊，我怎么就没有想到呢？"

马袖山喜道："你是想用'云'字作为画会名称？"

士元惊喜道："是啊，很好的，很大气，叫起来也响亮，还有色彩美和飘逸感，那高高在上自由自在地飘荡着的云彩不正是我们所追求的吗？那圣洁，那多姿多彩，那……"赵枕云笑着打断道："别抒情了，你还没有说正式的名称呢。"

士元一愣，随即笑道："是的，我光顾着说妙处了，就叫'集云画会'，大家看怎么样？"

马袖山重复念叨几遍"集云画会"，击掌道："好，就叫'集云画会'，名字响亮，含义深远、高雅，还名副其实，就这么确定了，'集云画会'。"章梅笑问："什么叫名副其实？"

士元道："我们的画会地址不是落户赵枕云家里吗？"

大家一致赞成，鼓掌通过。大家委托士元和赵枕云先去南京看房子，并做些筹备工作。士元和赵枕云向学校请了假，第二天一早乘轮船去南京。傍晚，赵枕云父母偕家人在南京下关码头迎接了他们。

赵枕云母亲误解了自己女儿和士元的关系，将士元当成赵枕云的男朋友。母亲看士元的眼光那就是丈母娘看女婿的无限欢喜，话语里流露的可都是过分亲热。她的父亲和其他家人都是如此看待士元，搞得士元很不好意思，可是他又不好直接说明，只好在无人时提醒赵枕云跟家人说明，不要误会才好。赵枕云玩笑道："对你热情点不好吗？热情了你不觉得是一种享受吗？误会什么啊，我可是给你当过模特儿的哟，按照传统，你虽然和我没有肌肤之亲，可也是看够了我胴体的秘密，还不够资格充当几天临时爱人吗？我要是跟家人说明了，他们会怎么想，以后我还有资格嫁人吗?"

能言善辩的士元听了，只有沉默的份儿，再也不敢要求赵枕云跟家人解释什么了。士元不敢说，还要继续扮演不明不白的身份，当然这个身份为他在赵枕云家里筹备画会大开绿灯。凡是他和赵枕云看中的房间和需要准备的必要用品，父母无不同意，真是"要钱有钱，要人有人"。本来预计要五六天才能筹办好的工作，短短的一天时间就解决了。那些需要上街置办的和用作画会的物品等，都由赵枕云父亲安排人来办理。他们成了实际上的策划者和指挥者。

至于画会成立典礼，也由赵枕云父母一手包办。父亲征询了各方面意见，列了一个上海、杭州和南京三地的美术界名人和三地的社会名流以及政府要员参加典礼的名单。看过这份名单，赵枕云也觉得这太过分了。其实，赵枕云父母是将这个典礼当成为女儿订婚仪式来举办的，并且利用画会成员的知名度来扩大多方面的影响，带来直接的和间接的经济和社会效益。由于赵枕云的极力反对，典礼规模才得以缩小。

士元和赵枕云很快结束了在南京的筹备工作，回到上海美专。大家听说了如此置办典礼，都十分高兴，积极准备画会成立当天的可供展出的画作。这是赵枕云父母提出的，他们要在举行典礼的同时，让社会各界看到他们的画作水平。由于赵枕云父母给了士元一笔钱，士元有了足够的钱来正规装裱自己的画作和添置必要的衣物。这可是赵枕云父母一再要求的。他们对士元说："画会成立当天，来的都是社会知名人士，不要叫人家看扁了，不要给画会带来负面影响。"

士元不好推辞。回校后，士元想把钱退还给赵枕云，赵枕云很生气，问士元是不是觉得资本家的钱肮脏，还是看我赵枕云下贱？士元只好接受，不过用赵家的钱置办一切，总是让他内心忐忑不安。

此时的赵枕云内心也是矛盾的。她知道士元已经成家了，内心替士元惋惜，也有了对士元从来没有过的好感，要不她也不会那样过于大胆让士元画自己的裸体。其实，赵家老夫妻俩早就从女儿的来信中得知士元这个人和家庭情况，更了解女儿的心思。父母还特地从南京赶来上海美专，暗中考察过士元，觉得士元各方面都达到了做他们女婿的标准，他们不在乎士元家庭和农村出身，他们看中的是人品和发展潜力，这些事情连赵枕云自己都不知道。至于士元成家的现实，他们思想不保守，还相信金钱的力量，要极力促成士元和他们的女儿。实际上，集云画会落户赵家并不是赵枕云的偶然戏说，而是老夫妻在得知情况后的暗中促成。赵枕云只是一个愉快的执行者而已。

如此看来，下关码头的举家迎接和热情不是偶然。

有了上面的"内幕"，集云画会落户赵枕云家那是得天时、地利、人和了。典礼那天，现场不但宾朋众多，还来了很多大小报纸的记者。消息是提前一个星期由赵家发布的，因此还临时来了不少南京各大高校的师生。赵家热情接待来宾，等典礼到来时早已人满为患，导致他们不得不临时拒绝那些慕名而来的人。

士元和赵枕云成为当天的焦点是无疑的。由于赵家的鼎力支持和安排，放在画会陈列展出的画几乎销售一空。这让士元他们没有想到，而赵枕云父母也没有料到。这次集云画会的成立典礼，也是集云画会和画会画家在南京一炮走红的大好机会。

此后，集云画会采取轮流坐庄制，每次由一两个同学在赵家主持画会兼现场作画。在开始的时候，他们收入很可观，但是随着时局的变化，画作卖得越来越不景气。随着士元等人的离开，集云画会日渐式微。

那次画会所得颇丰，但是侠义心肠的士元却将大部分所得用于资助贫困生和他所居住区域的贫苦人家，留给自己的只有买作画用的材料钱和改善伙食的钱。此时的士元已经一日三餐不愁温饱了，有时候也请同学们下顿饭馆。由于士元有了自己挣来的生活费，他终于结束了在校外亭子间的租住生活，第一次融入了学校的集体生活。

9 /　广泛吸纳

士元认为，凡是艺术都是相通的，除了主攻一门，其他艺术门类都应该有所涉猎。因此，他在上海求学期间，除了主攻美术外，还兼学了音乐和戏剧。他特别钦佩著名戏剧家欧阳予倩，常去音乐学院听欧阳予倩教授的戏剧课，学到了不少知识，受益匪浅。他还学会拉二胡、弹风琴。他将光影之美和音乐之魅有机融合，提升了自身的艺术素养和画作的审美意识。

一天，他从报纸中看到著名戏剧家欧阳予倩来沪讲学，非常激动，便邀马袖山等人去音乐学院听课。因为马袖山等对戏剧不怎么喜欢，并且他们当时正处于人体静态写生关键时期，不久就要考试，还有就是听说进音乐学院旁听，如果没有熟人带着被发现了会被罚款，严重的还会送交警察局，因此马袖山没有答应。

可是士元还是心痒难耐，当天下午一个人背着画夹跑到音乐学院，给中年门卫画了一幅肖像画。门卫很高兴。士元乘机询问关于欧阳教授的讲学情况，可是门卫不知道具体情况。士元有些失望。门卫问他为什么要打听欧阳教授的情况。士元坦然相告，说："一个学画的人必须广泛吸纳知识，才可以将画画得有深度。"当然，门卫不懂这些，但他明白士元学习心切，还是一个令人喜爱的青年，决定帮助士元。他让士元将画夹放在门卫室，免得让人看到后知道士元是校外人。士元听从他的安排。

正巧，一个门卫认识的助教经过，门卫说士元是自己的亲戚，在上海就读，特别崇拜欧阳教授，想旁听欧阳教授的课。助教看了看微笑着的士元道："好吧，今天下午正好有欧阳教授的课，跟我来。"

经过路上的攀谈，士元得知原来助教是欧阳教授的得意弟子之一，姓肖。

肖老师喜欢当教师，就在这里谋了个教职。肖老师问士元是干什么的。士元看到肖老师人很好，又没有架子，就坦诚相告自己的身份和自己来此的目的。肖老师笑了，说："我就知道你不是一般人。"问士元听欧阳教授的课是为了什么。士元说："艺术是相通的，美术以外的艺术能够丰富画者的艺术修养，提升思想境界，让画作的艺术底蕴更为深厚。"肖老师很赞同，告诉士元，欧阳教授在图书馆一号大教室授课，叫他回去拿上画夹。

士元背上画夹，兴冲冲地找到欧阳教授将要讲学的图书馆那栋楼后，才发现肖老师和一个手拿讲义的戴眼镜的中年人站立门前。肖老师给两人介绍，士元才明白中年人原来就是大名鼎鼎的欧阳予倩，简直是大喜过望，立即要行大礼，叫欧阳教授拦住。经过几句交谈，士元的非凡口才马上让欧阳教授对他刮目相看。士元要给欧阳教授画速写，强调五分钟以内的事。欧阳教授高兴地接受。果然，士元不到三分钟就画好了欧阳教授的肖像速写。在欧阳教授和肖老师欣赏的时候，士元抓住机会给肖老师也画了一幅肖像画。士元用两幅肖像速写成功楔入音乐学院。

欧阳教授的戏剧理论大多数是士元没有听说过的，令士元大开眼界。欧阳教授授课有一个特点，就是在讲述每个知识点前后都要当场表演相关唱段，肖老师用京胡伴奏，听众记忆深刻。肖老师时而配合欧阳教授的讲授，演唱相关唱段。从此，士元从肖老师那里提前得知欧阳教授的授课时间，挤出时间坚持听课。士元的演唱水平提升很快，他的演唱得到欧阳教授的赞赏，甚至欧阳教授还建议士元改学戏剧。

随着表演水平的提高，士元对乐器产生了浓厚的兴趣，跟肖老师学拉京胡。肖老师惊讶地发现士元也是个乐器天才，便倾囊相授。后来在肖老师的引荐下旁听陆教授的二胡课。士元有了很高的拉京胡的水平，学二胡几乎不费多少气力，比那些学了不短时间的正规学生拉的水平都高。在这里，他先后学会拉很多传统名曲，还有不少由西方小提琴和钢琴改编过来的名曲。《光明行》《江河水》《二泉映月》等演奏水平和原创录音几乎真假难辨，一曲《梁祝》则让很多学二胡的学生惊叹不已。士元经常在学校的各种活动中用二胡即兴演奏那首改编的苏格兰民歌，每次都是掌声雷动。甚至有些老师跟他开玩笑说：黄士元，你选错了专业，你应该去学音乐。由于士元具备了音乐才能，加上拥有很强的交际能力和天生的落落大方，每次活动成为主角也就在情理之中了。

后来，士元又学会了演奏风琴。学会风琴之后，他还浅学了钢琴、萨克斯、葫芦笙、琵琶等，但是由于集云画会正式运行，士元没有时间继续深学。不过他的这些优势经常展示在校内各种活动中。

在学音乐和乐器过程中，士元得到赵枕云的极大支持。赵枕云还央求士元带着她一道旁听。其实，赵枕云旁听一是她也想提升自己，二是陪同士元，还有一个就是暗中帮助士元。她知道士元生活困难，还硬撑着。学乐器的时候，赵枕云先后购买了质量很高的京胡、风琴等。这些乐器表面上是她自己学习所用，实际上让士元用，最后都归士元了。士元后来发现了，再也不让赵枕云买乐器。

士元在学习绘画和音乐的同时，还注重学习其他的实用技术。在学校里，他总是保持着强烈的兴趣，凡是遇到不明白的都要弄清楚。章梅有次开玩笑说："黄士元，你是不是想将世界上所有的东西都装到你脑袋里啊。"士元呵呵道："技多不压身，识广人胆大。"

10 /　　参加运动

一九二五年五月三十日，震惊中外的五卅运动在上海爆发，并很快席卷全国。五卅运动是在中国共产党领导下的群众性反帝爱国运动，它标志着大革命高潮的到来。

一九二五年二月起，上海二十二家日商纱厂近四万名工人为反对日本资本家打人和无理开除工人，要求增加工资而先后举行罢工。五月十五日，上海内外棉第七厂的日本资本家枪杀了著名的工人代表、共产党员顾正红，打伤工人十多人。日本帝国主义的暴行，激起上海工人学生和广大民众的极大愤怒。

五月三十日，上海工人和学生在租界的繁华马路，进行宣传讲演和示威游行。租界巡捕在南京路上先后逮捕一百多人，并突然向密集的游行群众开枪射击，当场打死打伤许多爱国群众，制造了震惊全国的五卅惨案。

六月一日，英国巡捕在南京路公然开枪镇压游行示威的工人和学生的消息传到学校，士元当即和同学们商议决定用实际行动支持工人和学生的正当诉求，投身到抗争的洪流里。

士元在当天的学校聚会中痛斥帝国主义的罪恶和政府的无能时指出："自一八四〇年开始至今，政府已经丧失了某些独立自主地管理国家的能力，任由大大小小的入侵者坐在人民头上作威作福、肆意欺凌，疯狂搜刮资源，如此下去，国家前途岂不岌岌可危？"

士元言辞激烈地喊道："帝国主义之所以如此疯狂地欺凌中国人，一是政府腐败无能，二是国人的不团结。如果国人团结，政府守职，他们怎么敢如此任意胡为？我们今天所要做的就是要团结一致，用我们的行动唤醒国民，用我们的呐喊、用我们的鲜血、用我们的挺身而出展示我们的决心、我们的力量，我们中华民族是不可欺辱的！"

士元的话震撼全场，大家为之热血沸腾，纷纷表示赞成，场上场下一片爱国口号声。他们的爱国热情，得到了与会的爱国教师的支持。

与会人员当即分工，士元、马袖山、方毅、赵枕云等分别动员校内各个班级的同学，准备明天采取统一行动：停课，参与上海各高校统一游行示威活动，声援上海工人的正当诉求。剩下的同学连夜赶制横幅，写标语，印制传单，准备游行时手拿的三角小旗子。

第二天一早，士元和同学们将大量连夜赶制的宣传品和旗帜搬运到学校大门口，组织游行队伍，分发宣传品。七点半准时出发，士元和六七个同学走在最前面，赵枕云和章梅等人紧紧跟随。上海美专的学生队伍浩浩荡荡，一路上喊口号、撒传单，群情振奋。路上，那些爱国工人、店员和贫困市民，还有不少中小学学生纷纷自发加入游行队伍。待到达汇合地点时，上海美专的游行队列里大半数是先后加入的市民和学生。

这天，上海的学生、工人、商人、市民采取了统一的行动，施行"三罢"，即"商人罢市、学生罢课、工人罢工"。街上基本看不到往日的行人，整个上海陷入停滞、瘫痪状态。各条大街上走来的是游行示威的队伍，响彻云霄的是愤怒的口号声，高楼上洒下来的是各色的传单。这愤怒的声音和令人震撼的力量涤荡着黑暗的社会，使整个上海陷入群众运动之中。平日里那些帝国主义豢养的走狗和只知道欺压老百姓、讨好洋人的军警威风扫地。

游行队伍分别包围了上海各国使领馆和重要的机构，日本人开设的工厂更是重点包围的对象。那几天，真正叫士元激奋，也令他终生难忘。

在斗争陷入僵持的时间里，大家被悲观情绪笼罩着。马袖山等人非常着急，问士元怎么办。士元建议晚上召开情况交流会，听听大家想法再说。马袖山认为只能这样，分头通知骨干成员晚上开会。

晚上七点，士元、马袖山等八人聚集在赵枕云出租房内，汇报情况，商量对策。自他们开始罢课游行以来，赵枕云的房子就成了他们的会议室和联络中心。

会上，马袖山首先发言道："时至今日，他们毫无松动的迹象，这样旷日持久下去，恐怕人心有变。"马袖山的话引发大家的共鸣，会场悲情笼罩。赵枕云和章梅看着士元。士元笑道："还是大家先说，把所有的疑惑和现象都说出来，我们才好对症下药。"

方毅道："看来，士元有主意了？"

士元道："也不是，遇到问题、困难总要解决，解决的前提是了解问题和困难，找到问题的症结到底是什么，难在哪里。"

章梅道："我赞成。我说一些情况。这些天小道消息满天飞，我相信你们也知道了。总的来说，就是帝国主义分子要对上海罢工采取措施，至于是什么具体措施还不知道。但是，如果是真的，我们也要做好准备哟。"

士元道："这还真是一个大问题，但是，我想，要对付帝国主义，只有万

云山横水——黄镇将军的成长历程（1909—1932）

众一心继续抗争，除此，别无他法。至于那些小道消息，不可不信，也不可全信，要是我估计不错的话，那是他们的手段，故意制造紧张，离间我们。对于那些小道消息和谣言一定要理性对待，最好的应对办法还是大家团结一致。我们只有团结一致，才有力量应对一切。如果我们听信了谣言，就会中了他们的奸计！"

马袖山道："可是，他们手里有枪炮，还有北洋政府的政权机器。我们手无寸铁去和他们抗争，那将会血流成河。我都不敢想象了。"

赵枕云说："马袖山，你也太夸大了吧？他们敢冒天下之大不韪吗？"

马袖山说："他们可是帝国主义强盗，当年就是用枪逼着清政府签约赔款的。他们是强盗，他们有什么不敢？你们以为他们是行中庸之道的善男信女吗？"

赵枕云还想争辩，士元抬手示意道："好了好了，不要争论。大家还有什么具体的情况要说？"

士元这么一问，大家都陷入思考中，会议气氛沉闷。方毅突然说道："这几天，不少同学收到恐吓信，还有骨干同学遭到暗中殴打，不知道这个情况重不重要？"

士元震惊地问："真有这样的事情？"

方毅回答道："真有，几个受伤的同学不敢参加活动，也不敢说。我是无意中遇到的。"

马袖山疑惑地问："看来，他们开始动手了。"大家都把目光聚集到士元身上。

士元认真考虑后，说道："这一定是他们豢养的走狗干的。"他起立，目光闪烁地看着大家，攥着拳头道："这正是他们内心无能和恐惧的表现。只要我们坚持，他们的一切如意算盘就会落空，所以，我还是那句话，要相信集体的力量，团结就是一切问题的出路。"

赵枕云第一个赞成，便说："对，没有团结就没有一切！"

对此，士元建议大家以后出门办事或者私下里的行动，不要一个人单独行动，一定要有至少三个人一道。会议达成一致意见。散会后，大家分别安抚受到恐吓和受伤的同学。

警方对他们恨之入骨，公开威胁士元等领头者。对此，士元毫不在意，活动照常进行。马袖山和赵枕云等人十分担心，要限制士元的单独行动。

士元笑着告诉他们："我跟你们不同。一来我从小就受到锻炼，也学过几招拳脚，一两个人不是我的对手；二来我比你们经历得多，还经历过多次生死危机，能灵活地化解临场危机，你们大可不必为我担心。"

赵枕云道："黄士元，你不要太自信了。你现在是他们的重点防范对象，所以你必须小心。你面对的可不是什么君子，他们什么事都干得出来！"

马袖山道："那是，你必须听从我们的意见。如果你出问题了，就会造成我们美专群龙无首！现在可不是关系到你个人的生命危险了，这点难道你还看不出来？"

士元笑道："你们都高抬我了，我只是鼓动力大点而已。没有我，美专的活动照样开展！"

赵枕云怒道："不行，从现在起，你黄士元到哪里，我就跟到哪里，寸步不离！"

士元惊道："干吗？你能保护我？我保护你还差不多！"

赵枕云道："你还知道担心我啊！那好，为了我的安全，你就接受大家的安排好了！"

马袖山道："这个办法好！"

士元摇头："你们啊，也太小题大做了。好好，我接受。我以后出门一定和大家一道行动。"

赵枕云高兴了，道："那好，现在跟我们去我那里。"

士元问道："干吗？"

赵枕云道："我那里不是联络中心嘛，你不听中心的安排，要去哪里？"

士元听了苦笑，但他为了赵枕云的安全，接受赵枕云安排，住进赵枕云对门临时租的房间里。待士元每天进去后，赵枕云用锁锁上士元卧室的门。

六月十一日，上海工商学各界二十万人集会，向英、日帝国主义提出惩办凶手、赔款、取消领事裁判权、撤退外国军队等十七项交涉条件。全国各大城市人民纷纷响应支持，国内形成了全国规模的反帝怒潮。帝国主义出动大批军队，调集军舰二十余艘进入黄浦江，对人民群众进行恫吓，并勾结买办资产阶级对民族资产阶级施加压力。在帝国主义的威逼利诱下，民族资产阶级于六月二十四日单独停止了罢市。随后，英、日帝国主义指使奉系军阀封闭了上海工商学界联合会。

在整个五卅反帝爱国运动中，士元和同学们始终站在斗争的前列，而且他冒着生命危险第一次做着各项推动运动向前发展的工作，其突出的组织能力再次在斗争中得以展现。他在危险的时刻决不退缩，给参与斗争的同学们以巨大的鼓舞。

虽然五卅运动在帝国主义列强的威逼和利诱下，在国内军阀政府的胁从下最终走向失败，但是却唤醒了千千万万的中国人，为迎接中国革命高潮的到来做了铺垫。士元和同学们也在这场运动中得到了极大的锻炼。

11 /　　声援母校

五卅运动的爆发震惊了全国知识界、文化界，也让他们看到了中国人民在民族危亡面前的空前团结。

孙闻园敏锐地看到上海"三罢"的威力和可能带来的作用，于是他召开校务会议，决定在学生中深入宣传五卅运动，同时在校内营造支持五卅运动的氛围。一时间，桐中内到处贴满了支持上海"三罢"和反对帝国主义的标语。桐城各界纷纷行动起来，决定声援上海工人和各界人士的正义行动，派人来桐中联系。孙闻园和朱伯建立即表示赞同，按班级组织多支宣传队。但是，由于他们缺乏组织工作经验，宣传队一直处于内部宣传和筹备阶段。

恰好，士元此时回家路过桐城。他看到桐城主要街道贴了不少声援上海人民行动的标语横幅，很高兴，便来母校探望。孙闻园、朱伯建听到士元回到母校，特意请他说说上海的情况。士元以亲身经历者的身份讲述运动情况，并且还做出了分析，指出上海工人、学生和各阶层人民的这次示威游行和"三罢"其实就是团结一致，反对帝国主义的一次大声讨。他主张，这不仅仅是上海人民的大事，也是全中国人民的重大事件，我们必须立即行动起来，以实际行动声援上海。士元的主张正好切合了孙闻园和朱伯建的设想，当即请士元先在校内的学生会上做关于上海"三罢"和国家时局发展的报告。士元当即愉快答应。

报告会会场设在体育场，与会的师生近千人。校长孙闻园隆重介绍士元后，请士元做报告。士元的开场白很简洁、务实，接着对五卅运动的起因、发展过程做了具体的报告。

士元道："目前，'三罢'仍在进行中。我们都是中国人，我们要用行动支持上海人民的抗争。如果全国人民都团结起来，那就没有什么力量能够阻挡我们。自鸦片战争以来，我们被帝国主义任意欺凌的一个主要原因就是我们不够团结。如今，上海人民给我们做出了很好的榜样。只有团结，我们才有力量；只有团结，外国人才不敢任意欺辱我们；只有团结，我们民族才能复兴！"接着说："我们目前的主要目标是唤醒最广大的民众，全国团结一致对外，所以我们的第一个口号是：'全国人民团结起来！'"

朱伯建起立带头高呼"全国人民团结起来！"师生跟着呼喊。朱伯建连呼三次，全体师生跟着呼喊三次。

士元继续讲道："全国团结是前提，不是根本目的。我们的根本目的是万众一心，驱除一切帝国主义在中国为所欲为的罪恶势力，废除帝国主义强加在我们头上的一系列不平等条约，迎接中华民族的伟大复兴，所以我们的第二个口号是：'打倒帝国主义！'"士元离开讲台，振臂高呼："打倒帝国主义！"师生随之高呼口号。士元接着高呼："全国人民团结起来，打倒帝国主义！"师生跟着高呼，群情激愤。

士元回到讲台，继续道："同学们，我们是新一代知识青年，是未来的国家主人，我们有责任、有义务去唤醒我们的民众，这是历史赋予我们的光荣任务。有些同学可能要说了，那是国家的事，是政府的事，与我们没有关系。我说不对，我们的古人尚且有'天下兴亡，匹夫有责'，何况活在当下的我们？现在，我们已经处于新世纪，我们的国家不再闭关自守，我们不能做明哲保身者，我们不能继续当任人宰割的羔羊，我们不仅要自己觉悟、奋起，更重要的是唤醒更多的人，只有最广大的民众清醒了、觉悟了、奋起了，国家才有希望，民族才能复兴。否则，你、我、他只能做低贱卑微的毫无价值的奴隶！亲爱的同学们，你们愿意吗？"

群情激动，高喊："不愿意！"

会后，在孙闻园的安排下，士元参与多场小范围的座谈会。由于有了士元的鼓动，学生的热情被充分调动，大部分老师也积极加入讨论、宣传和发动中。

校方决定组成两支队伍在桐城县城游行示威和宣传演讲，从而发动民众。士元被邀请参加，并担任其中一队的队长；另一队由教务长朱伯建担任队长。由于士元有参与和组织上海美专游行示威经历和经验，校方委托士元和孙闻园、朱伯建等共同策划游行和组织工作。

士元很快拿出具体的组织工作的方案。方案内容为：一是游行准备。两队分别制作游行横幅若干，分别写上"桐中支持上海人民的爱国行动！""全国人民团结起来！""打倒帝国主义！"等标语沿街张贴；印制介绍上海人民"三罢"以及介绍五卅惨案发生经过的传单，沿路散发和集会时候散发；每人手拿一只小三角旗子；每五十人安排一个领队，听从统一调度；每五十人一组，于主集会后赴分集结场所继续宣讲，其中必须有三人能够担任主讲；每五十人一小队，三人维持秩序；在两处主集结、宣讲地分别有二十人维持现场秩序；统一行动，统一指挥；选出数十人和老师混合编队，分成救护组、纠察组、联络组，处理偶发、突发事件，防止拥挤和踩踏事件的发生；由校方出面，向有关职司部门通报游行性质、目的、路线和集会地点，并联系有关团体，或配合或采取统一行动。二是游行路线和集会地点待定。三是游行时间和各时间段根据游行路线的长短和集会情况分配，原则上时间不少于两个小时。四是扩展和延伸。游行、集会后抽调精干人员，组成若干小组分头深入桐城县城周边地区，扩大宣传力度。五是总结此次游行集会得失，以利今后的行动。

士元的这个计划得到校方的高度重视和赞许，他们决定立即按照计划进行组织和准备。孙闻园带人亲自去县政府接洽相关事宜，可是县政府官员怕事情闹大不好收场，不答应官方出面。孙闻园非常生气，要将政府的态度上告。后来，政府秘书长私下里暗示孙闻园可以不经过政府进行。士元和朱伯建按照修改后的游行、集会方案，很快选定了各方面的人选，将准备工作有序推进。士元亲自编写介绍上海五卅运动的宣传材料，连夜刻印。

第二天，大家在校内集体演练，取得了很好的效果。孙闻园笑着问士元："你们美专游行也是这样事前准备吗？"

士元道："当然，只是那次经验不足，好些准备不足。学校担心学生出事，不支持。我们只能在暗中进行。那里毕竟是第一线，搞不好真的出事。桐城就不同了，没有那些帝国主义的鹰犬，相对安全，所以只要有周全的安排，就不会有事。"

当晚，士元出桐中看望夏爷爷，给夏爷爷带去了他特意买的凡士林布和一件皮绑腿。老人见到士元高兴得合不拢嘴，但是见到送的布和绑腿坚决不收。士元说自己能够卖画挣钱了，已经不是当年的没钱吃饭和住店的穷小子了。这个晚上，他们几乎谈了一个通宵，临走时，士元留给夏爷爷六块大洋，让老人改善一下生活。

游行在第三天上午八点开始，朱伯建和士元分别带领队伍出发。一路上他们打着横幅，手里挥舞着三角旗，游行秩序井然。同学们高呼口号散发传单，引来很多市民和行人跟随他们来到集会地点。朱伯建带着队伍游行到东门外小街宣传。士元带着队伍，游行到圣庙广场宣传。会场人头攒动，群情激愤。士元激动地向群众演讲，控诉英、日帝国主义制造五卅惨案的血腥罪行，介绍上海人民掀起五卅反帝爱国运动的情况。他的激昂慷慨的演讲，深深地打动和感染了当地群众，全场不断地高呼"全国人民团结起来！""打倒帝国主义！"口号声响彻云霄。这一天，整个桐城县城为之震动。

集会后，孙闻园本想请士元多留几天，继续展开后续的活动，但是士元觉得目前的情况已经不再需要自己了，有些在当地的同学听闻士元回桐城的消息，特地赶来与他相见，畅叙同学之情。孙闻园见士元难以挽留，便送士元和他的同学们出校门，嘱咐士元要多关心母校。士元欣然答应。

12 /　　　胆大心细

士元回来的消息很快传遍了黄山村，士元儿时的伙伴都来看望他。大家见面亲热异常，彼此都无拘无束地说笑。士元拿出从南京带回来的哈德门香烟招待大伙，还给每人一份糖果，让他们带回家。秋生问士元这次回来要住多久。士元说没有一定，问秋生有什么事。秋生见孙氏在座，说："没事，就是问问。"他们要士元说说外面的情况。士元很高兴地讲了他去上海的经历，但他并没有说他在上海刻苦学习的经历。这些见闻，足以让这些祖宗八辈子都没有出过远门的伙伴们听得云里雾里，只有张大嘴巴的份儿。士元讲到画裸体模特儿时，很多人都不知道那是什么玩意儿。秋生问："那是什么，还值得人画？"士元不得不给他们解释什么是裸体，什么是模特儿。大家听了都默不作声，因为他们都看到孙氏脸色阴沉了下来。

孙氏见大家冷场，便主动离开了。士元也懊悔自己说了这件事。

秋生乘着孙氏离开将士元拉到一边悄悄告诉他："黄桂梅最近来过两次打听你回来没有，好像有急事找你。"士元忙问："黄桂梅不是出嫁了吗？她有什么事啊？"秋生说他也不知道。两人决定明天去黄桂梅的婆家看看。

第二天，士元和秋生他们到了黄桂梅家里才知道，原来不是黄桂梅找士元，而是徐清托黄桂梅找士元。黄桂梅说徐清一直不肯出嫁，家里人在催逼她，听说她都绝食好几天了。士元知道徐清那是将自己当成她最信赖的人了，自己不可不去。见面后可相机行事，或许能够劝慰徐清。士元请黄桂梅、秋生陪自己一道去徐清家。两人明白士元心意，点头答应。

他们刚回家，另一个儿时伙伴大牙子和几个后生匆匆赶到。两人见面不免再次亲热一番，士元让座。大牙子道："不坐了，我还得赶回去。"

秋生问："伙食还没搞好吗？"

大牙子道："搞好了，鱼肉和各色菜都有，就是缺鸡。我现在还得赶去横埠买鸡。听说士元大伯回来了，我顺便来看看，马上就走。"

秋生怒道："也太不像话了，有鱼有肉还不中吗？鸡，现在哪里有鸡啊？"

大牙子道："秋生，不要叫黄四听到了，要是听到了肯定会提高我们这房的份子钱的。"

秋生叹息。士元问是什么份子钱。大牙子告诉士元事情的来龙去脉，原来户长黄四来双井边收公堂租子，佃户们联合为他办了一桌酒席，鱼肉一应齐全，只是没有杀鸡。黄四非常不高兴，说无鸡不成席，一定要有鸡。大牙子说完急着告辞，说自己还得赶紧找鸡，要不真的要上横埠了。

士元拦住大牙子，脸色潮红道："不要鸡了，走，带我过去！"

大家惊讶，纷纷说道："黄四不能得罪，要是得罪了他，吃亏的是我们这些人。"

士元道："这个事情你们都不要插手，我来。我可不是佃户。再说了，他要是真敢胡作非为，我就去告诉族长。相信鲁山大爹爹还是公正的。"

秋生道："也是，我们这么怕他也不是事情，这日子还长着呢，如果这次不制止他，日后还不晓得会出什么幺蛾子！"

大牙子道："那我就去了。我也不找鸡了。"

士元让大牙子回家，不要担心。士元又对大家说："走，我们看看去。"

孙氏听了，赶紧跑出来要阻止士元，说："要是得罪户长，以后公堂摊派暗中给我们加了份子钱，那就吃亏了。"

士元让她放心，谅他不敢，说："帝国主义没到这里欺负我们，倒是我们自家人欺负自家人。"

孙氏知道劝不了士元，只好叮嘱他，早点回来吃饭。

酒席摆在大牙子家堂屋，满桌子的菜没有动过。黄四独自坐在桌子上端抽烟。两旁站立十来个佃户，还有妇女、小孩，都盯着抽烟的黄四。黄四满不在乎地抽了一口烟，端起放着的紫砂壶喝茶。士元突然闯入，怒对黄四。后面的伙伴们也随之涌入。黄四微惊，放下茶壶问："你是谁?"

士元看了一眼黄四，不理睬所问，却和两旁站立的佃户们打招呼，将黄四晾在一边。黄四从大家对士元称呼和态度里知道，这个穿着学生装的人就是大名鼎鼎的黄士元，态度突然间来了一百八十度大转弯，脸上浮出一些微笑。士元和佃户们亲热后，上前两步，站到酒桌侧面，对还坐着的黄四道："你身为户长，本该替族里办事。人家连过年的米都没有，你吃鱼吃肉还嫌没有鸡，你也算是黄氏子孙吗，你还配当户长吗?"听到士元的话后，佃户们屏息以待，秋生等人心里暗喜。黄四脸上没有一丝笑容，脸色发紫，他拿烟的手微微发抖。门外涌来很多人围观。

士元越说越生气，提高声音道："像你这样的人不配做户长，更不配吃这么好的酒席!"说罢，他双手将桌子掀翻，菜碗摔落一地，油汤溅了黄四一身。黄四气得嘴唇发颤，瞪大两只眼睛想发怒，但看到门外众人，自知理亏，只好忍气吞声地溜走。屋里屋外爆发出叫好声和鼓掌声。

从这件事情中可以看出，士元是多么的疾恶如仇，他的性格是如何的刚烈。黄四后来去黄鲁山那里狠狠地告了士元一状，没想到叫黄鲁山臭骂了一顿，还差点撤了他的户长。从此，黄四老实多了。

事后，士元拿出钱赔了损失，和秋生等人将落地的菜小心拾起。将沾灰的菜淘洗干净，坐下请大家和自己一道吃。这顿饭大家吃得非常解气、开心。

吃饭时，士元一再交代大家不要害怕："事情是我搞的，他黄四要找就找我，找不到你们头上。"士元接着说："对待这样的人，你越是忍气吞声，他越是胆大妄为。只要大家团结一致，没有人敢欺负我们。"士元的话得到众人一致赞同。

饭后，士元和黄桂梅、秋生去了徐清家。徐清家人正在着急，听说士元、黄桂梅和秋生是徐清的同学，特地来看望徐清，徐清父母喜出望外，告诉他们徐清宁死都不肯出嫁，希望他们能够劝说她。士元让他们不要着急，问能不能告知详情。徐清母亲说徐清三天没有吃一粒米、喝一口水，说她是在逼我们的命呢，但是却不肯说明内里情况。徐清父亲老是重复："这可怎么办？真是前生造孽啊！"

士元让二老不要过于担心，说："事情已经出了，着急也没有用，得设法劝解才是。"

徐清母亲说："我们好话歹话都说尽了，她就是一个字听不进去。唉，怪就怪当初让她念书了。要不念书，哪里会有这些事啊。"

士元也不和他们讲道理，问能不能让他见见徐清。徐清母亲疑惑地瞧着士元。士元微笑等待。徐清父亲道："死马当活马医吧。"徐清母亲起身领着士元去徐清房间。她回来后问黄桂梅，士元和徐清是什么关系。

黄桂梅说："我们和士元都是好同学，只是士元会劝人，请二老放心。"

徐清脸色憔悴地躺着。士元看了心里难受极了，满脸忧愁，坐近床前道："徐清，我是黄士元。"声音不大，但是足够徐清听得清楚。徐清闭着眼睛悠悠地道："黄士元，我是不是到了阴间了？"

士元道："胡说，你这样说不是也咒我死了吗。睁开眼睛看看我是谁？"

徐清悠悠地很费力地睁开眼睛目不转睛地盯着士元，好一会儿才发出"啊"的一声惊叫，眼泪顿时涌出，随即发出微弱的哭泣声。

士元轻声说："哭吧，哭出来好受些。"

徐清听了反而不哭了，问："你怎么来了？"

士元道："我刚刚到家不久，听说你来找过桂梅两次，请问到底发生什么事情了，你能对我说说吗？"

徐清看着士元叹息一声说："那个人是吃喝嫖赌样样占全的坏胚子，你说我能嫁给他吗?"

士元道:"那你也不能用这种方式啊!你应该好好和你父母说说嘛。"

徐清叹息:"说了,不管用。"

"那是为什么?你父母不知道他是那样的人吗?"

"怎么不晓得啊,可是……唉,当初要是没有读书就好了。"徐清重新合上眼睛。

士元在心里估计不是几句劝说的话就能够解决问题的,说:"徐清姐,既然我黄士元知道了,就一定会设法解决好此事,你不要说话,先吃点东西,等你身体好些了,我们再想办法,好不好?"

徐清睁开眼睛道:"你,还认我这个姐姐?"

"是啊,你可一直是我姐姐啊,不会连我都不相信吧?"士元开心地瞧着徐清,眼里充满柔情。

徐清和士元对视,无奈地微笑道:"好,我吃东西。你不会现在就回家吧?"

士元微笑道:"不会,还有桂梅、秋生也在。"

徐清道:"哦,你让他们回家吧,快农忙了。"

士元见徐清改变了心意,安慰了好一会才离开。父母听说徐清改变心意肯吃东西,十分欢喜,却又十分担心。士元看到他们担心,向他们做出保证,一定让徐清姐打消绝望的念头,等她身体恢复了慢慢劝说。可是徐清父母还是愁眉不展。

13 / 慷慨解囊

徐清吃了稀饭后,精神大好,也有了一定的体力,梳洗后请士元过去说话。可是见面后，徐清却无话可说。士元说些外面世界的见闻，试图让徐清高兴。徐清听了不但没有高兴，反而愁云满面。士元问徐清为什么还是这样。徐清看着士元，眼里蓄满无奈道："你就别费心事了，我知道我今生就是这个命了，你能来我很高兴，也知足了。"

士元惊诧道："怎么，徐姐，你改变主意了，那个人你绝对不能嫁的。"

徐清叹息道："不嫁又如何？我们家已经大不如以前了，还不起彩礼钱，再说，悔婚是不可能的。要是悔婚了，名声也就完了。"

士元道："都什么年代了，你也是读过小学的，怎么还如此的老眼光啊。你们家用了对方多少彩礼钱？"

"不老眼光又能怎么样？我没有你的文化，去不了外面的世界，终究还是守着田地和家庭过日子。一个悔婚的女人在这里还能抬得起头吗？彩礼钱只是一个问题，父母也是要面子的。"

士元明白了问题的复杂性，也知道女人的名誉在这个封闭的地方是何等的重要，他决定帮助徐清彻底解决问题。问徐清："徐姐，你愿意离开家去南京或者上海吗？"

徐清睁大眼睛，惊讶道："什么，你是要带我去那里吗？"

士元点头。徐清无限喜悦，但眼光暗淡下来："可是，可是你是有……"士元知道徐清误会了，说："我不是那个意思，你去南京或者上海，我会托人给你安排工作啊。你是聪明人，还有小学文化，只要你愿意，可以白天工作，晚上学习。至于你的婚姻，可以根据你自己的意愿选择啊。"

"不行不行，这个可是从来没有过的事情。我从来没有出过那样的远门，再说大大妈妈是不会同意的。"徐清说的是实话。那个年代，一个单身女子远离家乡，除非你是上学或者有亲戚照顾，还有就是嫁人，否则是不可能的。士元是想通过赵枕云父母的关系在南京安置徐清，如果不行就去上海，上海有章梅的亲戚。真的不行，自己和纱厂联系。在游行示威那些日子，士元认识了好几个纱厂工人，也知道纱厂需要有一定文化的年轻女工，所以很有信心地提出这个彻底解决的主意，可是没有想到徐清竟然如此反对。徐清见士元沉思，说："我不是不愿意，我是担心。外面什么熟人都没有，我一个人怎么行啊？"

士元微笑道："这个你不用担心，既然我带你出去，自然会为你考虑周全的。没有出过门的人总是把外面想得很艰难，其实，也没有什么，只要你适应了就好。说不定徐姐还真能找到称心如意的郎君呢。"士元笑了。徐清沉下脸道："就会拿我开玩笑。"

士元认真道："真不是开玩笑，是真的。"

徐清道："我知道，可是，大大妈妈他们不会同意，还有……"徐清显然动心了。她犹豫的原因士元知道。于是，士元问她家用了多少彩礼钱。徐清说她也不十分清楚，大约二十块大洋吧。士元听了真的犯难了，二十块大洋那可是不小的数字，他卖画总共也就是四十几块大洋，用了一些剩下的也就是二十几块了，现在带回家只有十五块，弟弟桂元要上学，家里还要开支呢。徐清看到士元为难，说："算了，有你这份心意就够了，我们只是好同学，也没有其他关系，你就不要为我的事情操心了。你能过来看望我，就是我这一生的幸运。"

士元笑道："没事。这样，我先和伯父伯母说说。你不用着急，总之，一切会好起来的。我们不但是好同学还是好姐弟啊，你的事我怎么能袖手旁观呢？你等着。"士元站起来走出徐清房间。

老两口正在堂屋等着结果，看到士元出来都带着希望看着士元。士元坐下微笑道："伯父伯母，既然徐姐不愿意，就不要逼她了……"士元的话还没有说完，徐清母亲坚决反对，说："那不中，退婚不是我们家所做的事，我们还要脸面，她还要名誉，我们家还……"徐清父亲打断道："你听士元讲好不好。"徐清母亲只好闭嘴不语。

士元微笑道："是这样的，伯父伯母要是再坚持，徐姐只能有一条路可走。你们希望出现这样的结果吗？"徐清母亲叹息道："孽障，是我们前世亏欠她的。"徐清父亲让士元说下去。士元道："其实，你们的担心是有道理的，可是现在出现这样的情况，问题总要解决的吧。"

徐清父亲道："我们正是为这个着急。"

士元从徐清父亲的话里得知他们的真实想法，所以直接道："伯父伯母这里没有外人，恕我直言，事到如今只能退婚了。要退婚就面临两个问题：一是彩礼钱，二是徐姐的今后去向。"

"对对，就是这样。"母亲急道。

士元从徐清母亲的急迫里验证了他们实际还是想退婚，忙问欠对方多少礼金钱。徐清母亲说二十二块。士元道："这个钱我可以先出。"老两口惊讶，说那怎么可以。徐清母亲居然问士元是不是想娶徐清做小。士元微笑道："不是。我在外面也得到很多人帮助，我现在有这个钱，可以帮徐姐。"老两口都不相信，士元费了很多口舌才让他们暂时相信。士元说自己带回的钱不多，先拿出十块大洋，剩下的等到了上海再寄回来。徐清母亲说士元就是救苦救难的活菩萨。徐清父亲还担心徐清今后的名誉和去向。士元说他可以带徐清去南京或者上海，说那边有很多朋友同学，关系很多，还说了他安排徐清的打算，让他们放心，绝对保证徐清的安全和今后的出路。他的细致安排和诚心让老两口基本放心，但是徐清母亲还是有让徐清嫁给士元的想法。士元暗示那是以后的事情，目前要解决的是退婚的问题。徐清母亲才没有再说。和徐清父母商量结束后，士元和徐清说了结果，徐清很激动。

士元回家让孙氏拿出十块大洋有急用。孙氏十分不情愿，问要干什么。士元编造了谎言说，钱要给一个同学结婚用，还保证回上海后立即将钱寄回家。孙氏这才拿出钱。

徐家给了对方十块大洋，徐清写下一张保证书，保证一个月内还清所剩的钱，经过中间人的调停，才算结束了徐清这个婚约。士元跟孙氏说自己要提前去南京，那边画会要他过去。孙氏虽然万分不愿意，但是知道士元是去挣钱，只好同意。

那一天，士元起了一个大早，在横埠一个约定的路口和徐清会合。徐清穿着一身出嫁时才穿的红色衣服，父母和兄弟都来给他们送行。士元知道徐家这是把徐清当成出嫁女交给自己，也就含混地道谢，告别徐清家人。路上，士元让徐清换掉嫁衣。徐清极不情愿地换衣服，问："我就这么让你不待见吗？"

士元赶紧笑着说："徐姐，你到了外面就知道了。我这么做可是为你好。我希望你找一个好人家，明媒正娶，过上扬眉吐气的好日子。"徐清叹息一声，什么话都没有说，换上一套碎花布夏装。

赵枕云得知徐清的遭遇十分同情，让父亲给徐清安排一个合适的工作。赵枕云母亲反对，理由是这个女孩是士元的小学同学，相貌很好，士元能带她出来就说明他们的感情不一般，留下她不是自己给自己设置障碍吗？赵枕云说她还是了解士元的，士元就是一个见不得受苦受难的人，更不是一个随意乱性的人，这点自己非常清楚。赵枕云确实非常清楚士元的为人，士元在对待男女关系上是绝对严谨的。那次，赵枕云主动脱掉衣服给士元当模特儿，就是一次很好的考验。赵枕云还提出一个最终让母亲同意的理由，让徐清留在南京，和士元不经常见面，遇着合适的机会给徐清介绍一个对象，不就解决问题了吗？赵枕云父母认为是个好主意。徐清被安排进赵家工厂担任行政室统计事务工作。

士元一到南京，就取出存款寄给徐清家。几天后，士元又卖了几幅画凑足十块大洋寄回家。到此，士元终于圆满地解决了徐清的问题，虽然他此刻自己已经囊空如洗，但是他没有一点后悔。

去上海前，士元特地去看望住在工厂里的徐清。看到徐清基本适应了工作和生活后，士元终于放下悬着的心。徐清得知士元就要去上海了，嘱咐士元好好待赵枕云，说那是个配得上士元的人。士元让徐清不要为自己操心，道："只要你好，就什么都好。"

回到上海，士元重新回到刻苦的学习生活。有时候，士元也能卖出一幅画，但是他要攒着，一来要供给家里，二来要攒一笔钱想去法国深造几年。可是，在学校期间，他总是攒不了钱，遇到有同学困难总是掏钱接济。

14 / 抵制庸俗

士元是个积极要求进步的青年，在学校很活跃，参加各种进步活动。但是对于活动内容他不是盲目接受，对于一些庸俗、低级趣味的东西，他敢于抵制。

平时上课，对于极少数老师借着欧洲文艺复兴时期的裸体画教学兜售性自由，士元很有看法，很有意见，甚至在课堂上公开和老师争辩。

那是在上海美专求学的第一学期，在他们画了第一次女体模特临摹后的一天，一位三十几岁刚刚从意大利学成回国在美专担任人体架构解析课的刘姓画家，指着悬挂在黑板上的几幅宣扬性开放的裸体猥亵画对同学们说："……性，在西方的个别国家无所谓禁区，性器官是神秘的、令人崇拜的，性爱是全人类最崇高的，令人神往的。婚姻就是对性自由的限制和枪杀……"

士元再也听不下去了，当即起来对着振振有词的讲述者道："打住，刘先生，我能问你一个问题吗？"

同学们很惊讶，看着士元。士元不理睬众人的惊讶，盯着刘先生。

刘先生看着士元点头："Yes，请说。"

士元道："那好，请问刘先生，你是在解说人体裸体构架呢，还是在传授自由性爱或者是性乱爱？"

刘先生看看士元，道："性器官是裸体构架中最有价值的部分，不仔细了解清楚怎么能完整把握？"

士元道："那好，我问你，按照你的理论，男女性行为应该是无界限的，是不是可以理解为性行为是不受任何约束的任意行为？"

教室里响起一阵骚动和嘘声。

刘先生语塞，知道自己说走了嘴，但是还是强辩道："你们都还待在中国的封建和传统里，当然不能理解了！"

士元不依不饶道："我觉得，这不是理解不理解的问题，按照你的性自由的观点，或者按你所说的西方人的性自由的观点，性爱对象是任意的。那问题就来了，不同年龄不同身份的人，尤其是不同辈分都可以发生不伦之恋了，是不是？"

教室里哗然。

刘先生怒道："我没有那么说！"

士元追问道："你说的大家都听到了，如果没有打断你，你还不知道说出什么来。还有一点，按照你的观点，性行为的对象是任意的，你的观点是以性行为为中心，那么，就是兄妹、姐弟，同样可以发生性行为了，因为你的界定是'任意'！"教室里一片哗然。

刘先生气急败坏地说："你你你，简直是胡搅蛮缠，给我滚出去！"

士元怒声道："这里需要滚出去的是你刘先生，你不配站在如此神圣的讲台上！"

马袖山等人站起来公开支持士元，指责刘先生。刘先生看到教室里一片愤怒，撂下一句话："愚昧，不可理喻！"扔下手里的粉笔怒气冲冲地摔门而出。教室里顿时响起一片叫好声，同学们将士元围起来。

士元待大家安静后说："这个刘老师如果还是这样不改，以后不知道还会做出什么出格的事情？"

赵枕云担心道："你不要为他今后想了，他是校长请来的，你这样和他顶牛，他一定会去校长那里告你。怎么说他都是先生，你是学生。"这句话给在场的人兜头泼了一瓢冷水，同学们都哑然。士元道："我不相信校长这么点道理都不讲，如果校长真是这样的人，这个美专不上也罢！"

马袖山道："对，我们找校长去，不要等恶人先告状了我们就被动了。"

士元道："你们不要去，事情是我挑起来的，与大家无关。要处分或者开除，对着我一个人好了。"

马袖山等人还是不放心，说人多会法不责众的。士元让他们一定不能去，不能将影响扩大，如果扩大了校长会觉得很难堪，事情反而不好办。让大家相信自己能说得清楚。唐孝明等认为士元说得有理，说等士元去了再看，不行我们大家集体力陈。

士元去校长室时，刘先生正在叫板校长道："校长，你要我留下就必须开除那个带反骨的学生，要是不处理，我走！"校长让刘先生冷静，问那学生叫什么名字。刘先生只是描述士元的样子而说不出名字。校长呵呵笑道："你都不知道名字，我处理谁啊，你消消气，等我查明了再给你一个交代好不好？"

士元进门，不卑不亢道："校长，您不用调查了，在课堂和刘先生辩解的人就是我，黄士元。"刘先生像抓住了救命稻草连说就是他，要校长立即处理。校长严肃责问士元为什么带头闹事，不尊重先生。士元微笑，不紧不慢道："校长，能不能让我说说事情的经过？"

"说。"

刘先生激动道："别听他胡说，他善于颠倒黑白！"

校长一边严令士元等着接受处理，一边起身笑着送走刘先生。士元知道校长这么做的原因，站立一旁等待。

校长回来果然态度大变，问士元事情的经过。听了士元的讲述，校长皱眉问："不会吧，刘先生可是留洋的人，不会不懂这些起码的常识吧，你是不是编造了或者添油加醋了？"

士元道："那就请校长派人询问当时上课的同学们。我就在这里等着。"校长看到士元很镇定，拿起电话让训导处派人立即询问上课的学生。结果证明了士元所说不虚。这下子校长为难了，对士元说了要请一个通晓西洋画的先生不容易等道理。士元说自己只是希望刘先生今后在课堂上不要说那些有悖理性的不着边际的话，那样会毒害我们这些青年人。

这件事情以后，刘先生上课再也不敢满嘴跑火车了。士元也因此成为小斗士。潘天寿、余继凡等老师就是在这次风波中再次认识了黄士元，一直很关注他。士元在学业上的突出成绩，使他备受老师的青睐。

那时候，学校教具有搔首弄姿的月份牌美女画像、某些过于庸俗的画稿和石膏像等。

有一天，士元带方向明等后来的同学参观学校各处，他们参观几处后来到教具室。由于教具繁多，方向明他们看得惊讶不已。士元认真巡视，看到搔首弄姿的月份牌美女画像，随手将其扔到屋子中间。方向明看到问为什么。士元默不作声，随后将所有的月份牌扔到一起，还将有些过于放肆的画稿和石膏像统统堆到一起，指着它们道："这些月份牌美女画像和庸俗的画稿教具，是学校中的'有毒教育'，我们把它们砸烂好不好？"

方向明几个面面相觑，不知道怎么办才好。士元道："这里虽然是美专，但是老师们的道德水平良莠不齐，这些肯定是那些庸俗的老师搞的。上学期学校里清除了一批，没想到还有这么多。"

有一个新生道："听说学校还有画裸体模特课呢，这些没有模特儿暴露吧。"

士元道："两者有本质区别。画裸体模特的目的是让学画者能近距离地了解人体结构比例和美感，以便更好地画好油画。裸体模特是为艺术献身者，画者必须尊敬他们；而这些东西都是庸俗的，足以引导人走向邪路，留着他们要继续毒害我们的同学吗？"

方向明道："你说得对，那我们报告校长吧。"

士元道："不能报告。要是报告了，校长一定要问那些弄来这些东西的老师，那些人一定会找出相当的冠冕堂皇的理由或者什么新思想来阻止。只有砸了它们才是最直接的、最有效的！"方向明等表示赞同，几个人先后将类似的教具全都挑出来一顿乒乒乓乓砸碎了。后来，学校发现了，要严查。士元主动去校长那里说是自己干的。

校长十分震惊："黄士元啊黄士元，你也太大胆了吧，连学校的教具都敢砸？你是不是觉得在学校里待着厌烦了？"

士元正色道："校长，我觉得学校里不应该留下足以引导学生走入歧途的教具，那些被砸的教具都是庸俗的、低下的，难道还要保留吗？"

"黄士元啊黄士元，我说你什么好呢？你只是一个学生，顶多是一个突出的学生，你就敢如此的无法无天吗？难道我们学校就不敢处理你了吗？"

士元微笑道："校长，您也别太动怒，还是好好想想，如果再使用那些教具……"

"打住，我用不着你教训，你就等着接受处理吧！"校长真正动怒了。士元只好道："那好吧，如果您坚持，说明我来错了学校。"士元退出。

后来，余继凡等老师从中斡旋，潘天寿也从中说合，校长才打消了处理士元的意图。这件事引起师生们不小的反响，也让黄士元的大名在学校里广为人知。

15 / 　　热情郊游

抵制"有毒教育"后，士元的情绪有了很大变动。一向乐天的他心情变得沉重起来，说话也少了很多，更多的时间是看一些进步书籍。赵枕云、马袖山等人以为士元是因为校方要开除他而耿耿于怀，这样下去会导致心理问题，因此，赵枕云极力撺掇马袖山等人拉士元于星期日去郊游散心。

城外风和日丽，树木葱茏，池草青青，清清的池塘里数只鹅鸭游荡，时而振翅欢叫。他们七个年轻人面对如此的美景更是激情飞扬，大家游兴十足，一路上欢声笑语不断。然而，士元一路上，很少说话，没有了往日那种咄咄逼人的英气。陪在他身边的赵枕云设法逗引士元说话，士元只是微笑。赵枕云生气了，问："黄士元，你到底怎么了，是不是哪根神经搭错，跟我们玩深沉？"

马袖山也道："是啊是啊，士元，你到底怎么了？大家可都是为你好呢！"

士元知道自己不说话会让大家更加产生误会，笑道："没事，一切正常！"

赵枕云道："一切正常就是这个样子？是不是悟道了，成了哲学家了？"

士元大笑。

赵枕云惊："笑什么，难道我说错了？"

士元看一眼诧异的马袖山和赵枕云等人，指着不远处一个草地说："如果你们有兴趣，我们去那边坐坐，可好？

章梅笑道："哎，这就对了，要不然，有人会因为你这个样子魂不守舍的哦。"章梅说完当先跑向草地。身后传来赵枕云的笑骂声。

等士元他们到达草地，在他们之前到达的章梅、唐孝明和方毅已经将携带的准备野餐的食物摆好。大家围拢着席地而坐。士元笑着取饼干。赵枕云拦住他道："说吧，不说不准吃！"大家起哄，让士元说。士元笑笑道："真拿你们没有办法。好，我说，要是不说，今天我恐怕没有口福了。"

章梅笑道："既然知道了，还不痛快点，不要让某些人再担心了！呵呵呵。"

赵枕云道："章梅，嘴巴跟着你太不幸了！"

士元大声道："停！还要不要我说了？"

唐孝明笑道："别闹了，我们听听大哲学家的高论！"

士元笑道："什么啊，我只是说说我的感触而已，哪有那么高端。"

马袖山急道："行行，就说感触。"

赵枕云和章梅停止嬉闹，盯着士元等他发言。士元伸手拿了一块饼干，急忙塞进嘴里："好，好，我先尝尝，要不然我后面说不好了，你们不满意，我就吃不上了。"大家哄笑起来。士元咽下了饼干，看着大家道："其实，这段时间我在想一个问题。"说完士元停下看着大家。马袖山道："快点说。"

士元道："你们看啊，国家现在为什么这么糟糕，没有主权，没有尊严，老百姓生存都得不到保障，更谈不上幸福生活了。造成这一切的原因是什么？我原来寄希望于五卅运动，希望国人团结，政府作为，可是后来你们也看到了，我们还是走在受奴役的路上，唉……"说完，士元低头不语。

赵枕云道："原来你整天不言语是为了这个啊？那可是'肉食者'所谋之事，像我们这些人是无力改变的。"

士元看着赵枕云道："此言差矣，中国自古就有'国家兴亡，匹夫有责'的训导，如果要使我们的国人彻底摆脱受奴役的状况，那就必须有一大群志同道合者为这个民族的兴衰奋起抗争。唯其如此，国家才能改变面貌，人民才能得到幸福。"

唐孝明道：士元，你这些话千万不要让政府的爪牙听到，那可是要掉脑袋的。"

士元正色道："怕什么？大多数人就是因为怕，才纵容了政府的腐败无能，洋人才敢在中华大地上肆意横行！现在，你们也应该知道，北伐军节节胜利，这就是中国的希望所在。"大家听了都表示赞同，气氛也立时活跃起来，大家各自发表对北伐的看法。士元看着大家激烈争论，微笑不语。突然，大家都停止了争论，看着士元。马袖山道："士元，你是不是想引起我们激辩，你好渔翁得利？"

士元笑道："那怎么会？我是想让大家都来关心时事，关心国家的走向。"

唐孝明道："既然你这么关注时事，那你说说北伐能不能成功，中国能不能改变。"

士元道："北伐只能成功，不能失败！失败了，中国的前途更加堪忧！"

唐孝明道："这不是废话吗，等于没有说！"

马袖山道："别打岔，听士元说。"

士元看看大家道："我不敢保证北伐就能一定胜利，但是，我敢肯定，这次的北伐不同于以往任何时候。"士元满脸庄重。

赵枕云："说！"

章梅："快点，急死我了。"

士元道："这次是国共两党合作……

唐孝明道："嗨，我以为有什么大不同的，原来是这个。是啊，现在世界变了，我们中国也学西方的党派制了，多一两个党派那又能怎么样？"

士元严肃道："不对，以往那些党派为的是某个人和小集团的利益，根本没有想到为最广大的老百姓谋利益，所以受到的支持是极其有限的。而现在不同，国民党要施行三民主义，共产党要实现共产主义，也就是让最根本的、最底层的人都能主宰自己的命运，从最广大的范围唤醒民众，民众一旦醒悟了、觉悟了，那还得了？天地一定会彻底改变！"大家听后沉默起来，都在内心思考。士元降低声音道："我这段时间看了好几本共产党方面的小册子，说得非常有道理。"

赵枕云惊愕，道："那些可是禁书啊！"

士元道："禁书不禁书的，我不管，谁说得有道理我就佩服谁，谁的主张能够改变中国我就相信谁！以往有主张的也不少，可是，我觉得没有一种主张比共产党的更彻底更有针对性。除了这种主张，还要有一大批愿意为这一主张奋斗甚至是牺牲的人！如果没有一大批践行主张的人，再好的主张也是枉然。现在在北伐军中就有一大批这样的人在奋斗、牺牲！"

马袖山愕然："怎么，士元，你准备……"

士元："我现在只是在接触这个主张，观北伐事实，还没有到那个程度。你不用担心，如果有朝一日我正式参与了，就绝对不会后退、不会后悔！"

这次的郊游谈话让大家重新认识到一个全新的黄士元，但是赵枕云等也为士元担忧。

16 / 　　集体抗议

一九二六年下学期，士元参加和领导了反对校方侵吞学生缴纳的建筑费活动。建筑费在所有学杂费中仅次于学费，原本是用来建筑师生宿舍改善住宿条件的，但是学校收了钱却不办事，引起部分教师和学生不满。后来听说校方将这笔钱当作收入，完全侵吞，这一行为激发了学生们的愤怒。学生代表多次和校方陈说，校方坚持认定这是学校的收入，不用于建筑，也不退钱。

士元由于有前两次的出头，为了缓解校方情绪，这次向校方陈情行动开始没有出面参与。学生代表两次陈说不果，大家异常气愤，却毫无办法，士气低落。

士元看到这种情况，挺身而出，站到临时会议桌上对纷纷出门的同学们大声道："请大家等等。"走到门口的同学纷纷回头等待。士元见大家有期待的意思，说："目前，我们和校方基本撕破脸了，如果就此散了，屁都不放一个，以后他们会越发肆无忌惮，想怎么整我们学生就怎么整，想处理谁就可以处理谁。我们呢，只能是祈求校方开恩。你们觉得我们以后还有好日子过吗？"

有同学问："不这样，还能怎么样？五卅运动都是那个样子。"

另一个道："学校已经暗中派人威胁了……"

士元道："这就对了，他们派人威胁我们之中的人，甚至还暗中派人拉拢某些同学，说明他们心虚了，事情做得不占道理。我们就要抓住紧紧不放，才有可能取得最后胜利。我想我们今天在这里开会要不了多长时间，校方定会知道的。如果我们就此偃旗息鼓，以后我们都是砧板上的鱼肉，只有挨宰的份儿。你们想被宰割或者被开除吗？或者给你们安个破坏学习秩序的罪名或者给你一个赤色分子的罪名报给警察局，你们谁受得了？至于和五卅运动比，那是没有可比性的，那是反对帝国主义的爱国运动，对方掌握着政权和武装，因此那是一场生死相搏的斗争，我们现在要做的是让校方改正错误决定，属于教学行为纠纷，必要时我们还可以上告政府主管部门，请他们主持公道，大家没有必要担心。"

一席话让大家明白了事情的性质和当前的处境，门口的同学回转。

唐孝明道："依你，怎么办？"

士元让大家坐下好好商议。士元待大家坐定说："校长已经换人了，再也不是创办学校之初的刘校长了，校长代表的是背后的股东利益，对这样的校长和学校领导集体我们不能抱任何幻想。现在我们唯一的出路还是靠我们自己。"

马袖山道："我们去过两次，可是第二次连校长的面都没有见到。你说我们怎么办？"

士元道："这就是问题的症结所在。我们展示的压力不够大，他们可以推诿、诡辩和不理睬，甚至还可以搞秋后算账。对于他们的顽固态度，我们要做的就是团结一致，抱成一团，然后争取同情我们的老师的支持，和他们抗争！"

有人说我们都抗争了两次，有什么用。士元指出前两次抗争力度不够，也没有广泛发动，属于不痛不痒，校方完全可以置之不理。士元提出分三步走。第一，立即成立"强烈反对校方侵吞学生建筑费"的请愿领导组，统筹、领导一切事务；第二，在座的人分成若干小组回去发动全体同学，团结一心，在请愿书上签名，必要时听从领导组的号令，采取罢课、校园集会、宣讲活动；第三，派人联络学校老师，取得他们的支持；第四，向教育主管部门呈送陈情书，让教育主管部门向他们施压；第五，派人联络外校，让外校了解发生在上海美专的事情真相，取得外校的声援，必要时候将事情真相向社会披露，声势越大越好。士元补充道："这几招看情况使用，如果还是不行，咱们再联络上海其他高校采取联合行动。"

大家赞成士元的计划，但都担心把事情闹大。士元道："我们不是想闹事的人。凡事都向最好的方向努力，做最坏的打算。能够和平解决最好，如果不行就必须抗争下去。学校尚且如此胡作非为，那社会怎么办呢？所以啊，希望同学们把眼光往远里看，我们不仅是在为自己抗争，也是代替社会抗争，我们一定会得到广泛支持的，只要我们团结一致！"

士元的话让不少同学当场接受，大家纷纷表示支持，也表示愿意听从领导组的统一安排。大家让士元拿出具体的行动意见。士元让大家当场选举产生一个五人领导组。经过大家的推选，士元、何超凡、马袖山、余斌、赵枕云五人组成请愿领导组，士元担任组长。士元还自荐担任秘书，当即起草了一份告全体同学和老师的请愿书，余斌立即拿去刻印。随后领导组将现有的人分成两人一组，每组带着刻印出来的请愿书发动同学，让同学们在请愿书上签字。领导组成员也做出具体的分工，确定每个成员担负的具体工作。同学们看到士元筹划具体细致，担心基本消除，情绪高涨起来。士元见时机成熟，嘱咐大家在开始以前要严格保密，不要还没有开始就让校方知道。还告诉大家，如果后面情况有变，他们的联络要谨慎、保密。

士元凌晨两点才回到寝室。士元为了节省住宿费和同乡赵若朴挤睡一张床。时值隆冬，赵若朴从睡梦里被士元冰凉身体惊醒，问他干什么才回来。士元为了保守秘密，回答说打麻将去了。赵若朴信以为真。

第二天，正如士元估计的那样，校方接到请愿书，虽然震惊，但是态度仍然顽固，根本不答应学生所请，反而污蔑学生想破坏学校的正常教学秩序。士元当场驳斥道："尊敬的校长和各位学校领导，请你们想想，如果校方做得对、做得好，我们这些学生会这样吗？如果学校只是出现一般性失误，我们有什么理由这样做？我们的正当行为被你们扣上'破坏干扰'的罪名，你们不觉得太牵强了吗？我还要告诉校长大人，我们既然采取行动了，就说明你们的压制、吓唬和耍手段是行不通的！校方没有给我们明确的实际有效的答复，我们绝对不会罢手！"

马袖山道："这是我们全体同学的一致决定，不是哪一个或者几个同学的意见！"

唐孝明道："休想用打压让我们屈服！休想！"

众代表一致道："休想！"

士元抬手示意道："大家安静，听校长说。"

校长和几个校委会成员恼羞成怒。校长居然拍桌子道："反了反了，就你们几个黄口小儿居然敢和校方对抗，太无知了！太不自量力了！你们不是要我们的态度吗？好，那我就郑重地告诉你们，你们所请毫无道理，校方绝对不能同意！你们要想清楚今后的出路！"

士元怒道："这是威胁吗？想拿我们开刀吗？"

副校长道："如果你们继续闹下去，不是没有可能。"

校长道："不是可能，而是肯定！你们回去好好考虑吧！"

面对校方的强硬态度，有些同学感到为难，私下里有了退意。士元建议立即召开骨干会议。在会议上，士元道："同学们，至此重要关头，我们剩下的唯一一条路就是抗争到底！除此没有第二条路可走！我请同学们记住，我们的抗争不是为了我们自己，而是为了公平公正，为了匡正校风，为了今后的美专能继续走在正确的道路上！我们今天的所作所为是为了清除社会的腐朽和黑暗！虽然我们没有那个能力匡正整个社会，但是如果我们团结一致，是完全有可能改变美专的！"

有人问："那如果校方还是那种态度，怎么办？"

还有人说："如果学校真的要采取行动开除我们，怎么办？"

唐孝明道："你们只知道担心自己，如果要开除还轮不到你们，有士元和我们在前面顶着！"

马袖山道："好了，同学们，事已至此，争论没有用，还是听听士元的打算。"

士元见大家沉默，道："鉴于校方的态度，看来我们用这个方式是行不通了。我建议，立即启动向区教育署提交请愿书的方案！"

"好！就是要给他们更大的压力！"唐孝明第一个支持。章梅、方毅等也先后表示支持。

赵枕云道："如果我们不采取更大的行动，他们会更加为所欲为！"

那几个心生退意的同学也表态支持。当晚大家议定，由黄士元、赵枕云和马袖山等人第二天一早带着请愿书去区教育署；唐孝明等分别带着陈情书去联络上海各大院校，让他们了解发生在美专内的事情，争取他们的支持和声援；方毅、章梅等人组织全校学生在黄士元等人回来后，于第二天上午九点整采取统一的罢课行动。

第二天上午，校方看到全体学生罢课，傻了眼。但是在背后股东的严责下，校方公开张贴开除一开始递送陈情书的几个学生代表的通告。学生们立即炸了锅，大家义愤填膺。校方秘密调查在学生内部带头的学生，其眼线乘机将矛头指向士元等人，说大家都叫黄士元、马袖山、唐孝明等人蒙蔽了，士元他们早就和校方暗中勾结了，他们现在在做表面文章迷惑同学们，实际上是为了开除最开始递送陈情书的那几个学生代表。这些眼线还说，如果同学们继续跟着士元他们瞎闹，下一个开除的就是参加这次抗争的每一个人了。有人对这一说法表示怀疑。可校方的眼线说，黄士元、马袖山是这次罢课的领导人，这次的通告上却并没有说要开除他们，这就是明摆着的事实。

此时，不少学生心里都产生了怀疑。

士元当时正在召开骨干会议，听到消息后，要立即赶往公告栏前消除误会，马袖山和赵枕云都极力阻拦。马袖山说："那些人现在已经不明真相了，你现在就是众矢之的，不能去！

赵枕云道："要去，我去合适，因为我是女生，他们对我不会太过分。"

方毅、章梅也赞成。章梅道："我陪赵枕云过去，因为我也是女生。"

马袖山道："行，这是好办法。等大家的情绪平息下来，我们再出去说明就好得多，不会引发集体的不满。

士元怒道："好什么！你们以为这样就能大事化小了吗？还有，这不是可以大事化小的事！要是我们这么做，就正好中了校方的圈套，他们认为我们这些领头的只是保护自己，而不敢进行下一步的行动！"

赵枕云惊愕："怎么，你还是要去？那可是愤怒的海洋啊！"

士元豪迈道："不经风雨，怎能拥有彩虹？我还是有那个信心的。但是你们也要做好最坏的打算，我走后，你们暂时撤出学校，等我的通知。"士元说罢头也不回地出了门。

士元一出现，立即被一大群愤怒的学生围住。大家纷纷质问他事情的真相。士元无论怎样劝说大家安静下来，众人就是不听。士元实在没有办法，四处环视，当看到公告栏侧面有一棵碗口粗细的法国梧桐时，他使了个旋风腿避开紧紧围着的学生，迅速爬到树上。众人瞬间惊愕，都暂时停止了躁动。士元抓住这个短暂的瞬间大声道："同学们，大家都静下来听我说。如果你们不听我说，你们是不能明白真相的！"那几个校方的眼线大喊："不要听他说，他说的都是骗人的鬼话！"众人被蛊惑，重新对士元声讨，但是也有很多学生却高喊着让黄士元说。此时士元也在树杈上高呼。大家躁动的情绪渐渐平息下来，士元乘机大声道："同学们，我黄士元是什么人，你们一定很清楚！至于开除这件事情，必须听我说，要是你们不相信，我宁愿顶替被开除的同学离开美专。你们听我说好不好？"

那几个眼线还想鼓动大家，被不少人拒绝。更多人表示要让士元下来说清楚。大家给士元在树下让开一片空地，士元跳下树，站到公告栏前大声道："如果同学们好好想想，就不难发现这是校方恶意的阴谋，他们想用这种手段离间我们！"众人惊讶。有人让士元说具体点。那几个眼线大呼不要上黄士元的当，众人根本不理睬。士元面对那几个人道："请问，我是什么时候和校方勾结的？在哪里和什么人勾结？你们是看到了还是听说的？有证据吗？"那个领头的道："我就是见证人，你和校长密谋过。"士元："哦，既然我和校长密谋，那一定是极其秘密的，你是怎么听到的？我们都说了些什么？"

好几个学生让眼线说他是怎么听到的、都说了什么内容。领头的恼怒道："真是好歹不识，不跟你们说了。"说完他借机从人群里溜走了。那几个跟随的人看到情况不妙也随着逃离了现场。士元看着他们逃走的方向道："同学们现在应该知道是怎么回事了吧？"学生大呼上当。随后士元讲解了现在的情况和应对校方开除决定的措施。他让同学们相信，只有坚持才能有出路，才能挫败校方的阴谋和手段。对于士元的分析和提出的应对措施，多数学生认可。

校方没有想到精心的策划竟让士元三言两语给化解了，校长将那几个眼线骂得狗血喷头，士元他们的行动受到潘天寿等进步教授和教师的支持。这些进步教授和教师曾多次出面和校方交涉，要求校方改变原来的错误决定，校方始终不予理睬。此后，潘天寿等还发表谈话，公开支持学生的诉求。一部分学生围住校长室，声讨校方的无理和草率，让校方撤销对学生的处分决定，并将建筑费用于学校建设。士元居中调停，给骨干成员分析形势，鼓励引导大家。

在士元的得力措施下，不但组织抗议的学生没有像校方所期待的那样自行解散，而且有好几个高校派出学生声援团来美专声援他们。

校方看到事情越闹越大，居然勾结警察局，警察局派出便衣渗入学生中。

不久，士元、马袖山等四个学生领导组成员被捕，被关进上海龙华淞沪警备司令部。当时，龙华淞沪警备司令部司令是军阀首领孙传芳手下的第一师师长李宝章。士元他们被关押后，更多的教师参加到同情和支持学生的行列中。士元他们被捕那天，赵枕云正好外出联络，因此躲过抓捕，随后她和潘天寿联系上。他们分头行动，赵枕云回南京求助父亲，潘天寿等联络社会知名人士疏通关系。两人的行为获得很多上层人士的支持，这些上层人士纷纷致信致电警备司令部，要求放人，甚至还有开明人士亲自去警备司令部陈情。

17 / 愤然转学

后来经过多方疏通和施压，还由于赵枕云父亲出了一笔钱，士元他们才被保释出来。

出狱时，迎接的同学和士元他们拥抱庆祝。赵枕云他们请士元等人上车，士元问要把他们带到哪里去。章梅笑着问："你想去那儿?"马袖山玩笑道："那自然要去真心同学兼知己朋友赵女士那儿了，这个还用问吗?"章梅、马袖山本意是想逗逗士元和赵枕云。没想到士元认真道："你们说对了，去赵枕云那儿，美专我是不想回去了。"

"不去美专?"好几个同学异口同声惊讶道。赵枕云也惊愕，道："为什么? 那可是我们的母校。"

士元认真道："通过这次运动，你们觉得我们还能融入美专吗? 再说了，就是校方愿意息事宁人，我们也不会安心，与其这样还不如趁早另做打算的好。"马袖山点头道："是这个理，可是不去美专，我们又能去哪儿呢?"

赵枕云催他们上车，等到家了，再慢慢想办法。士元站着，不肯上车，低头思考着问题。方毅突然道："我听说潘天寿教授也离开了美专。"

章梅道："这有什么新奇的，跟潘教授离开的有一批教授和老师呢，这和我们有什么关系?"

方毅道："也是，人家毕竟是教授。"

赵枕云："走吧走吧，回家我们再好好谋划，'站而论道'有用吗?"

士元突然抬头道："走，上车，我们就去潘教授家。"

赵枕云惊："去那儿干什么?"

士元坐上车，笑道："潘教授是因为我们而受到牵连，我们不应该第一时间去拜访感谢吗?”众人赞同,驱车前往潘教授家。

潘家住在一座四合院内。唐孝明上前敲门,恰好潘夫人出来开门。士元道明来意,潘夫人表示感谢,告诉他们潘教授正在筹建新华艺术大学,一早就出门了。大家听说这一消息后都非常兴奋。士元问明了筹办地点,谢过潘夫人和众人后,直接去了筹办点。

潘教授正在和老师们开会研究筹建的事宜,听说黄士元他们来了,非常高兴,对同仁笑道:“诸位,我们一道去会会他们。

士元等看到潘教授和各位老师来了,赶紧向他们表示感谢。

士元激动道:“潘教授,各位老师,我等能出狱是各位老师大力营救的结果,我们非常感谢!”

潘天寿拉着士元的手笑道:“应该的,我们是为了道义而为。作为你们的老师,我们有责任维护我们的学生!你们不用放在心上。坐,坐,大家都坐。”众人笑着坐下。潘天寿笑着问士元:“我想,你们来这里不仅仅是为了表示感谢吧?”

士元站起来道:“是的,听说老师们要成立新华艺术大学,我们想加入,不知可否?我们可是造了美专的反的人,不知道老师是否在意我们这些。”

潘教授和几位老师很高兴,潘教授让士元坐下说。马袖山等也都表达了愿意来新华的请求。潘教授非常高兴,说:“你们的行为是每一个有良知的中国人的行为,我们几个不也是跟进了吗?”潘教授和老师都大笑起来。

笑毕,潘教授道:“所以啊,以后你们不要为了这个耿耿于怀!”士元等鼓掌。

潘教授缓和语气,亲切道:“年轻人就应该有所担当,敢为天下先。过去的不说了,对你们的请求,我个人表示完全接受,你们可都是美专的高才生啊,是不可多得的美术人才!”潘教授转向在场的各位老师,道:“你们认为呢?”

老师们一致同意士元等人进新华艺术大学学习。士元等人再次表示感谢。

潘教授笑着问士元道:“你们进新华就不怕别人说你们朝秦暮楚吗?”

士元道："先生，那是过去的老皇历了，如果美专还是值得我们尊敬的，我们要是就此离去，那是我们的不对。现在校方和我们势如水火，就算我们继续待在美专，我们彼此间还有可能愉快地相处下去吗？与其这样，不如眼不见为净。再说，像您和余先生这样的一批大家都离开了，美专还是原来的美专吗？俗话说得好，'识时务者为俊杰'，我们虽然不是什么俊杰，但还懂得'人往高处走，水往低处流'的道理。我们来投奔您，也就是投奔进步。"

马袖山说："我们只有跟着潘先生才会心情舒畅地学习，才有好的未来。"潘天寿笑道："好，我就要你们这个态度。你们的学籍不变，希望你们成为新华艺术大学的第一届毕业生，也成为新华艺术大学最有影响力最有前途的毕业生。"士元他们心情十分激动，说他们第二天就办好手续过来帮助学校筹备。潘天寿不让他们参与筹备，说如果他们要过来，老师们可以安排人开临时课，决不耽误他们的学习。士元高兴道："那好，先生，我们回去跟同学们说说，不少同学也想离开美专，他们都过来，行吗？"

潘天寿笑道："这样吧，美专毕竟是我工作过的地方，更是你们最初就读的学校，不要过分为好。"潘天寿这种公允地为他人着想的做法，让士元他们看出潘天寿为人的厚道和坦诚，因此更加敬佩他。

士元他们回来和同学们说了去新华艺术大学的事，同学们立马表示要和他们一道离开。士元道："不要再扩散消息了，就我们十几个过去就行了，美专毕竟是我们最开始就读的学校，凡事不可以太绝情。"大家当场一致表示不扩散消息，可是后来还是陆陆续续去了四十多人。潘天寿只好下令不再招收美专的转学生，才慢慢终止了这股转学潮。

18 /   成果展示

转学后，新华艺术大学的总务主任带他们来到校园内一所公寓式房子跟前，他指着公寓道："这就是你们以后的宿舍。"同学们感到十分惊讶。唐孝明问是不是搞错了。总务主任问："是不是不满意？这可是全学校最好的房子，潘校长还住在距离学校比较远的四合院里呢。"

士元赶紧道："不是，是太好了，我们可都是学生啊。"总务主任笑道："知道就好。希望同学们热爱新华，把新华当成自己的家。"

他们带着感激住进学校安排的宿舍。忙活一阵后，一切基本就绪。大家坐到床上，不禁感慨万千，觉得有些不可思议。马袖山道："光感慨没有用，我们要用实际行动来报答新华。"

士元看着大家微笑不语。唐孝明问他为什么不发表感触，是不是还留恋美专。士元道："不是留恋而是怀念，怀念从前。美专毕竟是我们绘画人生的第一段经历，在里面我们也学到了很多的知识和技能，离开美专实在是无奈之举。但是，新华是我们新的开始，我们一定要好好把握，不能辜负了潘校长和老师们的期望。"

大家都说那是自然。马袖山笑道："我看新华的氛围最适合你黄士元。

士元道："怎么讲？"

马袖山："潘校长和余主任都一再强调新华采取人性化管理，大力加强教和学的互动性，充分让学生表达意见，这不正好符合你的心意吗？"

士元笑道："那是。我最看中的是潘校长说的'追求真理，崇尚美好'。这才是我所需要的。我们是搞美术的，但是更要关注社会、关注民生，只有天下太平了，全体人民都过上好日子了，画家才有很好的安身立命之所，创作的内容才会更加丰富，自己的才能才会得到充分的展示。"

余斌笑道："士元，你也太理想化了。天下太平谈何容易啊！我们只要拿好我们手中的画笔，多画些好画，争取流传下去就是最高的目标了。"

唐孝明："余斌说得不错，我们还是立足绘画的好。其余的都是空中楼阁。"

士元站起来道："人各有志，我也不勉强你们。但是，我觉得一个画家不能只顾着自己画画，应该融入这个时代，应该追求真理，让美好的东西流传于世。现在，北伐军节节胜利，要不了多久……"正说着，门被推开，原来是学校的老师们来了。士元和同学们欢迎老师们的到来。原来，老师们是来询问他们在这里是否习惯，还有什么需要没有。老师们的关怀让大家非常感动，同学们纷纷感谢老师们的关怀。

士元笑着说："我个人感觉学校过分了。"同学们都因为士元的话感到惊讶。于老师问是不是他们哪里做得不好。士元微笑道："就是因为学校为我们考虑得太周到了，我才觉得过分了。学校应该让我们多经历一些困难，那样才能锻炼人。"听了士元的话，老师们高兴地笑了。

士元笑道："好好，既然大家都认为好，我收回刚才的话。但是，我有个建议，不知道老师们能否答应。"

于老师道："说说看。"

马袖山道："黄士元，你可不能再出什么馊主意。"大家附和。士元看看同学们说："我希望在我们完成学习的前提下，为学校做点力所能及的事务，这样，我们心里才不觉得惶恐。"

马袖山道："好，我赞成！"唐孝明等人也表示赞同。于老师道："行，我们回去向校长反映。"大家鼓起了掌。

老师们走后，士元乘兴提出办一份"画人看天下"的小报，让同学们关注社会，关注时事，探讨青春、人生和理想。大家意见不一，赞成的和不赞成的交锋激烈。士元只好暂时放弃打算。

几天后，士元接到通知，让他晚饭前去潘校长家里一趟。同时接到通知的还有赵枕云和马袖山。他们都不知道潘校长让他们过去有什么事。士元道："不要猜测了，过去不就明白了。"

他们第一次进入潘天寿的家，那里的条件简陋得让他们惊讶。客厅里除了一套旧沙发和一张吃饭的桌子外几乎没有多余的家具，倒是那些挂着的、靠着的画稿和画夹表明主人是个画家。潘天寿可是当时在国际上都有一定知名度的画家，还是大学校长，过体面生活应该不是问题，可是他居然住在这样的房子里，家里还如此的简陋，怎么能够不叫人惊讶？更让人惊讶的是，他们到来后，潘校长正在饭桌上绘画稿，看到他们来了，潘校长立马放下笔，热情招呼他们就座，还给他们沏茶。

沏好茶坐下后，潘校长笑着问他们愿不愿有更大的担当。三人不知道如何回答。士元微笑道："既然校长认为我们可以，我们一定去担当。"

"好，黄士元，果然有大将气派。先喝茶，要不然你们回去肯定要埋怨我不通人情，不让吃饭，还不让喝水呢。"三人都笑了，开始喝茶。喝过茶，潘校长说起了学校举办第一届画展的意义和重要性。三人隐隐知道校长有什么事情要让他们做了，可是谁也没有想到校长居然将举办画展这项重要活动全权交给他们，都惊得目瞪口呆。

潘校长笑着问："怎么，你们不敢还是不愿意？"

士元立即道："敢，也愿意，就是感到责任重大，有些担心弄不好，辜负了校长的一片心意。"

潘校长呵呵笑道："你黄士元就不要跟我打埋伏了，我可是知道你们集云画会就是以你和赵枕云为首举办的。怎么现在居然担心起来了？难道你没有举办过画展吗？听说那次效果还是很轰动的。"

士元认真道："这两个是不一样的。我们在南京举办的画展所展示出的都是学生自己的画，算是初学者的作品。而这次可是大学的画展，展出的大多数都是成名的大师级别的画作，如果布置稍有不周到，那可是会直接影响到学校的声誉，也会影响到参展的大师们的声誉啊。"

潘校长道："你凭什么断定画展展出的就都是成名人物的作品？凭什么说

你们经手的画展就会影响大师的声誉？"

赵枕云惊讶道："难道还有学生的画参展？"

潘校长："为什么不可以？"

马袖山惊愕："这可是大学的首届画展啊，怎么可以让学生的作品上啊。"

潘校长："既然是大学的画展，就必须有能够反映教学成果的作品参加，因此这次展出的画应该包括老师和学生的，还有社会知名画家的。"

士元点头笑道："校长考虑的是，这样就带来了三方面的好处，一来反映了教学成果，二来有知名画家的画作参展不会降低画展的水准，三来让更多人认识和了解我们新华艺术大学，提高大学的声誉和影响力。"

潘校长笑道："看来，黄士元可以做我的助手了。"众人大笑。潘校长接着说："那这个事情就这么说定了，以你们三个为主，统筹画展的一切事务。另外，黄士元具有组织和领导才能，口才也好，还是小有名气的画家，就由黄士元担任此次画展的主任，赵枕云和马袖山就协助黄士元，共同搞好画展。"

赵枕云和马袖山说一定鼎力协作。

士元道："那画作怎么征集？我们和那些著名的画家可是没有交情啊。"

潘校长说："我们都征集好了，你们主要挑选学生作品，不要多，以十幅为宜，不过，你们三个都要有作品进入。另外，画展地点由你们选择，费用实报实销，人员归你们协调。"

士元说："有了这些就好，我们保证尽力而为。"

潘校长又说了一些布展的注意问题。士元看谈得基本差不多了，便要起身告辞。潘校长不允许，说不能让你们饿着肚子回去啊。他走到门口，招呼夫人开饭。原来，他们家的厨房在进门的一间耳房里，还是三家合用的。

这顿饭主人招待殷勤，客人吃得心里感动。

士元他们回去后立即将从美专转学过来的同学召集起来开会，大家听说第一届画展完全由他们亲手布展后，都非常高兴。但是讨论到具体的画展地址时，大家的意见分歧比较大。以赵枕云为首的同学主张租用会展中心，或者最起码是在有宽大空间的房子里布展。理由是既然是大学的第一届，也是代表美术界的高水平的画展，就不能寒酸，也不能给人逼仄的感觉；还有一个理由就是，来观展的和可能购买展品的可都是有文化、有见识、有资本的人士，他们可不习惯简陋，要是画展弄得寒酸了会叫他们看不起。以马袖山为代表的同学则认为画展还是回归自然的好，那样能够让观众产生深刻体会，还能够随时将作品和自然做对比，可是他们却拿不出具体方案。

士元看到再也没有其他意见了，分别对两个主张提出自己的看法，指出在室内布展是通行做法，利于参观，但是缺乏新意。士元道："我们是大学，就是要有新的东西展示给人看，包括布展。马袖山的想法有新意，与自然结合，我看不会给观众以寒酸的感觉。相反，要是在室内布展还真要考虑这一点，那样花费就够多的了。"

赵枕云听了士元的话，也觉得不错。最终大家商定与自然相结合这布展方式。他们将画展地点放在学校内的大草坪上，充分利用草坪面积精心设计了几个展区。学生外出采集芦苇秆等材料，回来着色，制作画框；画框背后设计了一个支撑接口用于在草地上支撑画框；最后他们还设置了参观彩门和通道。画展所有的材料、手工没有花费学校一分钱，只是宣纸和颜料花了点钱。潘校长和老师得知后很是支持，赞叹士元他们很有创意。

开展那天，当校长和来宾们来到草坪上准备参观画展时，草坪上还是空空如也。校长和来宾们感到诧异，一个个都丈二和尚摸不着头脑。忽听士元一声令下，那些早已隐藏在各处的学生每个人手拿着必要的物品和画作，瞬间从四面八方涌出，迅速搭好拱形画门。随后那些搭建拱门和通道的学生站在两边组成欢迎队列，士元等恭请众人进入展区。来宾们对这种开场方式感到无比惊奇，夸赞不已。大家刚进入拱门，只见一幅幅精美画作和自然结合得天衣无缝。一位政府要员对潘校长夸奖道："真乃创意新颖，叫人叹为观止！"

19 / 军旅朋友

一九二五年，上海工人在中国共产党的领导下，成立了工人纠察队，配合北伐军的北伐。

消息传到学校，士元和很多学生欢欣鼓舞，他们连夜商量，派人联系上海总工会，接受指示，广泛发动学生组成新华艺术大学声援团。他们写标语、印传单，组织本校学生和其他高校学生一道上街游行、宣传，支持上海总工会，欢迎北伐军。

士元在动员会上热情鼓动道："……上海工人的行动表明，团结起来才有力量，我们的命运掌握在我们自己手里。军阀必须被打倒，帝国主义势力必须被清除，所以打倒军阀列强是我们的使命。上海工人起来了，他们夺取了军阀的武器武装了自己，人民当家作主了！甚好！很好！最好！北伐军摧枯拉朽、势如破竹，全国统一、全国新生指日可待！自由、民主、进步是世界大潮流，这个大潮流滚滚向前，北伐军正在这个大潮流中浴血奋战，上海工人正站在这个潮流前端，牢牢掌握了自己的命运，改造这个旧的世界，建立新的世界！我们大学生是时代的先锋，我们必须振奋起来，组织起来，站到进步一边，和上海工人肩并肩、手挽手，共同创造一个崭新的世界！这是时代赋予我们大学生的崇高使命。让我们用我们的呼号、我们的积极奔走，广泛宣传群众、发动群众，让我们团结起来，共同完成改造旧世界的使命……"

士元的一番鼓舞人心的讲话，博得了同学们一阵阵热烈的掌声。接着，他和赵枕云亲自教唱《工农兵联合起来》等鼓舞人心的进步歌曲。在以后的日子里，很多时候都是士元登台演讲，他突出的口才和激情澎湃的演讲十分鼓舞人心。在校内，士元他们每天都参加巡视校园、维护治安的工作。士元把白天的纠察巡视时间让给其他同学，把自己的工作时间安排到晚上。

有时候任务重，他就通宵达旦地连轴转。

他在日记中回顾这段日子的感受时说："……那段时间是我的人生有史以来最亢奋、最欢快、最精神的时候，我每天都沉浸在革命的激情里，感觉到大地新了、天空蓝了，人们脸上的忧愁似乎一夜之间完全消失了，一切都是崭新的。那时候基本没有白天和黑夜的区别，也没有时间概念，一切都在欢乐里开展，在欢欣里进行，我还唯恐做得不够好、不够多，仿佛那就是生命的意义和生命的价值。我为能赶上和亲身参与这个伟大的行动感到无限幸福和无上荣光。"

北伐军进驻上海后，士元偶然结识了一位年轻的同乡——副团长王同乐。那是士元第一次带着学校劳军演出队来驻军某部慰问演出。士元是队长，出面接待的是副团长王同乐。两人相见，说话口音相近，顿时互相生发亲切感。王同乐问士元是哪里人，士元笑道："如果我没有猜错，王团副恐怕也是咱们桐城人。"

王同乐大乐，重新握住士元的手热情地说道："是，西乡，靠近安庆。老弟是桐城哪里人？"

士元笑道："东乡横埠人。"

王同乐笑道："哦，真是幸会，幸会啊，想不到在大上海能够遇到老弟这样家乡的骄傲啊！走，咱们去团部好好聊聊。"

士元欢笑道："王兄，现在不是要演出了吗，等演出后我们好好聊如何？"

王同乐道："哦，我差点把这个忘记了，好，先安排演出，完了我们好好聊，今晚你就不要回学校了。"

"好，就这么说定了！"

演出后，他们果然没有爽约。士元让赵枕云和马袖山带着队员回学校，自己留了下来。两人彼此聊着对时局的看法，大有英雄所见略同的感觉。

说到国共两党合作的北伐，王同乐表现出很为难的样子。士元惊问："兄长，是不是出现什么问题了？"

王同乐微笑道:"没有,我个人感觉这个联合恐怕不能持久。"

士元变色道:"如果出问题会影响北伐吗?"

王同乐道:"只是我个人的感觉而已,怎么就会影响到北伐了?你太敏感了吧。"

士元松了一口气,道:"没有就好。我们中国再也经不起折腾了,希望两党能够精诚团结,将北伐进行到底。哎,王兄,你参加了哪个党?"王同乐看看士元没有直接回答。士元道:"我嘴快了,不用说。"

王同乐道:"不是,没关系。我是同盟会老成员,按理应该参加国民党,可是,到现在我还没有想好,让你见笑了。"他看着士元反问:"如果按照老弟的主张,你觉得应该加入哪个党?"士元低头沉思。王同乐让他不要为难,说自己也就是随便一问,接着问士元道:"老弟喜欢打枪吗?"

士元欢喜道:"想啊,我对一切新鲜事物都十分感兴趣。"

"那好,乘着现在天色尚早,我带你去打枪。"

士元大喜过望。王同乐叫来两个卫兵带上长枪和靶子等物。四人乘车一道前往市郊。他们所处的地方距离吴淞口不远,能够看到远处停泊的外国军舰。

下车后,王同乐让士兵寻找可供射击的地点,自己提起长枪教士元操枪和打枪的要领,示范后将长枪交给士元。士元按照王同乐所说操弄,动作麻利。士元操弄完使枪动作后,端枪瞄准远处的军舰。王同乐笑道:"哎呀,黄老弟啊,你要是从军了,必然是个好军人。"

士元继续瞄准,应道:"何以见得?"

你看看,你的动作标准、利落,哪里像是第一次接触枪支啊?要么你以前操弄过枪,要么就是你对打枪有天赋。"

士元收了瞄准动作,笑道:"真的吗?那要是有机会我去当兵,你会要我吗?"

王同乐笑道:"开玩笑了,你可是前途远大的画家啊,当兵那是辱没了老弟。"

士元正色道:"值此国家用人之际,军人最能体现价值了,什么辱没不辱没的。军人可是国家的柱石，鸦片战争以来就是因为我们的军队不争气，才导致我们的国家被列强欺辱。我也不说假话，如果将来需要，我会拿起枪，走上血与火的战场！"士元指着远处的外国军舰气愤道："要是我们的国防强大了，还能容这些军舰赖着不走，随时威胁我们？"

王同乐拍拍士元肩膀赞道："好，有见地，有气魄。我们是要驱除帝国主义强加在我们头上的种种不平等，但不是现在。"

"我知道，首先要统一全国，然后强化国防！到那个时候，我看那里停泊的一定是我们的海军军舰。"士元指着远处的军舰道。

"那是一定的。就冲你这句话，我敢断定你要是当兵了，必定是一个有大局观的将军。"

"那可不敢当。"

"没有什么不敢当的。不过，要当兵，光会打枪还不够，还要学习各种技战法和指挥技巧。今天我教你打枪和一般的技战法。"

"谢谢！"

话音刚落，一个士兵报告说射击场所选好了。三人同去射击地点。士兵去路边警戒。只见士元对面约百米处竖立了一个靶子，士兵手拿小红旗在一旁发出信号。王同乐挥动绿色小三角旗，对面士兵隐没。王同乐教士元装子弹给枪上膛，还教授卧式射击法，然后将枪交给士元。士元按照王同乐所说，卧倒在地面上瞄准靶子。王同乐道："对准靶心，扣动扳机的时候手不能颤抖，不要呼吸，要屏住一口气，扣动扳机的手指要柔和，尽量做到人枪合一，那样准确度就会大大提高。"士元一直瞄着靶心，不回答王同乐所说。王同乐问士元准备好了没有，士元道："好了。"

"记住，不要慌。瞄准好了就射击。"

士元屏息，眼睛死死盯着准星和准星延长线对面的靶心，轻轻扣动扳机。"砰"的一声，枪响了。士元手一抖，差点丢了枪。王同乐及时鼓励道："很好，再打第二和第三枪，我相信你会越打越好的。射击时枪托抵紧肩头，我刚才看到你抵得不紧。"士元拉枪栓重新将子弹上膛，很快射出了第二枪。还没等王同乐提醒，士元稍微瞄准后又开了第三枪。士元起立，有点担心地看着王同乐。王同乐吹响哨子，通知对面报靶。对面士兵出现，查看靶面，随后举起报靶牌不停地摇晃着。士元看不懂对面的示意，看着王同乐道："没打着吧?"

王同乐笑道："很好，很好。我们用的是汉阳造，准度差，新兵能够上靶就很不错了。你的第一枪脱靶，第二枪和第三枪分别是四环和七环，很了不起。我还是有眼光的吧，你是个天生的当军人的料。照这样下去，用不了几枪你就能达到优秀的水平了。恭喜啊，老弟。"

士元被夸得不好意思，笑道："还是有脱靶的。"

王同乐道："真的很好，我第一次打靶时只有一颗子弹上靶，还只是一环呢，哈哈哈! 好，我们现在进行跪姿射击，然后进行站姿射击，再进行手枪射击。总之今天我要让老弟完成步枪和手枪的射击。"士元欣然接受。

跪姿射击比卧式射击难度大，因为枪身全凭双手的举托，没有经过臂力训练的人很难保证枪身平衡，更别说保证射击的准确度了。因此王同乐反复交代士元要保持枪身的平衡。士元有了卧式射击的经验，这次除了在瞄准精度的把握上有所提高，还抓住瞄准平衡的瞬间进行射击。三颗子弹打完，报靶后，王同乐脸现惊讶。士元担心道："是不是都脱靶了?"

王同乐没有回答，看看士元的脸，再看看士元持枪的手，道："分别是六环、八环、九环!"

士元惊喜："真的?"

"还能有假? 我以为，跪姿射击你能上靶就很了不起了，可是，可是……哎，你以前真的没有摸过枪?"

士元笑："真的没有。"

"下面，站姿。这次不仅要注意手臂的力量还要注意腰部，身子要挺直，其他的照前面的来。"

士元又将三颗子弹上膛，持枪默想，随后平端步枪，很快击发。报靶后，这组射击第二枪居然打了十环。王同乐越发惊奇，赞道："老弟，要是在部队，稍加训练，你很快会成为神枪手的。你的枪感太好了!"士元听了并不因此而过分高兴，还央求着要进行手枪射击。手枪射击成绩中，士元枪枪都在八环以上，有一次还连打出三个十环来。

王同乐惊奇道："你的这个成绩含金量很高，因为你击发的时候除了开始的两枪用时长点，后面的基本达到了实战水平。后来三枪，出枪、瞄准、射击几乎是一气呵成。这个水平要是在部队，只有那些有一两年实战经验的老兵才能做到。没想到你第一次就有这么好的表现，太了不起了！干脆你来我们团，以你的聪明和悟性不需要上军校，先培训一段时间，回来后我保证你能干参谋或者先当个副连长，要不了半年你就会升连长的，前程不可限量。怎么样，老弟？"

士元为难了，笑道："这样吧，让我考虑考虑可好？"

"也好，这毕竟是改变你人生的大事。来，我现在就教你队列的基础知识和一些军人需要掌握的基本内容。"

士元十分兴奋道："好!"

他们从列队开始练起，一直练到单兵战术训练，要不是天黑了，恐怕还要教练其他的项目。在这些训练中，士元表现得一如射击那样快捷。这越发让王同乐舍不得士元，晚上回去还特地请团长和参谋长与他们一道吃饭，席间王同乐对士元大加夸赞。团长和参谋长也对士元表达了同样的邀请。

士元被感动了，差点就投笔从戎。

20 /　　突发巨变

一九二七年四月十二日，蒋介石在上海发动反革命政变，动用军队、武装流氓屠杀中共党员和参与共产党领导的工会等组织的革命群众，这次政变宣告了国共两党第一次合作的破裂。

一九二六年开始的北伐战争，在国共双方的共同努力和工农运动的支持下，进展十分顺利，沉重地打击了北洋军阀的统治。但国共双方的矛盾，特别是以蒋介石为代表的国民党右翼势力与中共和国民党左派的冲突也开始显现。担任国民革命军总司令、兵权在握的蒋介石，在北伐军于一九二七年三月占领上海后，即密谋发动反共政变。此时，中共领导人陈独秀一味妥协退让，未做应付突然事变的准备。蒋介石遂在对手毫无戒备的情况下突然发动政变。

一九二七年四月十二日凌晨，大批武装流氓分子从租界冲出，向分驻在上海总工会等处的工人纠察队发动突然袭击。当工人群众奋起抵抗时，国民革命军第二十六军周凤岐部随即借口"工人内讧"，强行解除了上海工人纠察队两千七百名工人的全部武装。纠察队员仓促应变，死伤三百余人。

四月十三日，上海工人举行总罢工，并有十万余工人学生和市民集会抗议。

会后，他们到周凤岐部请愿，提出退还工人纠察队枪械、释放被捕工人、严惩祸首、肃清流氓等要求。当请愿队伍行至闸北宝山路时，他们突然遭到武装袭击，一百多人遇难，伤者不计其数。

接着，蒋介石下令解散上海总工会，查封革命组织，捕杀共产党员和革命者。中共江浙区委领导人陈延年、赵世炎、汪寿华等牺牲。与此同时，北方奉系军阀首领张作霖于四月六日在北京指使军警采取突然行动，包围苏联驻华大使馆，逮捕李大钊等中共北方区委领导人和国民党左派、苏联使馆人员以及居民等八十余人。四月二十八日，中共早期重要领导人李大钊等二十人被奉系军阀杀害。

在这一派激情如火、同仇敌忾的时候，却是暗流涌动，这令士元怎么也想不到。北伐军进驻上海后不久，从各条渠道传来让他不愿意听到的小道消息，开始士元以为是那些反动的残余势力不甘心他们的失败而编造出来的阴谋，他和一些同学极力辟谣，努力否定。但是形势的发展让他感到不理解甚至迷茫。士元拿着特地为王同乐画的画去找他，可是，王同乐的部队已经调防，他再也找不着王同乐了。

形势愈演愈烈，一些地痞流氓结伙打劫市民的行为不断发生，而驻扎在上海的北伐军对此却视而不见。后来，一些散兵游勇甚至在光天化日之下冲击上海各地工会或者进步组织，北伐军还是无动于衷，士元怎么也想不通这是为什么。

那几天，谣言满天飞，什么都有，搞得很多人都不敢上街。潘校长指示学生少上街，避免遇到不测。士元和同学们心情十分沮丧，却又想不出好办法。士元他们只能期望乱象是暂时的，会得到治理。但是后来所发生的急转直下的事情让士元震撼不已。

四月十二日深夜，街上突然响起枪声，枪声时而激烈时而稀疏。先是几处，后来居然发展到四面八方都有枪声。第二天早晨，学校门口出现北伐军岗哨，所有人一律只准进不准出。警车、军车不时从身边开过。大家知道发生重大事变了，却不知道到底是什么样的事变，所有人都惶恐不已。大约上午十点，一队荷枪实弹的军警冲进校园，用枪逼令师生到校舍外空地集中，任何人都不准走动。士元和赵枕云、唐孝明等人正要出门，叫北伐军堵在校门内不准动。

时间不长，一队士兵押着师生四人走来。这四个人都是士元最敬佩的老师和学生，为人都很好。士元不理解北伐军为何要抓他们。士兵押着他们走向学校操场。此时，学生和老师们都叫军警的枪押解着汇聚到操场上。

一刻钟不到，一个警察说那师生四人是共产党，并向大家宣布他们的罪状。

一个北伐军军官下令开枪。一阵枪声过后，师生四人倒在血泊中。所有的师生都被眼前骤然发生的血腥的残酷事实惊呆，有些女生尖叫着晕倒，有些人失声痛哭，更多的人被吓傻了，呆立不动。赵枕云惊吓得扑在士元的怀里浑身簌簌发抖。士元脑子混沌一片，一向聪明机智的他居然毫无反应，像个木偶一样发着呆。枪声过后，警官歇斯底里地说了一大段话，士元完全不知在说什么。此时，他心里的愤怒正在慢慢聚集。

军警离开后，师生四人的尸体横躺着，无人敢上前，大家默默地看一眼他们，忍受着内心的悲痛离开了。士元要上前去，叫马袖山拦住。

马袖山低声道："你不要命了？"

士元瞪着马袖山。马袖山小声告诉士元，警察不让人收尸，谁收尸谁就是通共，是要被抓去枪毙的。士元不相信。马袖山拉士元转过身看，士元看到门口确实站着十几个军警盯着操场，这才随着马袖山悲痛地离开。

回到寝室，士元和马袖山商量晚上去掩埋师生四人的尸体。马袖山胆怯，士元也不勉强，躺在床上静等夜晚的到来。后来，潘校长等学校领导人挨个寝室打招呼，让同学们不要议论，不要惊慌，保持镇定，也不要随意出学校。士元问潘校长发生了什么事情了，潘校长要他不要问，什么都不说，还特别交代士元不要离开寝室，饭食由专人送过来。

士元只能静待夜晚的到来。同学们都各自躺到床上，什么事都不干。

士元躺在床上翻来覆去睡不着，想和大家说话，可是连马袖山都不理他，他只好在心里和自己说话。他想起了和王同乐交往时候谈及两党合作时，王同乐很担忧，当时士元不理解王同乐为什么担忧，现在明白了。士元对国民党的公然背叛深恶痛绝，但却没有任何办法，眼下只能尽自己所能给操场上被枪决了的师生四人收尸了。他在愤怒里默默等待。

好不容易等窗外断了日光，士元起床，在黑暗里摸索着穿鞋，因为校长打了招呼，说入夜不准开灯。一个轻微却很清晰的声音问："要干什么？"

士元听出是马袖山的声音，轻声道："去看看。"

士元的肩膀叫马袖山抓住。马袖山道："现在不能去，他们正盯着呢。"

士元没有说话，躺回床上。

大约夜半时分，士元再次起床。马袖山这次没有阻止，和士元一道悄悄打开后窗，从窗户里爬出。他们一路潜行，好在当晚学校路灯破例没有开，周围都是漆黑的。连校外平时都是亮着灯光的楼房也都是漆黑一片。街上响着零星枪声，偶尔还很激烈。

士元悄声道：他们都是烈士，他们的所作所为我们都是看在眼里的，那就是追求平等公正的社会。只可惜，我未能及时站到他们队列中，但是，他们的遗体不能就那样暴露着。你要是害怕就不要去了，我一个人能行。"

马袖山道："谁害怕了？走，尽量不要叫他们发现。"

他俩因为熟悉地形，很快摸到操场。可是他们怎么也找不到四人的尸体，地上只有干涸了的血迹。

枪声持续了三天。三天后学校门口的警卫解除了。士元他们赶着冲出校门。此时街上十分冷清，很难见到行人，往日繁华的大上海似乎一下子死亡了。他们去熟悉的里弄和街道，空气里充满了血腥味，到处弥漫着死亡的气息。他们在一个里弄口看到还没有被拉走的叠压在一起的尸体，尸体上穿着的都是普通人的衣服。士元要过去看看，叫赵枕云和马袖山强行拉走。

这就是以蒋介石为首的国民党反动政府发动的"四一二"反革命大屠杀。士元感到无限愤怒和不满，但是面对眼前残酷的血淋淋的事实，他却毫无办法，他的内心十分迷茫。

青年黄镇

（二）

1 / 初涉教育

大革命失败后，士元一度情绪非常低落，再也看不到什么前途。眼见士元如此，赵枕云力邀他去法国留学，马袖山则劝士元留校，潘校长也希望士元留校，士元都拒绝了。他不想和赵枕云的关系进一步深入，必须有所取舍；上海他不想再待下去，因为不愿意每天回想起大屠杀的场景。他想到了回乡创办美术学校，培养人才实现教育救国的梦想，同时积累一笔资金再去法国留学。他将自己的想法告诉集云画会的同学，得到章梅、唐孝明、方毅等六位好友的赞同，相约于一九二八年春去安庆创办"集云美术学校"。

士元之所以在安庆办学，是因为考虑到地利人和的因素。安庆当时是长江中游一座很有影响的城市，人文历史厚重，还是当时的安徽经济、政治、文化中心，唐孝明就是安庆人。最关键的是士元认识一位实力派人士章伯均。章伯均和士元是桐中校友，又是同乡。章伯均大革命时期担任过北伐军政治部副主任，在上海就和士元熟识，而且关系很好。章伯均眼看着蒋介石为首的国民党反动派倒行逆施，愤而离开，继而参与并筹建"中国国民党临时委员会"（又称"第三党"），积极组建新的队伍。在安庆，章伯均委任同乡王同乐为旅长。

士元找到章伯均，说了自己想回乡创办美术学校的事情。章伯均热情支持，建议他去安庆办学，还写了一封信交给士元，让士元去找驻扎安庆新军王同乐旅长帮忙，并告知王旅长也是桐城老乡。听了章伯均的推荐，士元喜出望外。士元告别章伯均，和章梅、唐孝明、方毅等六人分别前往安庆。

轮船停靠安庆港，士元等下船，王旅长的副官带车在码头迎接士元等人。来到旅部后，他们受到王旅长的热情欢迎和招待。对于士元和王同乐来说，他们这次见面是老朋友式的重逢。士元说了他们的打算，首先需要解决的就是办学的校舍问题。王旅长笑道："这个你不用操心，接到老长官电令，我立即给你们寻找了一处房子，房子距离市中心不远，房主现在旅居英国，房租还算便宜。更重要的是，房主是军旅出身，在他的房子里设有演武厅，很宽敞，足够用作教室了，后面一排房子有二十多间，足够你们师生居住了。"

士元紧紧握住王旅长的手感激道："谢谢，太谢谢了，王大哥，你真是我们的及时雨。"

王旅长说："以后的事情我插不上手，但是只要有困难，就一定要告诉我，我会及时帮助你们。房子房租也已经付过，你们放手办学就是。"

士元他们在感激中吃了接风宴。饭后，士元没有忘记在上海时候王旅长的盛情，当场画了梅、菊两幅国画赠给王旅长。

王旅长要安排他们乘车熟悉安庆市全貌。士元他们急不可耐地要去看房子，恰好王旅长接到紧急公务，让副官陪同他们过去。

房子所处地方虽然不是市中心，但是距市中心也就一公里多点，算得上是个繁华地点。房子占地近二十亩，四处有院墙，大有闹中取静的天然优势，是个办学的极佳所在，而且里面除了王旅长所说的能当教学所用的演武厅外，还有供操练用的空旷场地，花园里有荷池、假山、花圃、竹林等，景观皆美。王旅长办事很精细，派人打扫了所有房间，还派了士兵看护房子。士元等欣喜异常，当即请副官撤出看护的士兵。副官不理解，问为什么。士元说有王旅长和你这么精细安排足够了，这里不是重要的军事设施，也不是政府机关，只是一个办学场所。副官表示理解，说那是旅长指定的就是要保护你们的安全。士元感谢，说没有必要。副官只好带走看护的士兵，临走一再打招呼，有困难和问题一定要给他说。

副官走后，士元、唐孝明他们立即动手做招生准备工作。

第二天，士元他们分别拿着招生简章分区张贴。贴完招生告示，他们筹划下一步的安排。士元担任校长，唐孝明担任教务主任，章梅担任总务主任。现在，他们坐等学生报名。非常好的开端让他们欢欣鼓舞，热情高涨，他们对集云美术学校的前途也充满了期待。

但是，令士元他们万万想不到的是，几天的时间里形势急转直下。王旅长其实是一名秘密共产党员，他的身份在士元他们到来后遭到叛徒告密，王旅长被捕，安庆形势骤然紧张。

这天，他们约好，士元、章梅在学校布置校舍并等候学生报名，唐孝明、方毅等外出采购教学用品。时间不大，唐孝明他们急匆匆回来，脸色大变，情态异常。士元问他们怎么了。唐孝明说街上戒严了，不知道发生什么重大的事件。士元赶紧放下手里的活，出门看看。果然，街上有荷枪实弹的士兵站岗，行人不得自由通行。士元他们试着出去，马上叫站立不远处的士兵阻止。

士元回来，立即给王旅长打电话。这部电话是王旅长为了便于士元他们和外界联系用军队的名义安装的。可是电话打不通。士元预感到王旅长可能出事了，非常着急，可是没有任何办法。

第二天戒严解除了，可是电话还是打不通。士元打电话问电话局，电话局里有人说，王旅长的电话撤销了。士元确定王旅长出事了，想出去探听消息，却见到门外出现好几个身份不明的人守着。士元装着出门去粮店买米，其实是留心观察动静，果然查出有人跟踪他。士元扛着一袋米回学校，在门口见到几个身份不明的人阻止要进入房子报名的学生。士元上前问为什么。

一个三十几岁穿中山装的人指着佩戴在胸口的青天白日徽章的男子道："看清楚了没有，我们可是奉命严查赤党的。"

士元说道："我们这里是美术学校，哪里来的赤党？"

戴徽章的男子叫士元不要妨碍他们执行公务。士元还想争辩，却被两个便衣强行拉开。

后来，士元让唐孝明回家托人打听才知道，王旅长确实被秘密逮捕，所属部队被改编或者遣散，副官也不知所踪。由于集云美术学校当初是由王旅长出面登记的，自然受到特务们的监视了。唐孝明说完这些感到前途一片黑暗。士元鼓励大家不要灰心，我们和任何党派都没有联系，也没有参与活动，就是一个纯粹的办学机构，政治上不要有任何担忧。

章梅说："那些人老是堵在门口，就是有学生想来上我们的学校也是不敢来。那些人显然是不让我们办学，都一个多星期了，总共才有四个人报名。"大家对这个现实都没有好的破解办法。

士元还是让大家耐心等待，或许有转机。可是，事情远远没有士元想的那么简单，因为，特务机关将他们的学校列入秘密重点监视对象，只要集云美术学校存在一天，特务们是不会放弃对他们的监视。

他们又坚持了一个多星期，一个新加入的学生都没有。士元召集大家分析情况。大家一致认为再这样下去，没有任何进展，也没有意义，搞不好大家的人身安全都会受到威胁。士元也觉得不能持久，决定摘牌关门，各人自寻出路。唐孝明邀请士元暂住他家，士元拒绝了。章梅、方毅等回老家。士元决定在安庆继续寻找机会。

士元他们怎么样也想不到，他们满腔热情换来的却是彻底的失败。

后来，士元听说省立中学招一名美术教员，和一个同学前去应聘。他原以为凭着自己的成绩和在美术界已经有一定名气当上美术教员是不成问题的。他提交求职申请后一直在等待消息，可是一个星期过去了，音信全无。他们和唐孝明去学校询问才知道，那个职位被一个一起毕业的成绩比他差的同学占据了，原因是那个同学家有势力走后门。

2 / 回乡办学

士元终于再次回到家乡横山村。此时，士元的心情非常灰暗，似乎看不到光明，看不到前途，也不知道自己今后的出路在哪里。

在家这段时间里，士元偶然去族学拜访老师。此时，曾经教过他的三个老师都先后离开族学。经过和现任老师交谈得知族学的课程设置十分落后，教师思想保守且知识陈旧，完全没有杨绳武主持学校时候的新锐和进取。回来的路上，士元一直耿耿于怀，回到家闷闷不乐。

孙氏劝不了士元，眼见士元心事重重着实焦急，偷偷叫来士元的好同学黄位中，让他来劝解士元。

黄位中在桐中毕业后就直接回家乡，因为作为家里唯一劳动力的母亲终于积劳成疾干不了重活，妹妹虽然能干点活，但是管不了一个家庭两个病人，何况还有两个弟弟。黄位中回家支撑起这个家庭。现在，他除了农活外，还兼着给横埠商家管账的活计，每天都是起早贪黑。孙氏谎称回娘家，去黄位中家一直等到了小半夜才等到黄位中。黄位中听说了士元的近况，来不及吃晚饭便赶来见士元。

两人相见，士元见黄位中劳碌憔悴的模样，感慨不已。黄位中含笑说："我就是一个劳碌的命，没有什么好感慨的，还说世道如此，连你这位胸怀大志的大学问的人，如今不也是赋闲在家吗？"黄位中的话更让士元揪心。黄位中劝士元想开点，相信现在的状况只是暂时的。

士元突然问黄位中道："人该不该接受教育？"

黄位中一惊，说："你怎么突然问这个？这个是显而易见的，不接受教育是永远不行的，虽然我没能和你一样走出去，但是我认为接受教育是必要的。你现在的处境也只是暂时的，不要因为这个就发生对教育的否定。"

士元笑道："说得好。但是，我今天却发现我们的家族小学教育十分落后，看了真是百感交集啊。"

黄位中道："你去了小学了？"

"是。"

"那个小学不提也罢，里面尽是呆头呆脑的老学究，思想顽固得很，还视新思想为洪水猛兽，哪里还像杨老师在的时候那般红火啊？"黄位中很愤懑，但又无可奈何。士元听了陷入沉默。黄位中问他怎么不说话了。士元突然问："位中，现在你愿不愿意执掌教鞭？"

黄位中恍然，道："怎么，你是不是有什么想法？"

士元凝视黄位中道："你就说，你愿不愿意吧。"

"让我当小学老师?"

"我知道,让你当小学老师是委屈你的大才。可是,我们的族学不能继续掌握在那些老学究的手里,他们只能造出庸才,搞不好还能造出蠢材,会耽误学生的一辈子。"

黄位中惊喜道:"你,你是想接手族学?"

士元兴奋道:"不是接手,而是重新开设一所全新的小学校,培养新一代小学生!"

黄位中定定地看着士元说不出话来。

士元笑问:"怎么,你不相信?"

黄位中醒悟,道:"相信,天下就没有你黄士元不敢为的事情,可是,要办全新的小学说说容易,做起来很难。要建造房子,要聘任老师,你哪里来那么多钱?我看你家里日子也不怎么宽裕。"

"你不要考虑那么多,就说干还是不干吧?"

"干!这可是一件功德无量的大好事,可就是……"

"有你这个态度就行,其他的事情我来逐步解决。"士元很有信心道。

黄位中受到鼓舞,说坚决支持。两人筹划到半夜,约好明天去见族长。孙氏听了士元准备在家乡办学的想法,心里十分喜欢,要给士元做夜宵。士元制止,和孙氏商量能不能将家里的房子腾出来办小学。孙氏问我们住哪里,说婆婆一直躺着呢,就是我同意了,婆婆会答应吗?士元说我们让出正房当学校,家里现在人口不多了,厢房加上柴房有六间,我们住着还有多余呢,就是没有正房住着宽敞。孙氏问,正房做学校了,给不给租金?士元说那是自愿的,怎么可以收租金啊?办学可是件积功德的事情。

孙氏眼看士元的决心下定了,要是自己再坚持,就会让十分紧张的夫妻关系雪上加霜。她也知道办学是大好事,何况厢房确实能住,也就同意了,但还是坚持要婆婆同意。

母亲刘氏在病床上听到儿子在家里办族学,说那是叫子孙后代都念着我们家好处的大事。士元没有想到老母亲居然是支持得如此爽快,很感动道:

"妈，儿子没用，没能让您享受好日子，还叫您老了住厢房。"

母亲正色道："快别讲这样的混账话，有你这样的儿子，老娘心甘情愿。厢房怎么了，只是房子小点，比那些无田无房子的人家不知道好多少倍了。"

孙氏听了，心里彻底信服士元的决定，回到卧室对士元说："你明天尽管忙你的大事，家里有我，我明天就开始搬东西，不用你操心。"有家人的支持，士元心里敞亮多了，也更加坚定了办学的决心。

第二天一早，士元和黄位中去黄鲁山家。黄鲁山听说士元来了，像看到久别的亲人那样高兴，忙请他们就座。士元说了来意，黄鲁山有些为难道："士元，你能为家族子弟着想，我心里很高兴，这是件大好事，可是，目前困难很大。在黄山村办族学也是我们多年的愿望。学生以前上学离家那么远，隔山隔水，实在不便利，可是真要办学，我看难度还是蛮大的。"

黄位中笑着说："您老是不是担心没有校舍？"

黄鲁山道："是啊是啊，连黄氏的祠堂早该修了，可连这点钱都没有啊！办学那可不是一个钱两个钱的事情，比修祠堂的钱不知道多多少倍呢。还有也请不到那么多先生啊。"

士元和黄位中相视而笑。黄鲁山问他们笑什么。士元笑道："是这样的，我姐姐已经出嫁，家里就我母亲和我们几个人，我们住厢房足够了。我将自家十一间正房拿出来当作校舍，能隔成四间教室，一二和三四年级可以采取复式班教学，三间用作教师办公和外来老师住宿之用，食堂我将柴房腾出来就行了。好在学生都家在附近不用住校，三间教室暂时够用了。我家院子也大，虽然做不了操场，但是还是能够满足学生临时活动之需。操场就设在村后的乱石岗上，那里只要稍加整理就可以开出足够大的一个小操场了，以后有发展再说。至于先生也不成问题，我可以请我的桐中和上海美专的同学来教学。您看这样行吗？"

黄鲁山惊讶道："哦，你们原来是有备而来的啊，这可是一下子解决了我们黄氏多少年来想办却没有办成的天大的好事啊。可是，租金怎么算？"

"分文不取！"士元决然道。

"分文不取？"黄鲁山有些不敢相信地重复道。

士元坚定道："是的，族长爷爷，我黄士元能够学成归来都是族中鼎力支持的，我如今有这个能力一定要报答的。关键是凑点钱打桌椅板凳。如果您同意就这么定下来，我好回去做准备。"

黄鲁山道："这是好事，我相信我们黄氏没有人反对，就是先生怎么请，还有那些要用的东西等等都要花钱的，我还得和户长和各房协商。"

士元道："您看这样可好。现在族学不也是付给那些先生薪水吗，添加的也用不了多少。另外，以前族学里的教学用具搬过来就行，需要添置的也是很有限的，花不了多少钱。"

黄鲁山十分感动，连说了几个好，站起来要给士元和黄位中行礼。两人赶紧拦住。归座后，黄鲁山说要开会商量，让他们等等。问士元要添加多少钱，士元仔细计算后说了一个大致数字。黄鲁山觉得还能承担得了，立即去叫人通知各户长和各房执事来开会。

听说士元将家里房子献出来办族学，没有人不同意，事情很快得到落实。根据决定，士元和黄位中负责采购所需教学用具、聘请老师。黄鲁山亲自带人按照士元的计划整修学校、打桌凳。

吃过饭后，士元和黄位中启程去桐城购买教学用具和聘请教师。他们走后，黄鲁山亲自带来几个族中男女帮着孙氏搬家。傍晚时分，正房全部腾空。

新的族学命名为"谵诚小学"，是一所全新式小学堂。士元亲自担任校长，兼体育、时事教师，原来的族学老师选任有真才实学的教学国文，他的同学教学数学、图画等课程。黄位中担任主持日常工作的教务主任兼高年级国文教师。

谵诚小学赶在新学期到来之前如期开学。那天几乎所有黄氏族中人都过来道贺，乡里也派人前来祝贺。

3 / 任教浮中

士元在谯诚小学担任校长和授课都是义务的，不拿分文薪水，纯粹是为家乡服务。手里积攒的几个钱也快用光了，家里生活状况比较差。孙氏为了家计，时而埋怨士元，两人闹得很不愉快。正在无计可施的时候，唐孝明给士元来信，邀请他去安庆私立德成中学担任美术教员。士元考虑到谯诚小学已经走上了正轨，家里生活实在困难，急需要一份正式工作，于是答应了所请。

一九二八年十月，士元又来到安庆。唐孝明带士元拜见德成中学校长，校长对士元期待很高，介绍说德成中学暂时在筹办中，还没有正式招收学生，所以在筹办中的工资比较低，问士元有什么意见。唐孝明感到惊讶，说："校长，您可是说好了，参照省立中学的教师待遇的，怎么现在会这样？"

校长笑着解释说，那是等学校走上正轨后，有了稳定的学费来源才能保证，现在可是筹办期，希望他们能谅解，还说开年就可以招收学生了，请他们等待一段时间。唐孝明问士元的意见。士元心想虽然工资很低，目前自己也没有什么好去处，只得暂时留此再慢慢寻找工作机会，于是答应留下来帮着筹备。

在德成中学这段时间里，士元每天就是一个被人呼来喝去的勤杂工，忙得没有多少时间休息。苦和累士元不在乎，一段时间的工作，他了解到德成的办学宗旨和自己所主张的理想相去甚远，加上微薄的薪酬不足以解决家里生活困难，心生了去意。

十一月底，士元因事回家。在家滞留期间，听回家取米的弟弟桂元说，浮山公学（后改名为"安徽省私立浮山中学"，简称"浮中"）的现任校长和教务主任是从桐中过来的，急问他们叫什么名字。桂元说校长叫孙闻园，教务主任叫朱伯建。士元非常高兴，说那是他读书时候的校长和教务主任，生发了去浮山公学拜访他们的决定。

第二天，士元帮桂元担米一道去浮山公学。路上，桂元详细说了浮山公学现状，士元很高兴。称完米，桂元带士元去校长室。孙闻园正在办公室埋头看资料。桂元要报告，士元制止。士元站立门口抬手敲门。孙闻园不抬头道："请进。"继续看阅。士元走进办公桌微笑道："正忙着呢，孙校长。"可能是孙闻园觉得声音陌生又可能觉得非常熟稔，慢慢抬头，当看到站立面前的居然是他的得意学生黄士元，极其惊讶道："啊，怎么是你黄士元啊？"孙闻园赶紧站立离座，热情道："哎呀，是哪阵风把你给吹来了啊，快，快快请坐。"孙闻园喜之不胜，绕过办公桌和士元握手。

士元和孙闻园坐到侧面圈椅里。孙闻园要起立给士元泡茶。士元制止说自己不喝茶。孙闻园说："知道，你响应文明生活，只喝白开水。"孙闻园起身给士元倒水时，看到一直站立微笑的黄桂元，问："这个同学，你有事吗？"

士元说："校长，他是我弟弟黄桂元，是他带我来您这儿的。"

孙闻园惊讶道："哦，黄桂元，我熟悉这个名字，初二二班的尖子生，还是你弟弟啊，你们兄弟可都是优秀生啊。"

士元笑道："哪里，要是说成绩还尚可，那都是老师和校长教导有方。"

"不简单不简单，一家出两个高才生。在我们这里可是不多见的哦。黄桂元，别站着了，坐下吧。"

黄桂元笑道："校长，不坐了，我上课去了。校长，哥，你们谈吧，我走了，再见！"

黄桂元离开，孙闻园继续感慨。显然，孙闻园对士元这个学生太喜欢了。士元等孙闻园的话稍微停顿问及朱伯建主任。孙闻园笑道："你看，你来了，我都高兴糊涂了。对对，老朱也在这里，我们一道过来的，老朱还是担任教务主任。房秩五先生的盛情，我们都不好推脱。我叫人请老朱过来。"

士元赶紧阻止道："校长，那怎么行。我可是朱主任的学生啊，我应该拜见老师。"

"也好，是这个理。你过去先谈着，完了，我们继续聊。哦，这样吧，我们一道过去好了。"孙闻园热情道。

他们刚起身，朱伯建因事来请示孙闻园，看到士元在座，惊喜异常，也忘了要说的事情，三人坐一处畅谈师生情谊。说着，话题转到士元现在的工作情况。士元告诉他们自己现在安庆私立德成中学帮着筹办事务。朱伯建惊讶道："怎么，你也愿意当中学老师啊？"

士元叹息道："不瞒两位恩师说，现在外面时局不好，不想留在上海，还有家里经济拮据，只得暂时安身。其余的事情真是一言难尽啊。"接着讲述了自己在上海美专和新华艺术大学的情况，以及毕业回乡以来种种不如意的经历。两位老师深表同情和惋惜。

朱伯建看着士元道："时局这么混乱，外面不是十分稳定，回来暂避也好。再说人都是要吃饭穿衣的，如果是这样，你又何必舍近求远呢？"朱伯建看着孙闻园。孙闻园恍然道："士元，如果你决定暂时担任教职，可否来我们学校就职？我们这里薪酬待遇在省内都是很不错的。"

朱伯建道："对对，我们浮中的薪水在省内还没有听说哪家比我们高，桐中也比不了啊。"

士元非常高兴道："非常感谢两位恩师的看中，我黄士元定当效犬马之劳，只是我是个搞美术的。"

朱伯建道："怎么这么说啊，我们对你的底子非常清楚，要我说，中学所有课程你都胜任。你的数理化、外语、时政，哪一样不是顶呱呱的，当初要是考北京大学，说不定现在已经留北京大学执教了。教中学，对你黄士元来说那可是三只手指拿田螺的事情，你就不要推辞了。我们这里现在缺少高水平的数学、英语和美术教师。你选一个好了。"

孙闻园笑道："老朱，你就不要游说士元了，我看士元还是不想离开他的美术，就担任美术教师好了。"

士元笑道："好，我保证将所学毫无保留地教授给学生，决不藏私。"

朱伯建叹息道："唉，我真希望你担任数学或者英语老师呢，也好，既然

271

这样就定下来，来我们学校担任美术教师，我们的美术教学正需要你这个专家来带动。"

士元说自己还得去一趟安庆，结束那边的事。孙闻园和朱伯建都表示十分期待。孙闻园道："根据你以往的能力，你除了担任美术课教学外，还必须增加担子。"士元不解，但表示愿意付出。孙闻园让士元暂坐，请朱伯建跟自己出门商量事情。

士元感到能来浮山公学任教是毕业后最好的机遇，这里薪水高，足够养家，可以就近照顾家里，弟弟桂元也在这里上学。最重要的是浮山离横埠不远，那里风光秀美是个理想的读书、画画之处。教学任务重点也没有关系。另外，浮山公学创办人房秋五是一位进步人士。一九二七年大革命失败后，不少共产党员及同路人隐藏浮山公学，得到房秋五先生暗中保护。士元早就听说过房秋五，对其人甚是敬佩。想到这里，士元无比兴奋。

孙闻园和朱伯建回来让士元担任更重要的训育主任。士元惊愕，因为训育主任责任十分重大。那时，学生的起居、自习、品德等方面均由训育主任负责安排和督促。孙闻园看到士元十分惊愕的样子，问士元是不是不愿意当。士元连说不是，是觉得责任太过重大，怕自己胜任不了。孙闻园和朱伯建都说士元是最合适的人选，士元的能力他们最清楚。

孙闻园说："训育主任确实责任重大，所以才选择了你。你是有担当的、有能力的，尤其你的交际能力和口才别人无法替代。舍你其谁?"

朱伯建道："训育主任可是除校长外的领导人，和我是同级，学校需要你这样年轻人担纲啊，另外薪酬更高。你就不要犹豫了，干吧，我们一道将浮山公学办好，办成全国一流中学。"

这可是士元万万没有想到的，眼看两位恩师不是随意的决定，便愉快地接受了任职。从此，士元在浮山公学度过了一段如鱼得水的教学生涯。他优秀的特长帮助他很好地履行训育主任的职务。自从士元担任美术教师后，他讲授的绘画课，能将各种技法形象生动而又深入浅出地讲授，使学生易于领会和接受，听课有兴趣，大家都愿意听黄老师的美术课。如此一来，士元深得学生们爱戴。

　　此时，士元再次生发了在学生中搞军训的设想。他先征求学生的意见，学生们很感兴趣表示愿意参加，好多学生要当场报名。士元让他们不要着急，等学校列入教学计划了再说。孙闻园听了士元的详细计划，肯定此计划的新、特和现实意义，但是因军训人才难找而感到犹豫。士元兴奋道："只要校长将此计划列入教学中，剩下的事情我具体操办。"

　　孙闻园还是有顾虑。士元干脆道："要不先搞实验，我担任军事教员，等有了成果再行扩大。"

　　孙闻园惊道："你没有当过兵，能担任军事教员？"

　　士元为了达成所愿，大着胆子虚报道："校长，我在上海的时候接受和参加过北伐军三个月的军训和实兵演习，团长和参谋长曾劝我投笔从戎呢。"

　　孙闻园惊喜道："哦，那一定是你表现出众，深受团长等人的青睐了吧？"

　　士元笑道："有可能。当时我步枪、手枪三种姿势射击超过征战一两年老兵和一般军官的水平，单兵作战和步兵作战组织和实施可是全优，还和他们一个技术过硬的连长搞过战役对抗练习，侥幸获胜。"士元这种夸耀不是给自己贴金，而是为了达成在浮中搞军训的目的，同时也是为了检验自己看军事书籍的成果。在安庆训练的时候，他基本掌握了单兵训练的全部内容，对此他很有信心，急迫地想实施检验。

　　孙闻园听说如此，当即请朱伯建过来一道商量。朱伯建听说士元想在学生中搞军训，连连摇头道："术有专精，自古以来的训诫。学生怎么可以学军人的东西？还有这个在全国还没有先例啊，要是家长们知道了，他们怎么说，要是董事会知道了还不说我们不务正业？还有，要是上面知道了，还不怀疑我们别有用心？"

　　朱伯建的话如一桶冷水浇到火盆里，士元的兴奋之情突然降到冰点。但是，士元就是有不服输的劲头，微笑着对朱伯建道："老师啊，恕学生冒昧和斗胆了。军训虽然在普通学校没有先例，但是不等于不能搞。我们浮中办学宗旨不就是要培养英才吗？不是有敢为天下先的果敢精神吗？何况，军训能培养学生良好的组织性和纪律性，还能强身健体，学生毕业了还多了一项应对社会的技能，对学生是有利的。"士元说完，看着孙闻园，希望孙闻园帮着说合。孙闻园笑着说："我看，士元的设想符合房秩五先生'敢为天下先，英锐尽出浮山'的办学宗旨。我看这样，先于初二选两个班实验，这样动静小，不易造成大风险，要是压力大，能及时恢复。搞好了，方方面面认可了，再计划下一步；如果不行，也就是一个小实验。朱先生，您看如何？"

朱伯建看看两人，道："原来你们师生早就'串通'好了，我要是不答应就显得我太顽固了，谁叫我也是你黄士元的先生呢。好吧，我只有一个要求，动静不宜过大，尽量减小风险。"

"那是那是，先生尽管放心，就定在两个班。两个班不是全部，而是一个班抽二十人试点。训练时间就定在下午放晚学后和节假日可好？"朱伯建听了，露出了微笑："这样安排不至于对文化课有重大冲击，我看可行。"原来朱伯建是怕军训冲击了文化课的学习，士元的方案正好避开文化课学习，朱伯建这才放心。于是，组织学生试点军训就这样敲定了。学生们听说真的要搞军训，热情很高，但是听说只在两个班搞，都大失所望。一些心情急迫的学生缠着士元，黄桂元同学缠着黄桂元，要他给士元说说。士元让他们不要着急，只要这两个班搞好了，下一步必然扩大，还愁你们不能参加训练吗？

两个班四十人的军训队伍很快组成，学生们的热情空前高涨。那些心情急迫的没能参加的学生散学后，都聚集操场观看。士元往队列前一站，神情严肃，像突然间换了一个人，孔武精神、严厉，平时一贯微笑的面孔不见了。他的这种表情震慑全场。士元面对全体参训学生道："从今天起，我就是你们的军事教员。学军事，就要以军人的标准要求我们每一个人。军人是血与火的操弄者，是生与死的选择。从现在起，踏入训练场，你们四十人不再是学生，要抛弃过往的一切，包括思想上和肉体上的，以军人的标准要求自己。如果你们中任何人吃不了苦，胆小害怕，现在离开还不晚！"

士元看向全体，全体神情严肃，没有一个人要退出。士元大声重复道："有没有想退出的？"

全体学生齐声道："没有！"

士元："好，好样的！现在我们开始军事训练的第一课：队列训练。大家看我的示范，然后我会讲解动作要领。大家看好了。"士元自己喊口令从立正、稍息开始，完整地示范了一套队列动作。然后，他对每个动作进行分解讲述、训练。

半个月后，军训进入了单兵技能训练环节，士元基本和学生摸爬滚打在一起。没有真枪，士元给每一个学生发一根和步枪长短一致的木棍代替步枪。此时，士元感到没有防护用具，刺杀真的不好练，向孙闻园提出请求，希望由学校出面向军方借几套。孙闻园也看到了军训的成果，很赞赏，同时也受到多方压力。士元能带领学生正常训练，主要是靠孙闻园顶住了各方面的压力。对于士元提出的这个请求，孙闻园委婉地告诉士元说："这个环节就不要搞对练了，这里毕竟不是军营，要是学生偶然受伤了，那就麻烦大了。"士元很不同意他的说法，但是想想也是，于是不再提防护用具的事。

接下来就是小组合成战术训练，也是士元的全新经历。士元极其认真，小心实施，感觉良好。后面的排战术组织和实施顺利进行，士元准备不久举行对抗演习。正当士元信心满满进行训练时，孙闻园终于顶不住压力，叫停了后续训练。士元的抗争无任何效果。他感到无限遗憾，他的战役组织和实施还没有演示，他的战术攻守也"胎死腹中"。

4 / 支持学生

一九二八年秋后，浮中校内中共党团组织开始有了新的发展，好多班级都有了党团员，而且都是优秀学生，进步空气越来越浓，许多学生在课外阅读进步书刊。当时，左翼文艺作家，如郭沫若、鲁迅等作家的小说、杂文在青年学生中很受欢迎。士元自己喜爱读书学习，来到浮中后常和学生们一起在课外阅读书刊，有时候还海阔天空地交谈，受到学生们的欢迎。而校长孙闻园和教务主任朱伯建这时的思想渐趋保守，对学生阅读进步书刊累有烦言，认为不务正业，引起学生不满。

寒假前，学校为此发生过一次事件。起因是三年级个别富家子弟在课堂上挑起事端，与班内进步同学发生冲突，被挨了打。这些富家子弟被挨了打后，将事情告诉校方。孙校长和朱主任不问缘由，也不同训育主任和驻校董事商量，便宣布开除班长杨勤植（团员），引发了校内学生不满。学生组织起来和校方讲理，希望他们能收回开除杨勤植的成命。当然暗中领导的是党团员。孙、朱不但不听，反而声明："你们再闹还得再开除几个。"

士元在这次事件一开始，支持学生的诉求，和孙校长沟通。孙闻园反而责怪士元有纵容和包庇之嫌，还指出士元不顾自己的老师和训育主任身份，公然混迹于学生之中，还责怪士元参与传播激进思想。面对学校现实和恩师的责备，士元心情十分复杂，进退两难。他知道不能再继续违逆孙校长，只好退出另想办法。

士元找到朱伯建，希望朱伯建出面劝说孙校长，还说了事情的起因。可是朱伯建不但不去说，转而劝说士元要站在学校立场看问题，说学生首要任务是学习，不是生事端。士元进一步陈说，希望恩师能将对待自己的当年一样对待那些学生，说学生过激行为他去处理，得罪了老师的学生他会批评，一定让他们给校长和恩师道歉。朱伯建让士元不要再说了，事情到了这个份上，已经没有了回旋余地，劝士元不要再继续发表支持学生的言论，否则，孙校长会很伤感。士元只好叹息，十分失意。

令士元没有想到的是，浮中学生于当天下午，就召开校内党团员临时会议，认为校方态度不容商量，不能就此屈服，决定当天夜里发动赶走孙闻园和朱伯建的行动。此时，士元正躺在卧室床上苦思破解之策，连晚饭都没有去食堂吃。

入夜，由党团员领头，大批学生包围孙闻园和朱伯建住宅，本来是要逼迫他们出来做最后表态，恰逢两人去董事会汇报情况。愤怒的学生便冲入室内，将其居室捣毁。

士元听说，赶紧前来制止，但是已成事实。士元当场怒斥学生太过于极端了，说武力不是解决问题的最好方法，还没有非要动用武力的时候。士元还说："你们反对的不是十恶不赦的反动派，不是恶霸、罪犯，而是你们的老师，最多是压制你们诉求的学校领导，他们虽然听不进去你们的意见，甚至还开除了你们的同学，但是事情还没有发展到无法挽回的地步，对话的大门还没有彻底关闭，你们太冲动了！"学生情绪虽然冲动浮躁，但是，他们都很敬佩士元，再加上士元的话说得中肯，一些人清醒了，也觉得过分了。士元让大家回去好好想想。学生接受了士元的劝解，没有采取进一步的激进行动。

第二天，学生和学校处于对峙状态，学校陷入停顿。士元多方游说无果。最后，召开校董事会，宣布开除八人，记大过十四人。被开除和记大过的几乎全是党团员。

对于现状，士元感到十分无奈，也束手无策。

这次事件后，孙闻园由于和学生对抗，也负有处置失当的责任，被迫离开浮中去了武汉大学。临行之际，孙闻园对前来送行的士元说："不是我执意要开除学生，是那个挑事的学生背景太深，我毫无办法。我知道你在其中做了工作，也受到了很多委屈，就算尽了我们师生之谊吧。还有，你以后要少和政治沾边，更不能深入其中，在这个乱世中独善其身吧。"对此，士元当时想说也不好说了，只能祝老师一路珍重。

孙校长离开后，士元力劝代理校长朱伯建。朱伯建也受到部分董事的压力，被迫撤除了对部分学生的开除令。

开年，来了一个年纪较大的张校长，教务主任仍然为朱伯建。

寒假前，主管总务的黄访石一伙人克扣学生伙食费，引发学生强烈不满。学生代表多次找黄访石责问，黄访石态度生硬。学生代表又将事情经过反映给张校长，张校长态度同样强硬，还指责学生好闹事。消息传开，学生十分气愤，终于酿成第二次事件。对这次事件，教师分成两派，士元和一部分老师支持学生的诉求，以张校长等则极力维护黄访石一伙。

学潮一开始，士元提前给学生打招呼，要求不要过激，要做到有理、有利、有节，凡是矛盾都有一个转化过程。学生们虽然仍然群情激愤，但是基本做到怒而不乱。

士元又做朱伯建的工作。朱伯建接受第一次学潮教训，对学生的诉求表示出同情，和士元一道找张校长反映。张校长责问士元究竟站在谁的立场。士元反问张校长为什么要袒护黄访石一伙明显的贪污行为。张校长无言以对，但是仍旧维护黄访石等人。学生当然不肯罢休，所以这次事件持续了很长时间。最后，校方勾结反动政府平息了这次事件。黄桂元、杨芝学等因为是这次学潮的骨干，被校方开除。士元因为同情学生，积极为学生辩护，还公开反对张校长的错误做法，又因为受到弟弟被开除的牵连，也被迫离校。

朱伯建极力帮助士元留下，可是士元还是放弃了。临行前，士元专门为朱伯建画了幅《归鹿门图》相赠。此画是一幅古色古香的山水画，寄予了士元此时的心情和对理想的不灭追求。

5 / 投笔从戎

过年前，士元回到家中。黄位中看望士元，问及情况。士元说："这个书没法教，我不想再干了。"黄位中问今后的打算。士元百感交集，他想到自己之前满怀热情想通过教育一展抱负，为国家培养人才，现在看来只不过是一厢情愿的主观幻想。士元原先的理想计划像肥皂泡沫一样一个个破灭，但是性格倔强的士元还是决定去外面闯一闯。于是说："去外面闯闯，世界大着呢。"可是具体到哪里、干什么，士元不清楚，陷入了迷惘和痛苦之中。

开年，士元整理行装去外面寻找工作，以为凭自己的才能和干练怎么着都能够找到一份满意的工作，可是转了一圈后，残酷的现实让士元收到的却是一个个失望。士元想通过个人奋斗实现理想的愿望再次碰壁，感受到了举目无亲，前途茫然。

士元没有办法，只好再次回家。转眼将要过一九三〇年春节了，家家都在忙着过年。士元在孙氏催促下去横埠购买年货。在横埠遇到桐中校友，闲谈间偶然听说在冯玉祥部队的同乡和校友何起巩回家探亲，心里大喜，认为是个好机会。他告别校友，匆匆买了些过年货托人捎回家，自己转而拜访何起巩。

何起巩比士元年长得多，在桐中毕业后，十八岁就去北京谋生，后投身冯玉祥部队，曾受冯玉祥委派去苏联留学、考察，回国后曾任冯玉祥的总司令部秘书长。

士元自称是何起巩同乡校友，前来拜见。何起巩也听说了同为东乡人的黄士元不是平庸之辈，早有结识之心，听说黄士元登门，赶紧至大门口迎接。两人一见如故。归座后，士元简洁说明自己的经历，然后话锋一转，希望能够得到何师兄的提携。何起巩道："痛快，毫不伪装、做作。"转而又道："黄师弟，其他方面你试过吗？"

士元起立道："师兄，承蒙您看得起小弟，我就实话实说了吧。我本想在美术教育方面干一番事业，现在看来此路不通，而且时局如此，我这点所谓的才能和薄名又算得了什么，还不是四处碰壁？"

何起巩示意士元坐下。待士元坐下后，何起巩看着士元道："我有一个建议，不知道你愿不愿意采纳？"

士元笑道："师兄是经历大事情和做大事情的人，你的建议肯定会为对我指明发展方向。"

何起巩道："根据我对师弟的了解，师弟是个很有理想、很有抱负的人，有以天下为己任的远大抱负。在这个乱世中，搞美术出路很艰难，何不投笔从戎？治理乱世唯有枪杆子，不妨去军队里干，等天下太平了，再继续你的理想不迟。"

士元很高兴，道："好，就去军队。"

何起巩非常高兴道："我现在虽然离开了冯帅的军队，但是那里仍有不少熟人和朋友，你这个大才子过去一定很受重用的。"士元感到眼前明亮，一扫往日的忧愁。何起巩接着给士元介绍冯玉祥的西北军一些情况，士元听了很兴奋。

士元对冯玉祥早有耳闻。冯玉祥虽然出身北洋军阀部队，但在一九二四年发动了"北京政变"，将清朝废帝逐出故宫，后组建国民军通电呼吁孙中山北上。他从苏联考察归国后，成立国民联军，于一九二六年在绥远"五原誓师"，成立国民联军，宣布拥护孙中山先生的三大政策，拥护孙中山先生遗嘱，誓言"铲除卖国军阀，打倒帝国主义，以求中国之自由独立"。冯玉祥在中国西北部打出了配合北伐、讨伐反动军阀的旗帜。这些，士元都留有深刻印象。现在，冯玉祥正发起倒蒋运动，符合了当时对蒋介石不满的民众的愿望。在士元看来，冯玉祥属于进步人士，能参加冯玉祥的军队很不错。

士元激动道："凡事还请师兄做主，若能得到推荐就更好了。"

何起巩笑道："既然是我让你去冯帅的部队，推荐是责无旁贷。"何起巩和士元商量了以后的联络办法。何起巩要留士元吃饭，士元哪里待得住，带着何起巩的推荐信，辞谢回家。

士元知道孙氏是最难过的一关，现在必须直面这个问题了。士元和孙氏结合是在父母严命之下包办的，当时处于无奈。结婚后，自己并没有给妻子带来幸福的生活。自己常年在外，弟弟又小，是妻子撑起了这个家，想想很愧对妻子。虽然他们之间没有共同语言，但毕竟已是夫妻数年，且已有一子。他多么希望孙氏能够体谅他两年来四处碰壁的苦恼，他又多么希望妻子能够理解他"好男儿志在四方"的志向，想借着过年的喜庆劲儿解决这个问题。

年三十晚上，全家聚在一起吃年夜饭。士元知道这个年夜饭对他这个将要出远门的人来说是重要的，他在心里做了无数遍设想，设想了种种可能。士元先说了祝福词，再向孙氏、弟弟桂元一一敬酒。孙氏不会喝酒，喝了一杯酒，便带着孩子吃饭。士元和桂元对饮，故意说些要远走他乡干一番大事业的话。桂元知道士元心意，表示支持。

孙氏终于听明白了，知道士元想远走高飞，火一下子就蹿上来，放下碗筷道："你就那么想离开这个家啊，家里是长刺了，刺着你了还是怎么着？"

士元放下酒杯道："好男人，就得走出去，整天在家里待着还有什么出息？"

孙氏道："我晓得，你是嫌弃我，你嫌弃我也不是一天两天了，我晓得你外面有女人！"

士元提高声音："胡说什么，你就爱瞎想！"

孙氏大声道："我瞎想了吗？前年你说借钱给同学结婚用，我还以为是真的，后来才晓得，你是给你那姓徐的退婚用，还带着她去了外面。恐怕她早给你在外面生了野种了吧。"

桂元眼看不对，赶紧劝说。士元不让桂元说，孙氏也不让桂元插话。桂元只好哄着吓哭的侄子去房间。

士元大怒道："你污蔑我可以，但是你不能污蔑徐清！她可是清白的。"

孙氏大怒："天晓得清不清白，两个孤男寡女在外面还能清白得了？"

士元摔碎酒杯，吼道："这个家我再也待不下去了，过不到一起，我走！"

孙氏一听，大哭起来。士元猛地站起来，端起鸡汤砂锅摔到地上，转身出门，头也不回地就走了。桂元听到赶紧出门追士元。士元让桂元回去，说如果不乘着这个机会离开，恐怕这辈子都走不了啦。

桂元问："走了，嫂子和侄子怎么办？"

士元道："我也不知道，你就多照看着吧。我要是安定了，会寄钱回来的。"

桂元道："可是、可是，你们……"

士元叹息道："不要说了，走一步算一步吧。要我守在家里是万万不能了。"

桂元道："知道，哥。但是——但是——"

士元道"好了，不要再说了，你回去吧，让她不要太过纠结了。她想怎么办就怎么办吧。"

桂元只好连道珍重。

士元来到双井边，伫立良久，仰天长叹。双井的泉水把他滋养大，如今要远行了，他感觉这次远行不同于以往，可能是一辈子的分离。他舍不得离开故土，但是为了理想，又不得不走。

夜深了，士元带着满心纠结和无限悲伤，深一脚、浅一脚地直奔汤沟舅父家，也是自己的姐姐家。姐姐黄前春嫁给了表兄刘恒业。士元与姐姐感情特别深厚，他要出远门了，不能不向姐姐道别，也要告知家里发生的事情。他离开了，还是放心不下孙氏和孩子，希望姐姐能够抽空去劝劝孙氏，日后家里有事也请帮衬着。

黄前春见到弟弟突然到来，非常惊讶。问明缘由，没有责备，只有安慰。黄前春最能理解弟弟，从小就是一路呵护弟弟。黄前春见弟弟去意已决，只能千叮咛万嘱咐地送别弟弟。分手时候是笑着让弟弟一路保重，早点来信。士元点头答应，告别姐姐上路。黄前春站立路边，久久凝望弟弟远去的背影，直到看不见人影了才放声大哭。

由于事出突然，士元没有等待何起巩，决定按照何起巩给的地址先去北平再说。士元从桂家坝码头搭乘轮船顺长江而下，先到南京。士元在南京看望了老同学赵枕云，后看望了已经找到男友的同学徐清。他在南京逗留数日后，然后由海路经天津到北平。

在北平，士元找到位于前门附近的桐城会馆暂且住下，等待随后而来的何起巩。可是让他没有想到的是，何起巩在他离开后不久就被冯玉祥急电召回西北军。士元在桐城会馆一等就是整整一个春天。后来，他从报纸上不断看到冯玉祥联合阎锡山反蒋的消息，一九三〇年四月，终于爆发了蒋冯阎中原大战。士元猜测何起巩可能去了冯玉祥的部队。

士元苦等无果，决定离开北平，直奔郑州。郑州是冯玉祥当时的驻军所在地，他想碰碰运气。到郑州，士元很快找到冯玉祥的部队。可是，他没有遇到何起巩，但是手里有何起巩的推荐信。凭着何起巩的推荐信，很快受到重视，让他去炮兵师报到。

6 / 　获得重用

　　士元获得去炮兵师报到的通知很兴奋，决心一切从头做起。士元没有马上去师部报到，他要好好整理一下自己的过往，以全新姿态迎接新生活。他在审视过去的自己的过程中，发现自己遇事冷静度不够，面对一些重大问题往往容易感情用事，比如年三十晚一怒离家出走，不仅没有取得妻子的认同，还打破了和何起巩一道去冯玉祥部队的约定。思前想后，他决定自今日起，凡是遇到重大的事件，务必保持冷静和理智，不能再感情用事了，何况军队毕竟不同于社会、家庭，要是没有足够的冷静，很容易给自己带来麻烦。士元还想到，既然来到军队了，原来带有"为天下士人先"意思的名字不再合适，于是决定将自己的名字"士元"改掉。士元想了很久，决定采用"镇"这个名字。这一来提醒自己制怒，遇事保持冷静，万事不可以意气用事，保持理智，处理好与人相处的关系；二来用"镇"来保持自己以后不再四处飘荡，事业有归；三有平定天下动乱、造福于天下黎民百姓的思想；四有标志自己的新生之意。从那天起"黄镇"正式取代了"黄士元"。

　　黄镇为自己的名字庆幸，也是为自己的新生庆幸。黄镇立即在自己随身重要的物品上重新标注了"黄镇"二字。在去炮兵师报到书中"黄士元"后面做了注释，写明现在姓名：黄镇。做好了这个重要决定，黄镇没有立即去师部，他要暂时压制自己，首先兑现"镇"的内容。他告诫自己，凡是遇到大事，千万要冷静，不要喜形于色。黄镇把自己关在旅馆里一个晚上。

　　黄镇报到后，由于没有拿出何起巩的推荐信，也没有详细介绍自己，师长只是将他当作一个普通大学生对待，任命为师部中尉参谋。他这个参谋主要负责联络工作，事情不多，比较清闲。他并不失望，相反认为自己终于有了一个很好的归宿。清闲和自由给了黄镇一个很好的广泛联络其他军官机会，由于他的随和、热情和很强的交际能力，很快在师部认识很多中下级军官，和他们相处很好，也交结了很多好友。

到任的第二天，联络处为黄镇接风，摆酒太白楼。参加宴会的人包括联络处的处长和黄镇等。酒席上，联络处处长道："我们处平时基本无事，但是一旦有事，各位就要忙得四脚朝天。好在黄老弟是我们中第一个正牌大学毕业生，以后要多多仰仗了。来，我们大家共同举杯，为黄老弟接风。干！"众人举杯，干尽杯中酒，吃菜。

黄镇待大家吃过菜，举杯微笑道："处长抬爱了，我黄镇初来乍到，什么都不懂，还得多请长官提携，还请各位兄弟帮衬，努力干好交代的任务。还请在座的各位长官垂教，我黄镇先行谢过。长官们，还有兄弟们，为了表示我的诚意，这杯酒我干了。"黄镇说完仰脖子喝尽杯中酒。

处长笑道："好好。鼓掌。"在座的都鼓掌。

作训处副处长笑道："黄镇，听说你是上海美专毕业的？"

黄镇笑道："是的，长官。具体说来，应该是上海新华艺术大学毕业的？"

另一个处长道："怎么回事？"

黄镇道："先在上海美术专科学校就读，后来转入上海新华艺术大学直到毕业。"

大家听了"哦"了一声，表示明白了。

作训处副处长道；"那你可是大画家了，能不能现场给我画一个肖像？"

黄镇高兴道："非常愿意。"

处长道："这里可没有供你画画的纸笔啊，你怎么画？"

黄镇笑道："没事，看我的。"然后黄镇转身问饭店里的伙计："小伙子，你们这儿有毛笔吗？"伙计说有。黄镇让他取来。随即将随身带着的一块白色手帕铺在酒桌上。大家都好奇地看着黄镇所做的一切。时间不大，伙计送上笔墨。黄镇看了一眼作训处副处长，提笔在手帕上画作训处副处长的肖像速写。大家都停止活动，专心好奇地看着黄镇绘画。黄镇只看了作训处副处长一眼，一分钟不到，一副作训处副处长的简笔肖像速写像惟妙惟肖地出现在手帕上。大家惊愕地看着黄镇说不出话。黄镇恭恭敬敬地将手帕递给作训处副处长，笑道："请长官审视，画得不好，条件有限，如果长官喜欢，改日一定再画。"

作训处副处长接过手帕，和几个处长副处长左看右瞧，爱不释手。联络处处长笑道："黄镇，神来之笔啊，这么快，比照片更像，不愧是科班出身！"

作训处副处长小心收起手帕装到口袋里，笑着伸出手道："太好了，我要拿去装裱。来，握握手，兄弟。"两人握手，众人鼓掌。作训处副处长道："黄镇，来我们作训处干绘图吧，不干就是浪费了。"

联络处处长立马道："不行，黄镇可是我们处的。"

另一个处长笑道："你就不要埋没人才了，我看黄镇最好干侦察，能迅速画好当前的地形图。那对指示我们炮兵射击意义可是重大的。"

几个处长从各自的工作性质出发都要黄镇去他们处工作，惹得联络处处长发火了，道："黄镇在我们处，那是师部决定，你们别想染指。"

几个处长哈哈大笑，都说联络处处长小气。联络处处长为了降火，建议黄镇给每个处长画一幅肖像画，问黄镇愿不愿意。黄镇笑道："非常愿意，能为各位长官效劳是我黄镇的福气。可是这里可再没有第二块手帕了。"

联络处处长道："没事，回去后画，好在他们各位都在师部，几步路的事情。各位你们看可好。"几个处长一致赞成。随后那两个联络参谋也要黄镇给画。黄镇欣然答应。这顿酒吃得大家都非常愉快。

事后，黄镇给酒席上每个人都画了一幅正宗肖像，得到大家一致赞赏。自此，黄镇绘画艺术高超的名声一下子传开了。师部认识他的军官都找他画自己的肖像，黄镇不推辞，每天无事尽心为大家画肖像。得画者都说比照相馆里的照片还真实，十分喜爱。后来，师长、副师长、参谋长都让黄镇给自己画肖像。师长还特地请黄镇去他家里给夫人孩子画肖像，还给他们画了全家福。自此，黄镇在炮兵师里可是人人皆知的人物，又是人人喜欢的人。黄镇在和他们的交往中也领受到军人的豪爽和实在。

黄镇画了那么多肖像和其他的画作，觉得在部队也可以运用所学，施展抱负，搞美术的愿望重新抬头。他的想法也得到师长等人的支持，师长擢升黄镇为上尉秘书。

然而，世事无常。不久，蒋介石采用离间分化之计，导致冯玉祥和阎锡山互相猜忌。蒋介石乘势各个击破，最终导致冯、阎兵败。十一月一日，冯玉祥被迫宣布下野。黄镇所在的冯部嫡系第五路军三万余人退至新乡，被蒋介石收编为第二十六路军。收编后，炮兵师被撤销。黄镇被调到原冯玉祥手枪旅季振同部的第七十四旅任上尉参谋，到山东济宁一带驻防。蒋介石为了控制、监视这支部队，让二十六路军设政训处，并派人来主持。旅长季振同为了抵制蒋介石安插亲信，坚持以本旅优秀军官组建政训处。黄镇因为上过大学，会画画，还得到老师长的推荐，被选派到旅政训处担任少校干事，并兼任旅部书记。

在旅部，黄镇工作卖力，效率很高，深得季振同赏识。季振同时常让黄镇参与重大的决策，还让他发表意见。事后证明，黄镇的意见往往都是正确的。

黄镇在旅部格外受到重用，已经不是一般意义上的书记了。黄镇仍然待人真诚、热情，对于别人的请求，他从来不推辞。这时，黄镇交的朋友最多，上至旅长中至普通军官下至士兵，都对黄镇很有好感。特别是认识了旅部少校副官李达和上尉军医姬鹏飞等人，这些人对他后来的发展帮助很大。在后来的部队疫病流行时，幸亏姬鹏飞给黄镇服了预防药，他才幸免于难。

7 / 奉命剿匪

七十四旅驻地周边历史上就有匪患成灾的现象，大小土匪多如牛毛，历代官府都进行清剿，但是效果不大。七十四旅驻防以来，土匪对驻军屡有骚扰，季振同曾多次派兵清剿。土匪却占据有利地形与之周旋，令季振同十分头痛。后来事情居然发展到土匪敢驱赶边远区域的七十四旅驻军。季振同一怒之下撤了驻军连长，但是匪患依然猖獗。季振同将剿匪的任务交给旅部直属独立营，可是令他万万没有想到的是，独立营仍然徒劳无功。季振同严厉地斥责了独立营营长高登，命令高登一个月内完成清缴土匪、捉拿匪首的任务，否则撤职查办。

高登和黄镇交好，也知道季振同很信任黄镇，于是悄悄宴请黄镇，想请黄镇给季振同说说延缓期限。高登恭维道："老弟啊，你现在是旅座的红人、亲信，希望老弟瞅个机会给旅座说说剿匪的难度，一个月够干啥的。"

黄镇道："高兄高抬了，我哪有那么大能力啊，平时也就是工作尽心尽力一点而已。"高登看到黄镇推脱，很着急，拿出两根金条递给黄镇，哀求道："黄老弟啊，你就不要推脱了。谁不知道你口才好，旅座能听你的话。你要是见死不救，我这个营长是干到头了。这点心意请老弟收下，我就这么多了。"

黄镇推回高登递送的手道："高兄，你千万不要这样。你也知道我这个人性格，能帮忙的一定帮忙，你见过我何时拿过别人的钱了？"

高登惭愧："那是那是。可是，我这不是着急吗？请老弟千万不要误会。"

黄镇看到高登眼巴巴的样子，心中实在不忍，道："跟旅座说剿匪延期的事情，我是万万不能提及的，请高兄谅解。"

高登端杯喝尽杯中酒，叹息道："没事，我也是走投无路才想出的馊点子。看来我命该如此了。"高登提起酒壶要大喝。黄镇抓住酒壶不让。高登无奈道："老弟，你就让我大醉吧，一个月后，不，可能等不到一个月我就得走人，搞不好还真的要上军事法庭。"

黄镇夺下高登手里的酒壶，问："高兄，能不能说说对手情况。"

高登无奈道："说了，有什么用？"

黄镇道："说了，我好帮你参谋参谋啊。"

高登笑笑说："老弟啊，你没有带兵打过仗，尤其是对付那些悍匪可不是凭武力能够完全解决的。他们可是当地通，你还没有出兵，他们早就溜之大吉了。我方要是一不小心，就会被他们突然跳出来狠狠咬一口。真是头痛至极。"

黄镇表现出分外兴趣，道："哦，那就更应该说说了。"

高登盯着黄镇，黄镇对高登微笑。高登突然有所悟，惊喜道："怎么，老弟准备介入。"

黄镇微笑："不是，我只想多点了解。你不是让我从中斡旋吗，我要是什么都不知道，怎么瞅机会斡旋啊？"

高登兴奋道："那是那是。好，那我就说说我们所知道的对手的情况。"黄镇给高登和自己的酒杯里都斟满酒。高登详细介绍对手情况。对手是当地有名的悍匪，叫韩通，早年毕业于保定陆军军官学校，在吴佩孚军中担任过连长，因为酒后调戏了营长太太被革职查办，还遭到营长的暗中刺杀，被迫离开军队。后来，韩通流落济宁一带，不知道怎么搞的，几年间当上了当地势力最大的一伙土匪的匪首，专和官兵作对。黄镇听了低头不语。高登以为黄镇胆怯了，说："喝酒吧，反正都这样了。"

黄镇抬头道："韩通军事素养怎么样，为人如何，有哪些习惯，还有他惯常都采用哪些战术，匪巢在哪里，有几个匪巢？"

高登突然大笑。黄镇惊道："笑什么，我幼稚了吗？"

高登笑毕，道："哎呀，老弟啊，你是不是想会会他？"

黄镇笑道："也不是没有那个可能。"

高登惊道："怎么，你真的要介入？可是可是……"

黄镇笑道："可是，我没有带过兵是不？"

高登问道："你真的准备介入？"

黄镇道："也不是，我就是感兴趣。"

"我看不像，那好吧，我就说说。"高登说了他对韩通的了解。其实高登只知道韩通的基本情况，其他的只知道韩通的情报获取顺畅，战法灵活，还很果断。黄镇建议派人买通当地人，更多地了解韩通，摸清楚韩通惯常的活动规律以及为人、性格习惯等，然后才好确定对策。高登看着黄镇，突然道："老弟，要不这样，我去旅座那里请求让你来指挥部队，我做你的助手，如何？"

黄镇笑道："你这是在推卸责任。"

高登急道："不是，办成了功劳归你；办砸了，我兜着。我跟旅座就这么请求。通过刚才老弟所问，深知你思虑周密，你主持剿匪比我有办法。"黄镇一方面通过问话看出了高登对剿匪束手无策的原因，很想试试，想通过高登进入剿匪部队做个参谋；另一方面又因自己从来没有经历过真正的战场，还有从来没有指挥过任何一场小规模的战斗而感到担心。最后，他对高登的建议采取了默认的态度。

高登迫不及待，当即去季振同那里提出他的请求，大大吹捧一番黄镇的战术指挥素养，还特别提出黄镇对剿匪这个特殊战役在手段上有独到之处。季振同感到吃惊，也怀疑，可是高登说得振振有词，只好叫来黄镇询问。不问不知道，一问让季振同大感惊讶。黄镇不仅对战役组织和指挥有深入见解，而且对某些特定的战场情况处置有过人之处。季振同特地以自己经历的两个失败的战例作为试探，让黄镇说在那个特定战场环境下应该采取怎样的指挥措施。黄镇的处置办法正是他后来总结得失的时候所悟到的最正确的办法。季振同惊讶之余是暗自佩服，问黄镇剿灭韩通的对策。黄镇说了三点，一是重视对方，不要将对方认定为一群土匪，从战略上和战术上重视；二是通过打探了解韩通的性格、习惯、文化和军事素养、惯用的战法、和其他土匪的关系及获取情报的手段等；三是有针对性的制订剿灭计划。在第二点上，黄镇特别强调阻断和孤立土匪韩通的重要性，还有就是用假情报迷惑和扰乱对方。经此番考查，季振同正式任命黄镇为剿匪部队队长，给剿匪部队配备电台和情报人员。这是黄镇没有想到的，看来退路是没有的，只有硬着头皮接受，心里既兴奋又担心。

任命黄镇后，季振同一直担心，每天都找相关人员了解情况。可是向他汇报的人都说黄镇一直在搞各种形式的侦察，至于具体的侦察内容都是一些皮毛和琐碎的小事。季振同找来高登询问。高登也说黄镇还没有制订具体的剿匪计划。季振同大失所望，有了让黄镇撤出的打算。其实，这是黄镇玩的障眼法。他从高登几次前往剿匪扑空后还遭到韩通的报复中，确信韩通的爪牙已经深入旅部或者最起码打进独立营内部，所以一开始就瞒着所有人，包括季振同和高登。经过十几天的观察和鉴别，黄镇暗中选定了十几个人，秘密布置了任务，以各种理由让他们暂时离开部队，化身于民，暗中行事。这就是季振同和高登从执行侦察任务人员那里得到的都是没有什么价值情报的原因。此后，在一个星期的等待里，黄镇在表面上还是无所作为。季振同按捺不住了，派人传唤黄镇。

面对季振同的严责，黄镇仍然没有说出他的计划，反而对季振同说："不做好前期的大量侦察工作，不掌握韩通的具体情况，是不能进行清剿行动的。"

季振同怒道："你到底要等到什么时候？我只给一个月时间，现在只剩下七天了！要是不行，你干脆撤出！"

黄镇道："如果旅座要是还让我继续，我必须搞清楚对方所有情况，要是不放心，我只好退出。"

季振同道："那好，从现在起，你回来继续干你的原职！"

黄镇被撤职的消息很快传遍了相关机关。黄镇本人重新回到旅部上班。其实，这是黄镇借助季振同的决定麻痹韩通，让韩通放松警惕。就在黄镇被召见的前天夜里，黄镇已经深入地掌握了韩通的情况。他要的是韩通放松警惕后的动向。黄镇在被召回的第三天夜里得到了关于韩通行踪的密报，他觉得这是一个千载难逢的机会，当即做了周密部署。随后，他赶往季振同家里，秘密报告了情况。季振同此时才知道真相，问黄镇打算怎么行动。黄镇请季振同将警卫连交给他指挥。季振同问："为什么要动用警卫连？"

黄镇道："警卫连一直是不离开旅部的，动用它是因为有突然性，还有警卫连的战斗力强。"

季振同看着黄镇笑道："你小子，心思真是绵密，连我都算计在内了。那好，只要你保证此役成功，就将警卫连交给你。说说具体的实施方案。"

黄镇准备挑选一些精干人员，组成两支小分队，一支抓捕韩通老婆、孩子，一支潜入韩通住处直接抓捕韩通本人。黄镇道："现在，韩通的人分别驻守三个地点，让独立营在我带警卫连和小分队先行三个小时后，悄悄包围其他两个驻地。两个驻地都有好几条通向外界的道路。"黄镇掏出随身带着的前方侦察的便衣绘制的地形图交给季振同道："旅座，这两个驻地我都亲自实地勘察过，地图标注准确，你们只包围，不攻击。"

季振同问道："为什么？"

黄镇说："等我们擒得了韩通后，可以押着韩通到这两处，逼迫他们缴械；要是顽抗，再攻击不迟。这样在最大程度上将韩通的人马一网打尽。"季振同笑道："你小子这招太狠了！"

黄镇笑笑说："旅座，不狠不行啊。"

黄镇又拿出一张图建议道："这张图上标注的五处是韩通在济宁的眼线所藏身的地方，在独立营出发的同时，旅座可派可靠的人对此五处同时下手。"

季振同问实施时间，黄镇道"就在今晚"。黄镇看看手表道："现在是十一点，十二点我带警卫连出发。"

季振同道："太仓促了。"

黄镇道："就是要有突然性，再说韩通也不会老待在一个地方等着我们。"

季振同道："好，我们现在就去旅部。"

黄镇道："旅座，最好直接去警卫连，三小时内不用电话和电报。"

季振同同意，亲自带着黄镇直驱警卫连连长房间。季振同交代连长听黄镇指挥，立即挑选两组精干人员由黄镇单独交代任务。黄镇在连长挑选了二十七名最精干的官兵后，对连长道："刘连长，你立即命令一个排长集合队伍，一小时后在城外乱坟岗集合，到时候宣布任务。注意，不要惊动所有人，如果遇到有人询问，就说抓捕逃兵。"

刘连长道："黄干事，能不能提前给我透露一二。"

黄镇严肃道："不行，连旅座也是刚刚得知。另外留下一个班承担旅部的警卫工作。"

刘连长道："那怎么行，旅部可是……"

黄镇严厉道："这是命令，旅座同意的。执行，要快。"随后，黄镇将两个小分队带至空旷处，小声做战前交代，但是仍然没有告诉他们执行什么任务。

黄镇先刘连长一步出城门。出城后，黄镇对一个军官道："乔副连长，你是第一小队队长。你带领你的小队务必在两个小时以内赶到东南二黄岭，二黄岭距离这里有四十里路，二黄岭前有棵百年以上的皂荚树，那里有我们的人等着，到达后听从他的指挥。有困难吗？"

乔副连长："四十里两个小时？"

黄镇："怎么，不行吗？"

乔副连长："行，我们强行军。"

黄镇："记住，尽量不要暴露行踪，如果有人问，就说追捕逃兵。"黄镇交给乔副连长一张纸道："上面是接头联系暗号。"

"是！"乔副连长感到任务重大，消除了疑虑。

黄镇道："出发！"

乔副连长挥手："一队，跟我走。"乔副连长当先冲入黑暗里，队员紧随跑出。

黄镇对留下的人道："弟兄们，今晚执行的是紧急重大任务，其重要性，想必大家都知道了，我就不重复了！高排长，你带着弟兄先行，赶往东北三十六里外的红家湾，村头有我们的人在等着。他会告诉你们执行什么任务，你们尽快熟悉他所交代的一切，等我到达，立即执行。这个是接头方式。"黄镇将同样的纸条交给高排长。

高排长的人走后，刘连长的人先后到达。黄镇什么也没有说，带着他们以强行军速度赶路。

黄镇他们走后，季振同立即去独立营亲自部署一切。他让三个连长来营部待命。季振同在距他与黄镇约定的时间还有十分钟时，拿出黄镇给的地图，让一连长分配人手对济宁城内五处地点中的人员同时实施抓捕。季振同特别强调保密和突然性，严厉道："如果这五处要有一个人漏网，你这个连长就别干了！"

一连长："请旅座放心，保证不叫一个逃脱。"

季振同："给你十分钟准备。"

"是！"一连长立即出门。

季振同转身对其余士兵道："诸位，剩下的将执行重大任务。高营长和我各带一个连。高营长，你们去距离红家湾八里的大刘家渡，那里有人接应。这是接头方式，具体行动听接应人安排。"高登接过纸条道："保证完成任务！"

季振同道："记住，一定要听接头人指挥，我这边也要接受我那边接头人指挥，事关重大，不要纠缠职务高低，记住没有？"

"记住了。旅座，能不能先知道是什么任务？"高登有所怀疑。

季振同道："到时候自知。出发！"

由于黄镇事先做了大量细致的工作，又做了精细的准备和安排，两个小队顺利地抓到韩通家人和韩通本人，没有费一枪一弹。尤其是在抓捕韩通的过程中，队员只用匕首先后解决了两个暗哨，韩通的随从都是在被窝里被抓的，是一场没有硝烟的战斗。独立营的两个连分别包围了各自的对象，天亮的时候才被包围圈内的土匪发现。由于道路全部被封锁，一个土匪都没能冲出。独立营在冲突中打死了十几个土匪，自身方面阵亡了一个士兵，伤了三个。

后来，在韩通的出面劝说和独立营迫击炮炮火的威慑下，土匪全体缴械投降。

此役，基本做到兵不血刃，这是季振同没有想到的。他称赞黄镇是一个不可多得的运筹帷幄、决胜千里的将才，未来前途不可限量。战役后，季振同准备让黄镇兼任独立营营长，黄镇坚辞不受，并且坦诚说出原因，让季振同更加佩服。

从此，黄镇成了季振同的心腹和股肱。高登也非常敬佩和感激黄镇，遂成莫逆之交。

8 /　　大难不死

一九三一年春，二十六路军被蒋介石严令驱使到江西参加对红军的"围剿"，由于这支部队的将士绝大部分来自陕、甘、直（今河北）、鲁、豫，不能适应南方湿热气候，军中疟疾、赤痢流行，时间不长就有五千多人患病，多时一天病死二十多人，在南昌、抚州、宜黄和宁都四地，病死者已有两千多人。疫病来势凶猛，持续蔓延，席卷整个二十六路军。

黄镇在一次奉命巡视途中路过一个驻军的村子，看到村口躺着十几个士兵。黄镇下车道明身份，询问伤病员军官哪里去了。伤病员说当官的哪里还管我们啊，他们自己正在享乐呢，还巴不得我们早点死。

黄镇惊愕："为什么？你们都没有了，他还能干军官吗？"

一老兵道："我们死了，当官的能报领棺材钱，可是他们拿了我们的棺材钱，先前还让我们两个人一副棺材安葬，昨天死了两个兄弟，干脆连棺材都不用了，直接拉到荒山扔了喂野狗，唉，我们为什么要来这里啊，死了都不能回家乡啊。"所有伤病士兵都哭诉。黄镇非常气愤，但克制着，好言安慰伤兵道："弟兄们，不要着急，我用车分批送你们去野战医院医治。你们得的只是一般的疫病，只要得到治疗，就没事了。"

老兵哭泣，挣扎着爬起来给黄镇磕头道："黄长官，您真是少见的大好人，是我们救苦救难的菩萨啊，当官的都要是像您一样，我们就好了。"

黄镇道："不要这样说，老哥，当官的是人，当兵的也是人。要是没有当兵的，还要当官的干什么，你们是军队之本。来，老哥，不要说了，我扶你休息。"黄镇伸手要搀扶老兵，老兵不让，急道："不不，黄长官，我们得的是瘟疫，会传染的，您不要碰我们的身体。我不能让您这样体恤我们当兵的人受到传染。"

黄镇道："快不要这样说。"朝停在路边的吉普车喊道："你们下来，抬生病的兄弟去野战医院。"司机和一个随从畏缩不敢过来。黄镇怒喝道："要是你们父母兄弟得病了，你们也这样吗？"

老兵道："黄长官，您就不要为难他们了，他们也害怕，这个病确实很厉害。"

黄镇一把搀住老兵道："老哥，我搀扶您上车。"

"不不不。"老兵想挣脱，可是身体虚弱挣脱不了，就那样依靠在黄镇身上被黄镇搀扶着走。身后的伤病士兵一片感动地呼喊。司机和随从看到黄镇如此不避被传染危险救治伤病员，跑过来要替代黄镇搀扶老兵。黄镇让他们去抬后面的人。

吉普车上装了六个伤病员，剩下的还有十一人。黄镇让司机送他们去野战医院，回来继续拉。剩下的伤病员看到了希望，都挣扎着爬起来感谢黄镇。黄镇说："大家不要这样，救治你们是我的职责所在。"然后，黄镇问他们连部在哪里。一个士兵指着村里道："村子中间那座大房子就是连部。"

黄镇道："弟兄们，你们稍等，我去去就来。"

黄镇带着随从进入连部。连部此时正热闹着，七八个人围着一张八仙桌呼三喝四。黄镇怒不可遏，拉开一个围着的军官，将手枪掏出，"啪"的一声掼在码放牌九的桌子上。黄镇这一下子镇住所有参加赌博的军官。一个敞开上衣手里拿着一副牌九的军官怒道："你是谁？哪儿冒出来的菜鸟，敢管老子们的好事？吓唬谁呢！"

黄镇严厉道："你就是连长了。"

"老子就是，你能管得了老子？你也不打听打听，老子可是从死人堆里爬出的，还怕你一个娃娃，你恐怕是哪家大少爷刚刚来我们部队吧？看不惯滚回去！别在这儿摆威风，爷不吃这一套！"连长匪气十足道。

黄镇严厉道："我是旅部少校书记，政训处干事黄镇，奉命巡视。你说我能不能管你！"

现场噤声。发横的连长身边一个军官赶紧对连长耳语。连长看着黄镇狐疑，继而眼光暗淡。耳语的军官换上笑脸对黄镇道："黄长官，我们连长是个粗人，不懂这些。请您息怒。"

黄镇道："你是谁？"

军官道："我是连副黄四娃，我和黄长官还是宗家呢。"

黄镇严厉道："黄四娃，我不管你们是粗人还是细人，非常时期竟敢聚众赌博置手下众多伤病员死活不顾，够上军事法庭了！"

黄四娃道："这个，黄长官有所不知，瘟疫来得太猛了，我们也没有办法。我们现在这样，也就是在等死啊。"

好几个军官都附和。

黄镇道："就在这里等死吗，就这样等死？"

众人面面相觑，连长低下头。黄镇收回手枪，道："去村口看看那些躺在地面呼叫绝望的士兵们。"

连长道："他们是我们隔离出去的，谁沾上谁就送命。军医也没法子，你敢碰吗？"

黄镇身后随从道："我们黄长官还亲自搀扶两个士兵上车的，怎么不敢了？"

众人发出惊讶声音，看着黄镇不敢相信。

黄镇道："不相信没关系，跟我走，我带你们看看。我的车很快回来了，我们一道抬伤病员兄弟上车。"

黄四娃道："这……"黄四娃拉拉连长胳臂说："连长，我们就跟黄长官去看看。"

连长道："好，老子就跟你看看。"

黄镇打头，那些军官极不情愿地跟随黄镇出门。

那些伤病员看到黄镇和身后的一大群军官，一个士兵跪地对黄镇磕头道："黄长官，活菩萨啊，我给您磕头了。"众伤病员都呼黄镇是菩萨。黄镇大声道："弟兄们，我黄镇不是什么菩萨，和你们一样都是爹妈生养的人，我也怕死，但是既然我们都是在战场上生死与共的战友、兄弟，就该共命运、同生死，有眼看着你们面临死亡而无动于衷的吗？那样还是人吗？现在，你们连长、副连长、排长都在这，他们是来送你们去医院的。"众伤病员一片感激之声。黄镇让大家不要说话，马上设法送他们就医，回头对连长道："你也看到了，赶快组织人抬他们去医院。"连长看到伤病员对黄镇那样，又听到黄镇的话，内心有所动，对黄四娃等吼道："还站着干吗？还不去找大车！"军官们应声而去。

等大车找来，黄镇的车子也回来了。黄镇亲手搀扶一个伤病员上车。连长等人看着都垂下头。黄镇走回来对连长道："我还有急事，剩下的兄弟你可一定要送到，我让卫士在医院等着。"

连长道："我服了，黄长官。放心，我一定亲自送他们过去。"

黄镇交代几句，上车离去。身后送来一片感激之声。

当晚，黄镇遇到姬鹏飞。姬鹏飞问黄镇干什么去了，说我去师部找你你不在。黄镇说他到下面巡查去了，还送了八个染病的伤病员去了你们医院。姬鹏飞很紧张问黄镇有没有接触伤病员。黄镇笑道："既然是救助，怎么可能不沾伤病员身体啊。"

姬鹏飞急道："你跟我来。"

"干什么，好像大火上房子了。"黄镇毫不在意道。

"比大火上房子还严重。大火只能烧掉房子，瘟疫可是能要了你的命。快点，我那里还留着预防的药。"听得姬鹏飞如此说，黄镇只好跟随姬鹏飞去医院。姬鹏飞当场拿出药，看着黄镇吃了药，将剩下的交给黄镇，嘱咐黄镇按时吃药，要是有发烧的现象赶紧过来，一刻也不要耽搁，还让黄镇这几天哪儿都不要去。

恰好这几天，旅部有事，黄镇没有外出。黄镇按时服药。第三天，黄镇听说司机和随从都发烧住进了医院，去问姬鹏飞情况。姬鹏飞告诉他，他们得的是赤痢。黄镇让姬鹏飞设法救治。

后来，听说他们俩都先后死亡。黄镇感到很懊悔，不该让他们搀扶那些伤病员上车，是自己害了他们，断送了他们的生命。姬鹏飞让他不要过于自责，现在军中这个现象很普遍，我们都是束手无策。黄镇愤怒道："他老蒋既然派我们来江西，他就该对我们负责！"

姬鹏飞道："亏你还是旅部书记，连这点都看不出来。他老蒋将我们二十六路军派来江西，名义上是剿匪，实际上是借着红军的手消灭我们，让我们和红军相互残杀，他巴不得我们和红军都消亡呢。"

黄镇道："你千万不要红军红军的，叫人听到了就麻烦了。"

姬鹏飞道："我不是在和你说吗？"

黄镇幸亏服了姬鹏飞给的药，躲过这场瘟疫，但是眼看危机重重的现实，蒋介石不但不予理睬，还强令对红军进行"围剿"，黄镇内心非常苦闷、彷徨。

9 / 　 等待时机

当时两个现实摆在全体二十六路军将士面前：一方面是持续不断的瘟疫。当时瘟疫普及二十六路军所有部队，病死者持续，最多的一天达到20多人，而有些黑心的军官不但克扣军饷，而且克扣医药，甚至用低价买来假药。很多病号吃了假药，病情反而加重，饮恨客死江西。这些丧尽天良的长官们还在病死的士兵身上"揩油"，克扣棺木钱，将两名士兵合殓一口棺材，有时连棺材也不装，抛尸荒野，任凭野狗分食。有的士兵还没有断气就被活埋了。患病的士兵目睹此种惨状，悲愤至极，临时组织了"天地良心委员会"，大声呼救，强烈要求惩办这些"大喝兵血"的军官。另一方面是红军行事的磊落，深得二十六军的军心，以及红军对二十六路军无微不至的体恤和关怀。

当日，黄镇正在旅部值班，突然听到一阵闹嚷嚷声音。他仔细辨听，知道声音起于旅部门口，开启楼窗看到五六十个伤病员互相搀扶着呼喊着什么。人群里还打出"天地良心委员会"和"严惩大喝士兵血的军官"的横幅。而在他们身外，警卫连荷枪实弹将他们包围，双方僵持。

黄镇赶紧下楼，来到门前一看，政训处主任正在劝说，可是那些伤病员全然不听。警卫连连长在授意下朝天开枪，吵嚷声骤然消失。政训处处长劝大家不要吵闹，有事情可以慢慢说，如果妨碍军务就是死罪。有伤病员道："不给医治、不惩处喝兵血的军官，我们也是死路一条！与其那样，还不如死在旅部门口，也有人收尸！"众伤病员呼应。处长和警卫连长再次大声呼喊，声音才平息。处长说他们的意见已经传达了，让他们回去等候消息。伤病员不干，于是又开始了再次闹嚷。有人要冲进旅部，叫警卫连士兵拦住。形势越发凶险，处长束手无策。

黄镇上前建议处长让医院出面。处长听了茅塞顿开，急忙大声道："弟兄们，弟兄们，听我说。"可是谁也不听。处长掏出手枪对天鸣枪。暴怒的人群才开始平静。处长抓住机会大喊道："兄弟们，旅长去了医院慰问病号去了，你们在这里闹没有用。"

一个领头的伤病员道："谁知道你是不是在欺骗我们？"

处长道："要是旅长在，还用得着我出来吗？旅长可是爱兵如子，你们这么大声音难道他听不到吗？旅长不在旅部，参谋长等旅部长官都去了。要是不信，你们可以派人随我进去看看。"黄镇没有想到处长居然用欺骗的方式调走伤病员，他本意是想让医院派人过来接伤病员去医院医治。事已至此，黄镇不好多说。好在这些伤病员去了医院，医院肯定要医治，这也算是一个比较好的处理方式。但是，让黄镇没有想到的是，这些伤病员在去医院的路上，叫他们原来部队来人强行带回部队。后来听说好些人受到严厉惩处，有些人还被扔进山谷摔死。那些喝兵血的军官没有一个得到应有的惩罚。

黄镇将此事报告给旅长，旅长也是一筹莫展，大骂蒋介石见死不救。见旅长如此态度，黄镇知道自己再说也是没有用的，为此心里一直纠结。一天晚饭后，黄镇忍受不了内心的煎熬，去找姬鹏飞散心。姬鹏飞听说，说他少见多怪，老蒋治下就是如此，当官的从来不把士兵当回事，不像红军。此时，听到红军这个词，黄镇没有再阻止，也没有反感。

黄镇虽然没有见过红军，也没有和红军的人交往过，但是他可是亲眼看到所到之处红军留下的标语。那些标语有"打倒帝国主义！""打土豪，分田地！""欢迎白军的兄弟们拖枪来当红军！""士兵不打士兵，穷人不打穷人！""红军官兵生活一样，白军将校尉待遇不同！"当初看到这些标语，黄镇不当一回事，认为是红军纯粹的宣传，是蛊惑军心的计策而已，此刻想来不得不让他思考。于是，黄镇小声问姬鹏飞是不是那边的人。姬鹏飞笑道："我只是一个军医，你看像吗？我只是在军队里待的时间比你长，看见的比你多而已。"

黄镇没有心情继续和姬鹏飞说话，告辞回旅部。路上遇到几个士兵押解着一个十四五岁的士兵送往旅部。黄镇拦住问情况。领头的士兵说是逃兵，要送军法处。黄镇说自己是旅部政训处的，军法处合并到政训处，让他将逃兵交给自己。领头的士兵看到黄镇是少校军衔，不敢违逆，马上将逃兵交出。此时，天色擦黑。黄镇看看前后无人，将逃兵就近带进一个小山坳里。

经过盘问，才知道他叫龚二喜，十四岁，上次作战叫红军俘虏了，现在逃了回来。连长说他通匪，回来是鼓动哗变，因此将他押解旅部。黄镇问是不是真通匪。龚二喜否认，说是想老乡，回来看看。黄镇解掉龚二喜的绑缚，道："龚二喜，你自由了，但是你不能再回连里了，你干脆连夜回老家。"黄镇掏出身上仅有的两块大洋递给龚二喜道："拿着，路上遇到急事用。你可以讨饭回家。"

龚二喜没有想到黄镇是这样的人，赶紧给黄镇磕头。黄镇拉起来说："走吧，不要再叫他们抓住。"

龚二喜道："长官，他们要是问你要人怎么办？"

黄镇点点头笑道："看来，你想得挺周到，恐怕不是一般的人吧。"

龚二喜道："长官，您是大好人，我看出来了。我就说真的吧，我不是从那边逃回来的，是主动过来劝说我老乡过去。"

黄镇诧异道："为什么？你不怕他们？"

龚二喜道："怕什么，他们待人可好了。当官的和当兵的一样，不欺负人，还把我当人待。上次打摆子了，还是班长和排长亲自送我去医院的，后来班长一直照顾我，要不然我也死了。"龚二喜流下眼泪，还说："他们真是穷人的队伍！"龚二喜抬头看着黄镇，坚定道："长官，我都说了，你要枪毙我就动手吧。"

黄镇拉住龚二喜的手道："我不会枪毙你，你说的我知道了，你走吧。"黄镇不等龚二喜反应转身离开。

这件事情叫黄镇看到了一些亮色，他相信龚二喜的话是真实的，但是不敢完全相信。他在上海很赞成共产党的主张，也非常痛恨共产党被大肆屠杀，可惜，他那个时候没有加入共产党。

过去的经历在黄镇脑子里不断展现，他对旧军队里种种不合理现象感到痛心疾首，又想到那些标语和龚二喜的话，心里生发了对共产党的重新认识和对红军的良好印象，更加坚定了走光明大道的决心。

此后，黄镇一有时间就和姬鹏飞等交换意见。

10 /　　　走向光明

当时，黄镇并不知道在二十六路军内的中共地下党组织正在与苏区红军党的领导机关取得联系，紧锣密鼓地秘密策划一个伟大的行动——宁都暴动。

二十六路军是一支受过革命影响的部队。早在大革命时期，刘伯坚曾任该军政治部副部长。大革命失败后，中共在该军的党组织遭到"清洗"，但共产党人的言行在官兵中留下了深刻的影响。特别是刘伯坚同志在主持西北军政治工作时，致力于统一战线，传播马列主义，灌输革命思想，培养党的干部。他才华出众，谦虚谨慎，不仅深得冯玉祥的信任和器重，也得到西北军高级将领的敬慕和下级军官、士兵的爱戴，在西北军中威信很高，影响很大。他离开西北军后，许多官兵乃至有些高级将领一直都没有忘记他。

虽然军内党组织遭到极大的破坏，但是极少数未曾暴露身份的共产党员根据党的指示潜伏下来继续工作和等待时机。蒋介石一直视二十六路军为杂牌军，调二十六路军进江西"剿共"，就是让二十六路军与红军互相残杀，既达到消除二十六路军又削弱红军的险恶目的。如此一来，蒋介石与二十六路军之间本来就十分尖锐的矛盾更加激化。该部到达江西后遭到红军沉重打击，因而官兵厌战情绪日甚。而中国共产党领导的土地革命，更是深深地激荡着广大官兵的心。红军纪律严明，官兵一致，作战勇敢，优待俘虏。这些活生生的事实揭穿了国民党的欺骗宣传，使许多穷苦出身的士兵和下级军官对中国共产党的主张在内心深处产生了共鸣，因而部队的离心倾向越来越明显。

"九一八事变"后，困守内战前线的二十六路军广大官兵纷纷要求回到北方保家卫国，可是蒋介石依然推行卖国投降的路线。一些爱国将领联名通电蒋介石要求北上抗日，却遭到拒绝，严令二十六路军"死守宁都"，"侈谈抗日杀无赦"。遭受歧视又不甘现状，"围剿"红军则不能胜，要求抗日却不能成行。在这种情况下，一批爱国的高级将领开始酝酿寻找新的出路。眼看时机成熟了，在该军中的秘密党员根据党的指示组成中共地下党特别支部，积极发展党的组织，扩大革命影响，争取二十六路军总指挥部参谋长赵博生、七十三旅旅长董振堂等爱国高级将领，并发展赵博生入党。秘密党员通过赵博生等人的影响，争取了七十四旅旅长季振同，七十四旅一团团长黄中岳等，使争取这支部队全部起义有了可靠的基础。苏区中央局和中央军委做出了立即举行武装起义的决定和具体指示。经过周密的组织策划，在中国共产党的领导下，赵博生、董振堂、季振同和黄中岳等人，乘二十六路军总指挥孙连仲和二十七师师长高树勋不在部队的有利时机，采取果断措施，于一九三一年十二月十四日举行全军武装起义。

当天下午，赵、董、季、黄按照事先商定的计划，派起义部队主力七十四旅和七十三旅直属部队控制了电台、指挥机构等要害部门，同时，用参谋长赵博生的名义邀请全军团以上军官，乘机逮捕了反动军官，并把代总指挥、二十五师师长李松昆的师部包围缴械，为起义扫除了障碍。只在包围二十五师师部时发生了片刻枪战，有几人伤亡，其他没有任何损失，以最小的代价获得了当时条件下最大的胜利。除李松昆听到枪声后只身逃跑，住在宁都城外的一个团因路远未能参加外，全军一个军直、两个师直、六个旅直、十一个整团，共一万七千余人携带两万多件武器，全部参加了起义。

当天下午，当季振同在旅部宣布武装起义参加红军的决定后，黄镇异常兴奋激动，表示坚决听从命令。这个遽然的变故一扫黄镇多日的苦闷和忧愁，内心突然间明亮了，彷徨、苦闷不知道哪儿去了，满心的喜悦，他敏感地感觉现在才是他人生的真正意义的开始，浑身突然间好像充满了使用不完的力量。会上，季振同交给黄镇组织宣传队宣传起义的性质和抗日主张的任务，当即宣布由黄镇主持一切宣传事宜，旅部政训处处长和几个相关的处副处长协作，要人有人要物有物，各部门单位必须全力配合，不得拒绝和推诿。黄镇当即根据季振同交给的宣传提纲组织召集了旅部和政训处十几个进步倾向明显而文字和口才又很好的军官组成临时宣传班子，集中分工按照提纲编写宣传标语、口号和宣讲材料。同时，让刻写人员随时待命，一旦材料写好立即刻写印刷。

那些军官此刻心情和黄镇差不多，激情满怀，写作的速度很快。黄镇随后组建多支武装宣传队，让他们随时在旅部待命。·

傍晚时分，一切准备就绪。黄镇将两百多人组成的六支武装宣传队集合于旅部门前，分配了宣传路线、地点，交代了注意事项，让人将材料、标语分发给各宣传队。并做了行动前的热情鼓动。在讲话中，黄镇激情道："……从今天开始，我们大家都是同志了。同志们，从今天起，我们的天亮了，我们新生了，我们参加红军就是要打倒一切不合理的旧制度，打倒帝国主义，打倒日本侵略者，保卫我们的家园，振兴我们的民族！我们要用我们的实际行动宣传民众、发动民众，让他们知道我们是为了我们的国家，不是为了某些私利集团；我们是为了拯救我们的民族，抗击日本侵略者；我们要揭穿蒋介石卖国投降和对内镇压的反动本质和罪恶行经，让广大民众觉醒觉悟，都投身到伟大的爱国抗争的洪流中……"黄镇富于鼓动的讲话振奋人心，现场群情振奋，口号声激越。

讲话后，季振同亲自下达了出发命令。黄镇亲自带领宣传队出发。

那天夜里，天很黑暗，整个沉寂的宁都城里城外由于他们的加入，忽然热闹起来了。火把、灯笼、街灯几乎霎时间照亮了整个宁都城。宁都城上的国民党旗帜被撕得粉碎，高高地飘扬起灿烂鲜红的铁锤镰刀旗帜。工人、农民等行动起来了。整个宁都城到处都是欢笑的人们。

黄镇和他们的宣传队活跃在大街小巷，队员们激情飞扬地讲述起义、革命和抗战的意义，把人们的热情推向高潮。人们见面总是欢笑着打招呼，见面很亲切地说："同志,你们当了红军了,真是光荣至极啦。"

随后,起义部队开赴指定的地点。他们一踏进苏区就受到军民的夹道欢迎。军民们用真诚、笑脸和亲切的话语欢迎他们回家。沿途张贴着大红标语,鲜红的旗帜猎猎作响,口号声激荡群山。

黄镇和战友们兴高采烈地走着,向欢迎的军民挥手致意。突然一个少年红军士兵走出欢迎队列,来到黄镇面前惊奇地大喊道:"黄长官,你也过来了啊?"黄镇出列,惊讶道:"同志,你认识我?"

士兵笑道:"我是龚二喜啊,一个月前还是你放我走的啊?"

黄镇再看,突然大乐,一把抱住龚二喜兴奋道:"龚二喜,好兄弟!我们终于走到一起了。"

龚二喜笑道:"是啊是啊,我们都革命了。"

黄镇道:"是啊,革命了。我终于找到通往光明的道路了!"

任务完成后,黄镇被选派到瑞金参加短期培训班。在瑞金,他聆听了毛泽东、周恩来等领导人的讲话,又看到了许多令人兴奋鼓舞的新气象,愉快欢欣的心情难以言表。

学习结束后,黄镇被分配到红五军团政治部工作。刘伯坚见到黄镇,热情地对他说:"你来得太好了,我们刚刚给上海发了电报,请中央物色美术人才派来工作。你不但学过美术,还学过戏剧,就留在政治部搞宣传文化工作吧。"这样,黄镇被任命为红五军团政治部宣传干事。

黄镇,这个从云山横水的枞阳山村走出去的青年,在中国共产党的领导下,终于走上了一条光明的道路。从此,黄镇为了天下劳苦大众的翻身解放和建设伟大的新中国,奉献了自己毕生的才智和心血。

附　录

黄镇生平大事记

一九〇九年　诞生

一月八日，出生于安徽省铜陵市枞阳县横埠镇黄山村。

一九二五年　十六岁

年初，考入上海美术专科学校。

一九二八年　十九岁

秋，在浮山公学任美术教员。

一九三〇年　二十一岁

在冯玉祥所部西北军炮兵师任中尉参谋。次年，参加宁都暴动，加入中国工农红军。

一九三二年　二十三岁

六月，加入中国共产党，任红五军团政治部宣传科科长。

一九三四年　二十五岁

夏，参加第五次反"围剿"作战。

十月，随中央红军主力开始长征，长征途中，创作了大量宣传画、写生画和漫画（幸存下来的二十四幅写生画和漫画，后来编印成《长征画集》）。

一九三九年　三十岁

三月十四日，任晋冀豫军区政治委员。

九月，被选为中共晋冀豫区党委委员兼任区党委军事部部长。

九月十二日，在山西武乡县东堡村与朱霖（时任中共晋冀豫区党委第二地委党校教务主任，十九岁）结婚。

一九四〇年　三十一岁

三月，指挥所部取得黑水河战斗的胜利。击毙日伪军三百多人，缴获山炮一门，机枪手击落日军飞机一架。

五月，任八路军第一二九师兼太行军区政治部副主任。

一九四三年　三十四岁

一月二十日，与邓小平、蔡树藩共同签署《准备粉碎敌寇"扫荡"的政治工作指示》。

五月，任豫北工作委员会书记。

八月十八日，参与指挥林南战役。

一九四六年　三十七岁

黄镇以少将军衔，任军调部执行小组中共驻新乡首席谈判代表，同国民党反动派进行了针锋相对的斗争，出色地完成了谈判使命。

一九四八年　三十九岁

五月，调军委总政治部，任第一研究室主任、研究委员会副主任。主持起草中国人民解放军的《党委员会工作条例》《党支部工作条例》和《革命军人委员会条例》。

冬，具体负责组织中国人民解放军军旗、军徽设计方案的征集和设计工作。

一九五○年　四十一岁

六月十三日，任中华人民共和国驻匈牙利大使。

一九五四年　四十五岁

九月二十一日，任驻印度尼西亚大使。

十一月八日，周恩来总理在广州召见黄镇夫妇，对去印尼工作做了重要指示。

一九五五年　四十六岁

三月二十九日至四月二十日，担任中国政府代表团首席代表在印尼雅加达和万隆谈判华侨双重国籍问题。

四月十三日，毛泽东主席任命国务院总理兼外交部部长周恩来为中国出席亚非会议代表团首席代表，陈毅、叶季壮、章汉夫、黄镇为代表。

一九五六年　四十七岁

九月，当选为中共八大代表。

一九五八年　四十九岁

六月七日、十六日，毛泽东主席在中南海游泳池两次接见黄镇，分析国际形势，谈外交方针。

一九六○年　五十一岁

一月二十五日，中国、印尼为执行双重国籍问题条约，成立联合委员会。黄镇出任首席代表。此后，进行了长达九个月的二十五轮谈判。

十月二十九日，中国、印尼双方在雅加达签订《中国和印尼关于双重国籍问题条约实施办法》，黄镇出席签字仪式并讲话。

一九六一年　五十二岁

四月二十三日，国务院一一○次全体会议通过，任命黄镇为外交部副部长。

一九六四年　五十五岁

三月，中法建交达成协议后，周恩来总理在成都开会期间一再与黄镇谈话，要他到法国当首任大使。

四月二十七日，任中华人民共和国驻法兰西共和国大使。

十一月，当选为第三届全国人民代表大会代表。

一九六九年　六十岁

四月，在中国共产党第九次全国代表大会上，当选为中央委员。

一九七一年　六十二岁

七月，接受在巴黎建立中美秘密渠道的特殊使命，担任中方代表。

一九七三年　六十四岁

三月，任中华人民共和国驻美国联络处主任。

四月十二日，毛泽东主席接见黄镇等，就联络处的使命做了指示。

一九七七年　六十八岁

十二月六日，被任命为中共中央宣传部第一副部长兼中华人民共和国文化部部长、党组书记。

一九八〇年　七十一岁

十二月十八日，国务院设立对外文化联络委员会，黄镇为主任、党组书记。

一九八二年　七十三岁

九月，出席中共第十二次全国代表大会，当选为中共中央顾问委员会委员。

一九八五年　七十六岁

九月二十四日，在中共中央顾问委员会第五次会议上，增选黄镇等为中共中央顾问委员会常务委员会委员。

一九八九年　八十岁

十二月十日，黄镇不幸逝世。

主要参考文献

1.《长征画集》，黄镇绘，解放军出版社2006年版。

2.《黄镇书画选集》，邵宇主编，人民美术出版社1989年版。

3.《黄镇文集》，《黄镇文集》编委会编，中国友谊出版公司1994年版。

4.《将军·外交家·艺术家——黄镇》，安庆市革命文物陈列馆（黄镇生平事迹陈列馆）编，中央文献出版社2011年版。

5.《将军·外交家·艺术家——黄镇纪念文集》，姚仲明、谢武申、裴坚章等主编，解放军出版社1992年版。

6.枞阳县黄镇图书馆、浮山中学图书馆中一些有关黄镇生平事迹的珍贵图片资料。